TREKKING IM HIMALAYA

15 FASZINIERENDE TOUREN

rosenheimer

TREKKING IM HIMALAYA

15 FASZINIERENDE TOUREN

INHALT

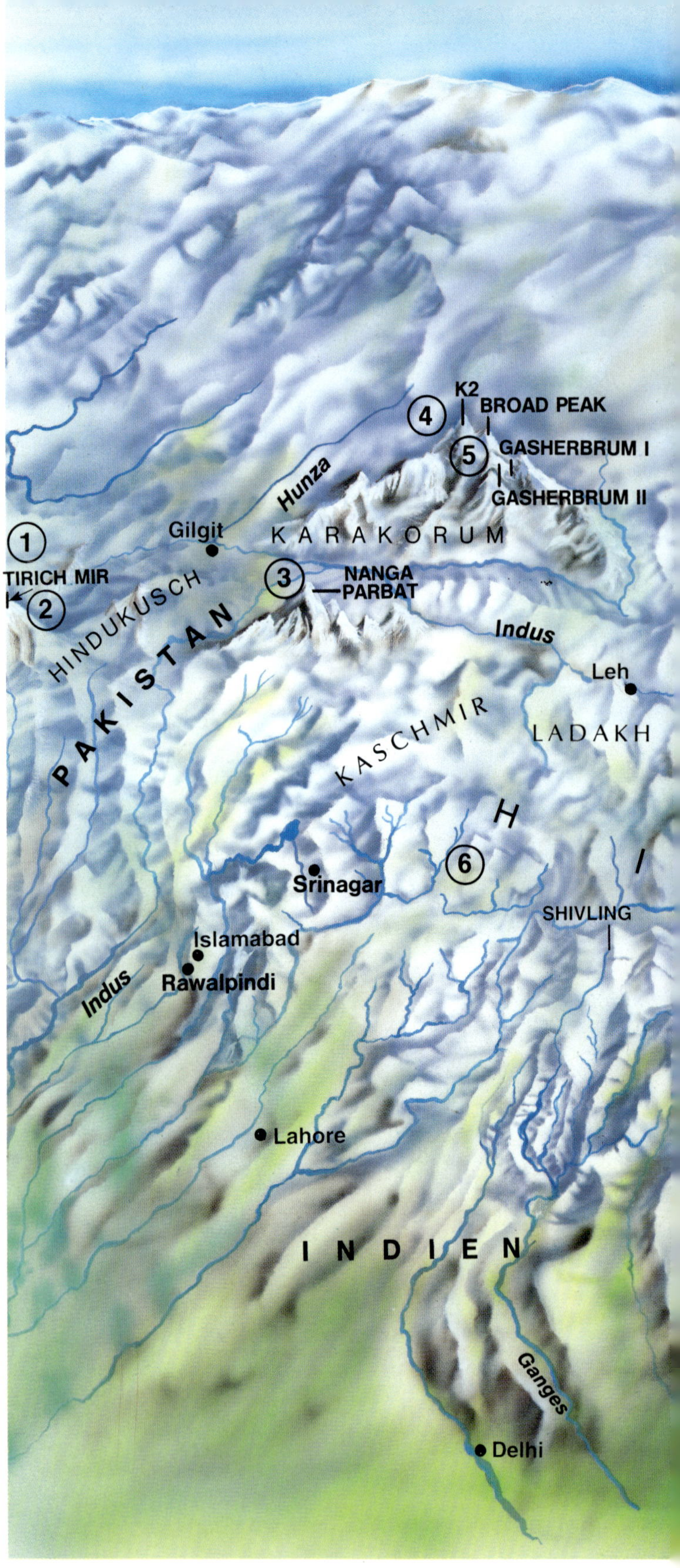

Text:
Stefano Ardito

Karten:
Ordis srl

Übersichtskarten S.2/3:
Arabella Lazzarin

Übersetzung aus dem Italienischen:
Wolfgang Schoene

Der Verlag und der Autor danken Gianfranco Bracci, Marco Majrani, Lorenzo Musso und Marco Vasta für die Zusammenarbeit.

S. 1: Die Ortschaft Kyangjin im nepalesischen Langtang-Tal liegt malerisch am Fuß majestätischer Gipfel. Foto: Marco Majrani

Folgende Doppelseite: Diese Satellitenaufnahme zeigt eindrucksvoll die gewaltige Ausdehnung des Himalayagebiets zwischen dem Mount Everest (links) und dem Annapurna (rechts). Foto: NASA

ISBN 3-475-52801-0

Lithos: Cliché Offset, Milano, Italien
Druck: Grafedit, Bergamo, Italien

TREKKING AUF DEM DACH DER WELT

Unendlich scheinende Eisströme, eindrucksvolle, von wilden Bächen gegrabene Felsenschluchten, blühende Rhododendrenwälder, urtümliche Hochgebirgswildnis. Ganz oben ragen die eleganten Gipfel der 14 höchsten Berge der Erde über achttausend Meter hoch in den Himmel; abenteuerliche Expeditionen haben sie zur Legende werden lassen. Der Everest, der Annapurna, der K2 sind von einer Reihe weniger bekannter Gipfel umgeben, die nur wenige hundert Meter niedriger sind. Aber auch diese Berge - der Ama Dablam, die Trango-Türme, der Machapuchare, der Shivling - rauben demjenigen, der sie aus der Nähe betrachtet, den Atem. In den höhergelegenen Tälern und tief in den dichten Wäldern begegnet man noch den Spuren des Himalaya-Bären, des *bharal* und des *argali*, der schönen Wildschafe des Himalayagebiets, und auch des scheuen Schneeleoparden. Am Himmel ziehen häufig Adler und Geier ihre Kreise. Der Monsun läßt das Land ringsumher erblühen, besonders üppig und großartig im östlichen Teil der großen Gebirgskette. Wer von den Rocky Mountains oder von den Alpen, den schottischen Highlands oder den Bergen Hokkaidos kommt, dem erscheinen die mächtigen Bergwälle des Himalaya und des Karakorum wie ein großartiges Schauspiel der Natur.

Aber die Berge im wilden Herzen Asiens sind seit Urzeiten auch die Heimat des Menschen. Drei große Religionen dieses Kontinents treffen hier aufeinander: der Buddhismus, der Hinduismus und der Islam. Selbst wenn man den Schnee und die Felsen des Hochgebirges zum Ziel hat, ist jede Wanderung durch dieses Gebirge eine außerordentliche Reise durch die Geschichte, die Zivilisation und die Religionen dieser Völker. Die Sherpas des Khumbu, die Bhotia der Täler ganz im Osten Nepals, die Ladakhi empfangen den Besucher mit einem Lächeln. Aber sehr anders ist häufig die Begegnung mit den strenggläubigen islamischen Bergvölkern der pakistanischen Täler, wie zum Beispiel mit den Baltì, den Nagar und den Kho.

Unterwegs trifft man vielfach auf buddhistische Mönche, die sich zu ihren Klöstern begeben, auf hinduistische *sadhu* auf dem Weg zu den heiligen Quellen des Ganges, Pilger auf dem Weg zum Kailas, und zum Heiligtum von Muktinath.

Die Feierlichkeiten, die den Schiitenvölkern Pakistans das Ende der Fastenzeit, des Moharram, ankündigen, stehen neben großartigen Zeremonien in den buddhistischen Klöstern von Tibet, von Ladakh und Bhutan. In den abgelegenen Tälern überleben hartnäckig Völker und Religionen wie die Kalash in Birir, Bumburet und Rumbur, an der Grenze zwischen dem nordwestlichen Pakistan und Afghanistan.

Was jedoch mehr Staunen erregt als die Heiligtümer, als das Kaleidoskop der verschiedenartigen Gesichter und als die religiösen Feiern, ist die Anpassung dieser Menschen an das Leben im Hochgebirge. Die ganze Energie dieser Völker dient einzig und allein dem Überleben an den Hängen der höchsten Berge der Welt. Kilometerlange, in den Felsen gehauene Bewässerungskanäle haben fruchtbare Oasen in den öden Tälern des Karakorum und des pakistanischen Hindukusch entstehen lassen. In den Hochtälern Nepals, und insbesondere im Langtang, längs des Marsyandi Khola sowie im Khumbu, führt man seit Urzeiten die Yaks auf Weiden und Almen, die weit oberhalb der 4000 m-Grenze liegen. Im gesamten Himalaya wurden die zahlreichen über 5000 m hohen Bergpässe von Tausenden von Karawanen überquert. In Zanskar dienten die wilden, während des Sommers nicht schiffbaren Flüsse im Winter als Kommunikationswege, ungeachtet der eisigen Winde und Temperaturen von 20 oder 30 Grad unter Null. Die *jula*, die wackeligen Brücken aus geflochtenen Weidenruten über das lehmige Wasser des Indus und

Unten: Im Himalaya und Karakorum gibt es nicht nur die Achttausender. Auch die weniger hohen Berge bieten oft einen außerordentlichen Anblick, wie hier der Nuptse (7821 m), der in das Licht des Sonnenuntergangs getaucht ist. Foto: René Robert/Agence Freestyle

Großes Bild: Angesichts der höchsten Berge der Erde fühlt der Trekker sich glücklich. Auf dem Bild die Südwestwand des Everest, von dem berühmten Aussichtspunkt auf dem Gipfel des Kala Pattar aus betrachtet. Foto: Colin Monteath/ Hedgehog House

Die elegante Pyramide des Machapuchare ist für Trekker, die zum Annapurna-"Heiligtum" aufsteigen, ein unvergeßlicher Anblick.
Foto: Earl und Nazima Kowall

über die anderen großen Flüsse, zeugen von der raffinierten Technologie der Erbauer - und vom sicheren Gleichgewichtssinn der Benutzer.

Auf ein derartiges Mosaik von Menschen, Traditionen und Religionen reagierten die Reisenden aus dem fernen Westen stets mit größter Bewunderung und Erstaunen. Diese Reaktionen findet man in den ersten Erzählungen über den Himalaya und den Karakorum solch illustrer Reisender wie Marco Polo, dem Chinesen Hsüan Tsang oder Pater Ippolito Desideri aus Pistoia wieder, aber noch mehr in den später verfaßten Reiseschilderungen von Anthropologen, Forschern und Bergsteigern wie Giuseppe Tucci und Sven Hedin, Francis Younghusband und Eric Shipton, Fosco Maraini und Heinrich Harrer, Edmund Hillary und Reinhold Messner. Wissenschaftler oder Abenteurer - die Besucher der Hochtäler Asiens haben ihre vorgebliche westliche Überlegenheit abgelegt, um mit großer Leidenschaft von den Völkern im Herzen dieses Kontinents zu erzählen. In vielen Fällen hat sich das Interesse für die Kultur in ein starkes Engagement zur Verteidigung der unterdrückten Völker (insbesondere der Tibeter nach der chinesischen Invasion) oder für den Umweltschutz verwandelt.

Dann kommt natürlich der sportliche Aspekt. Die Pfade des Himalaya und des Karakorum waren im Laufe des 19. Jahrhunderts die "Spielwiese" von Soldaten, Landvermessern und *pandit*, den Indern im Dienste des britischen Survey of India, von denen Rudyard Kipling in seinem Roman *Kim* erzählt; aber erst in den letzten Jahren des 19. Jahrhunderts traten die ersten Wanderer und Bergsteiger auf den Plan. 1892 erreichte Conway das Amphitheater von Concordia, von wo er den K2 aus unmittelbarer Nähe bewundern konnte. Drei Jahre später, 1895, unternimmt Albert Frederick Mummery den ersten mutigen Aufstiegsversuch zum Nanga Parbat, der ihm jedoch das Leben kostet. Im Jahre 1900 entdecken der Herzog Luigi Amadeo von Savoyen und seine Bergführer aus Courmayeur den besten Weg zum Gipfel des K2, 1921

unternimmt eine englische Expedition eine erste Erkundung des höchsten Gipfels der Erde. Mallory und Irvine verschwinden 1924 auf dem Everest in fast 8500 m Höhe, 1939 erreichen Fritz Wiessner und Pasang Dawa auf dem K2 eine Höhe von 8300 m, 1939 versuchen Deutsche und Österreicher mehrmals den Aufstieg zum Nanga Parbat. Erst nach dem 2. Weltkrieg und dank der nun wieder für Ausländer offenen Grenzen gelingt es, die Gipfel der Achttausender zu erobern.
Der Annapurna (8091 m) wird 1950 von den Franzosen bezwungen, 1953 setzen die Engländer Fuß auf den 8848 m hohen Gipfel des Everest. 1954 muß dann der K2 (8611 m) den Widerstand aufgeben und 1955 werden die Gipfel des Kangchenjunga (8586 m) und des Makalu (8463 m) erobert.

Auf den Wegen am Fuß dieser Berge wurde das Trekking geboren. Das Wort *Trek* entstammt dem Burischen. Die Südafrikaner holländischen Ursprungs bezeichnen auch heute noch die Gründer ihrer Heimat, die die Kolonie am Kap verließen, um sich ins Transvaal und ins Natal zu begeben, als *trekkers*, oder besser gesagt, *voortrekkers*. In unserem Sinne wurde das Wort "Trekking" zum ersten Mal von Jimmy Roberts, einem ehemaligen britischen Offizier der in Kathmandu stationierten Gurkha, benutzt. Nachdem Roberts Träger und Sherpas für die ersten Bergexpeditionen ab 1950 angeheuert hatte, kam ihm die Idee, Wandertouren in diesen Gegenden zu organisieren. Er hatte damit großen Erfolg. Seitdem sind Tausende von Trekkingfreunden aus Europa, Nordamerika und Japan auf diesen Wegen im Himalaya und im Karakorum gewandert. Auch die Bergpfade Indiens, Bhutans, Pakistans und Tibets ähneln nun immer mehr den *Alte vie* in den Dolomiten, den *Grandes Randonnées* in den französischen Bergen, den *Long Distance Paths* Großbritanniens und den Fernwanderwegen im bayrischen und österreichischen Gebirge.

Diese Wanderwege am Fuß der höchsten Gipfel der Erde bieten aber nicht nur ein herrliches Schauspiel der Natur, sondern auch interessante Begegnungen mit den Völkern, Bräuchen und Religionen dieser Länder. Die Wanderung zum Everest, zum Annapurna oder zum K2 ist für so manche gewiß das Abenteuer ihres Lebens, aber viele werden auch dem Bann dieser Berge erliegen und immer wieder zurückkehren, sobald der Urlaub, die Familie oder das Bankkonto es ermöglichen.

Eines möchten wir hier unterstreichen, denn diese hohen, eindrucksvollen und wilden Berge werden den eroberungssüchtigen Wanderer vor einige Probleme stellen: Der Krieg, das zu rasche Wachstum der Bevölkerung, der Kahlschlag und die Jagd fügen dem Boden, den Wäldern und der Biosphäre dieser Berge großen Schaden zu. Einige dieser Probleme vermag der Trekker nicht zu lösen, bei anderen kann er dagegen seinen Beitrag leisten. Die Einreisebeschränkungen, das Verbot, Holzfeuer anzuzünden, und die Auflage, den während der Wanderung anfallenden Abfall wieder mit ins Tal zu nehmen, müssen von allen, auch von Trägern, Köchen und *sirdar*, die leider häufig allzu nachlässig sind, eingehalten werden. Wer sich persönlich engagieren möchte, kann das auf vielen Gebieten tun: Verbände, Trusts, Stiftungen in Europa, in den USA oder am Fuß der Berge Asiens arbeiten aktiv an Programmen zum Umweltschutz und zur Unterstützung der Bevölkerung mit. Finanzielle Beiträge (und in manchen Fällen auch eigene Aktivität) sind stets willkommen.

Für viele bleibt dann angesichts der in Aussicht gestellten Trekkingtour noch die eigentlich wichtigste Frage: "Kann ich das auch schaffen?" Diese Frage pauschal mit "ja" zu beantworten, wäre wohl falsch. Richtiger ist es, zu sagen, daß viele es schaffen können, wenn sie gut ausgerüstet und durchtrainiert sind, wenn ihre Trekkingtour professionell organisiert ist und wenn sie unter fachkundiger Leitung steht. Auf den folgenden Seiten werden wir einige praktische Hinweise sowie eine Auswahl der Wanderwege in verschiedensten Regionen dieser riesigen Bergkette geben. Viele Trekks sind sehr einfach, bei anderen dagegen muß man verschneite Pässe oder Gletscher überwinden oder ausgesetzte Passagen im Fels meistern, wo Trekker mit weniger Alpinerfahrung angeseilt werden sollten. Die Etappen sind in der Regel nicht zu lang, man hat Zeit, sich auch umzuschauen und zu verschnaufen. Nur in einigen Fällen ist besondere körperliche Anstrengung gefordert.

Aufgrund der Höhenlage sind eine gute Kondition und ständige Vorsicht unabdingbare Voraussetzungen. Wer sich für eine Tour ohne Träger entscheidet, nach der Art der amerikanischen "Backpackers", der muß sich bewußt sein, daß ihn das viel mehr Anstrengung kostet. In den großen Bergen Asiens, ebenso wie in den heimischen Bergen, wartet das Abenteuer auch auf Sie! Eine Trekkingtour im Himalaya und im Karakorum ist vor allem eine Reise

Oben: Anders als die Täler von Nepal und Bhutan sind der Karakorum, Tibet und Ladakh häufig wahre Hochgebirgswüsten. Diese schroffe Landschaft durchquert man beim Übergang über den 5060 m hohen Singi La in Zanskar.
Foto: Earl und Nazima Kowall

Die traditionellen, außerordentlich eleganten Kleider stehen häufig in grellem Kontrast zu der eintönigen, farblosen Landschaft Ladakhs und Zanskars. Das Bild zeigt einen perak, den typischen weiblichen Kopfschmuck, der mit Türkissteinen verziert ist.
Foto: Marco Majrani

Folgende Doppelseite: Die Abende am Lagerfeuer sind auf jedem Trek unvergeßliche Stunden: Man kann sich ausruhen, lesen, sich unterhalten und das Panorama bewundern. Auf dem Foto die Zelte einer Trekkinggruppe auf dem Weg zum Annapurna-"Heiligtum"; im Hintergrund die herrliche Kulisse des Annapurna.
Foto: Galen Rowell/ Mountain Light

An den höchsten Stellen der Treks bieten die mächtigen Gipfel ein unvergeßliches Schauspiel. Auf dem Bild eine Trekkinggruppe vor dem Eingang zur Mulde des "Heiligtums"am Fuß der Felswände des Annapurna. Foto: Marco Majrani

Unten: Die öde, unwirtliche Landschaft Ladakhs wurde von den Flüssen geformt. Das Bild zeigt eine Gruppe Trekker hoch über dem Tal des Indus. Foto: Marco Majrani

durch die Natur und die Kultur eines Kontinents, eine Erfahrung, die kaum einer je vergessen wird.

Wir möchten jedoch nochmals darauf hinweisen, daß Trekking eine sportliche Betätigung ist, die eine gute Kondition voraussetzt. Neulingen sei außerdem noch gesagt, daß der Bergwanderer auch psychisch gefordert wird. Die schönen Sonnenaufgänge und -untergänge, die Erinnerungen an Abende am Lagerfeuer oder die herrlichen Ausblicke von Gipfeln und Hügeln verdrängen häufig die Schattenseite dieser Abenteuer: die Plackerei unter dem Gewicht des Rucksacks und die unerbittlich brennende Sonne, die endlose Wanderung im strömenden Regen, wenn das nächste Dorf oder die nächste Schutzhütte unerreichbar scheinen. In den Alpen kann es passieren, daß man vom angezeigten Weg abkommt oder daß man auf dem harten Bretterboden einer überfüllten Schutzhütte schlafen muß. Im Himalaya und in Karakorum kann dies aufgrund der riesigen Dimensionen und der fremden Umgebung ziemlich unangenehm werden. Schlamm und Schnee machen die Wege häufig nur schwer begehbar, Furten und Landepisten in der Hochregion können nur bei günstigem Wetter benutzt werden. Jemand hat einmal geschrieben, daß der Berg und das Trekking Lebensschulen sind. Wir möchten nur daran erinnern, daß die Bereitschaft, unvorhergesehene Ereignisse und unbequeme Situationen zu akzeptieren, wesentliche Voraussetzungen für Bergwanderer in den asiatischen Gebirgen sind.

VORBEREITUNG

Wer regelmäßig Ausflüge unternimmt, Berge besteigt oder einen anderen Ausdauersport wie Jogging oder Skilanglauf betreibt, der wird kaum Probleme mit den physischen Anstrengungen haben, die das Trekking erfordert. Wer dagegen seinen Tag überwiegend sitzend verbringt, sollte auf jeden Fall ein Trainingsprogramm absolvieren, eventuell unter ärztlicher Aufsicht. Bevor man sich auf Höhentour im Himalaya begibt, muß man Kondition haben, und Kondition erlangt durch Wandertraining in den Mittel- und Hochgebirgen Europas, wie beispielsweise in den Alpen. Wenn die Jahreszeit es erlaubt, kann man sich in größere Höhen begeben und in Schutzhütten über 3000 m übernachten. Auch wer regelmäßig in normalhohen Gebieten läuft oder wandert, sollte einige Strecken dort zurücklegen, wo sich die Höhenlage deutlich bemerkbar macht: Die Belastung von Muskeln und Lungen ist hier höher als beim normalen Jogginglauf. Anders als in den Alpen, wo viele Wanderrouten über Schneefelder, Felsen oder Klettersteige führen, setzen nur wenige Trekkingwege im Himalaya besonderes technisches Können auf Eis oder Fels voraus. Einige Abschnitte der in diesem Trekkingführer beschriebenen Wege erfordern jedoch die Verwendung von Pickel, Steigeisen, Anseilgeschirr und Seil. Vertrautheit mit dieser Ausrüstung kann man nicht improvisieren. Man kann sich vorbereiten, indem man einen Kletterkurs beim Alpenverein oder in einer privaten Alpinschule belegt, oder im Laufe eines gut organisierten und geführten Treks. Bei vielen Wanderungen (z. B. bei der Umwanderung des Nanga Parbat) sind die Schwierigkeiten, die bergsteigerische Fähigkeiten erfordern, auf eine kurze Strecke des Wegs begrenzt und können problemlos auch von Anfängern unter der Leitung eines erfahrenen Bergführers überwunden werden.

AUSWAHL DER TOUR

Höhe, Landschaft und Kultur, die geographische Lage und die technischen und körperlichen Anforderungen - das sind die Elemente, die der Auswahl jeder Trekkingtour zugrunde liegen. Die bereits in den Alpen sehr deutlichen Gegensätze sind im Himalaya und im Karakorum noch extremer. Die Gesteinswüste des Baltoro bildet einen krassen Kontrast zu den dichten Wäldern Nepals, und das freundliche Lächeln, mit dem man von den Sherpas empfangen wird, hat nur wenig gemeinsam mit dem schroffen Empfang durch die pakistanischen Bergbewohner. Auch die Länge der in diesem Buch vorgestellten Trekkingwanderungen variiert zwischen wenigen Tagen und einem Monat oder mehr. Jeder kann in dem reichhaltigen Angebot die richtige Trekkingtour finden. Wir haben versucht, in den Einleitungen zu den einzelnen Tourenbeschreibungen möglichst viele Informationen zu bieten, die dem Leser die Wahl erleichtern.

PLANUNG DER REISE

Wenn man das Flugzeug besteigt, um sich in den Himalaya oder den Karakorum zu begeben, dann muß man sich bewußt sein, daß man nach nur wenigen Flugstunden eines der durch seine Natur wie durch seine Kultur interessantesten Gebiete der Welt betritt. Wir haben darauf verzichtet, Informationen über Flugkosten und -verbindungen zu geben, denn das würde den Rahmen dieser Veröffentlichung sprengen.

Wer noch keine Trekkingerfahrung in Nepal, Indien, Pakistan oder Tibet hat, der sollte bei der Planung seiner Reise zwei grundlegende Gesichtspunkte berücksichtigen. Das erste und wohl wichtigste ist die Jahreszeit. Der alles Leben im Himalaya beeinflussende Faktor ist der Monsun, der die Gebirgskette von Juni bis Ende September heimsucht. Je mehr man sich nach Westen oder Norden begibt, desto geringer sind seine Auswirkungen. In der Zeit der Monsune sind die Trekkingwege des östlichen Himalaya (Bhutan, Sikkim, Khumbu), an den Südhängen des mittleren und westlichen Himalaya wie auch der Pfad zum Annapurna-Heiligtum und der Rundweg um den Annapurna kaum passierbar. Einige heftige Wolkenbrüche genügen, um eine Tour durch Garwhal, um den Nanga Parbat herum oder sonstwo im westlichen Himalaya zunichte zu machen. Keine Probleme gibt es dagegen in Tibet, in Ladakh, im Karakorum und im Hindukusch, denn diese Gebiete werden vom Hauptkamm des Himalaya vor dem Monsunregen geschützt.

Die grünen Wälder Nepals - hier befinden wir uns in Langtang - bieten nicht nur dem Botaniker unvergeßliche Erlebnisse. Foto: Marco Majrani

Man sollte ebensowenig vergessen, die bürokratischen Probleme sorgfältig abzuwägen, denn wenn auch Visa für Pakistan und Nepal problemlos zu bekommen sind, erfordern die Einreisegenehmigungen für Tibet, Indien und Bhutan etwas mehr Mühe und Zeit. Je nach Land und geltenden Vorschriften kann schließlich ein *trekking permit* oder eine andere Sondergenehmigung erforderlich sein, wenn das Ziel in der Nähe von besonders heiklen Grenzgebieten, wie dem zwischen Pakistan und Indien, liegt. Weitere Informationen sind in den Einführungen zu den jeweiligen Kapiteln zu finden.

ALLEIN ODER IN BEGLEITUNG?

Der Himalaya und der Karakorum sind weit von unserer Heimat entfernt, Sprache, Geschichte und Kultur sind anders als in unseren Bergen. Eine Reise in diese Gebiete stellt uns somit vor ganz andere organisatorische und psychologische Probleme. Je nach Erfahrung hat man die Wahl zwischen verschiedenen Lösungen. Eine organisierte Gruppenreise hat sicher ihre Vorteile. Man lernt dabei neue Reisegefährten kennen, jemand kümmert sich um die Flugtickets, Visa und Genehmigungen sowie um die Organisation vor Ort; in Begleitung eines qualifizierten Reiseleiters (besonders, wenn es sich um einen Bergführer handelt) können sich auch die weniger erfahrenen Trekker auf das rutschige Eis der Gletscher wagen. Das Gepäck wird Trägern überlassen (in manchen Fällen auch Tragetieren), und der Trekker selbst trägt nur den kleinen Rucksack mit seinem Tagesbedarf. Gegen eine organisierte Gruppenreise sprechen dagegen die höheren Kosten und die Tatsache, daß es schwieriger ist, mit den Einheimischen in Kontakt zu kommen.

Am anderen Ende der Skala steht das Trekking im Alleingang, wobei man Lebensmittel und Kochgerät mit sich führt. Diese Lösung eignet sich selbstverständlich nur für Trekker, die an den "angelsächsischen Stil" - Plackerei mit einem riesigen Rucksack - gewohnt und bereit sind, ihr Gepäck auf das unbedingt Notwendige zu beschränken. Wir möchten jedoch hier daran erinnern, daß man längs der bekannten Wanderwege in Nepal, insbesondere in der Gegend um den

Die äußerst eindrucksvollen, großartigen Gletscher des Himalaya stellen für den Trekker normalerweise kein Problem dar. Hier befinden wir uns auf dem Biafo-Gletscher am Fuß des Latok-Massivs. Foto: René Robert/ Agence Freestyle

Annapurna, des Langtang und des Mount Everest, dank einer Vielzahl kleiner Hotels, Teehäuser und Raststätten das Zelt zu Hause lassen und das Gewicht der mitzuführenden Lebensmittel auf ein Minimum reduzieren kann.

Die dritte Möglichkeit, die für viele der richtige Mittelweg ist, besteht darin, sich auf eigene Faust in den Himalaya oder Karakorum zu begeben und dort ohne Hilfe eines Trekkingbüros Träger sowie eventuell einen *sirdar* (eine Art einheimischen Reiseleiter) und einen Koch anzuheuern. Das ist gewiß die wirtschaftlich vorteilhafteste Lösung, die man aus einsichtigen Gründen aber nur demjenigen empfehlen kann, der bereits einige Trekkingerfahrung in den Gebirgen Asiens gesammelt hat. Träger, Köche und *sirdar* kann man recht einfach am Ausgangspunkt aller großen Trekkingwege finden; eventuell kann man sich auch an ein kleines Büro in den größeren Ortschaften wie Skardu, Gilgit, Chitral, Pokhara, Namche Bazar und Leh oder an Hotelinhaber, Busfahrer und Geschäftsleute wenden. Man beachte jedoch, daß es in den Gebieten, wo die Nachfrage groß ist, in der Hochsaison praktisch unmöglich ist, einen Träger zu finden. Am Anfang des Wegs, der von Askole zum Baltoro führt, lagern jeden Sommer etliche Expeditionen und Trekkinggruppen, die mangels Trägern nicht weiterkönnen.

TRÄGER

Wer die Dienste von Trägern in Anspruch nimmt, sollte sich an einige Grundregeln halten, die auf Vernunft und Tradition beruhen. Die in einem Sack oder Plastikbehälter zu tragende Last darf nicht mehr als 20 kg wiegen, denn zu jeder zu tragenden Last kommt noch der persönliche Bedarf des Trägers oder der Träger hinzu. Einen schnelleren Schritt einzulegen, bringt keine Einsparungen, denn die Träger bekommen einen Tageslohn für die zurückgelegte traditionelle Etappe; es ist somit unbedeutend, ob man eine, zwei oder gar drei Etappen an einem Tag zurücklegt. Bei der Entlohnung der Träger muß man außerdem eventuelle Anreisetage und selbstverständlich die Fahrkosten, die Lebensmittel, ein Trinkgeld und/oder Geschenke, wie Kleidungsstücke oder Trekkingmaterial, am Ende der Wanderung noch mit berücksichtigen. Ein Paar Tennisschuhe und eine Zeltplane für die Küche reichen für eine Trekkingwanderung in den unteren Höhenlagen aus. Für Höhen- und Gletschertouren muß jedoch mit höheren Ausgaben gerechnet werden, denn den Trägern muß die gesamte Ausrüstung zur Verfügung gestellt werden, d. h. Pickel, Steigeisen, Bergschuhe und Sonnenbrille.

In den Hochtälern von Khumbu, Bhutan und Tibet übernehmen häufig Yaks die Arbeit von Trägern oder Pferden. Hier befinden wir uns in Nepal, auf dem Wegzum Fuß des Cho Oyu. Foto: Marco Majrani

Oben: Die Träger sind immer eine Überraschung für den Trekker, der zum ersten Mal die hohen Berge Asiens besucht. Auf dem Foto zwei Balti mit dem Gepäck einer Trekkinggruppe bei der Überquerung einer Moräne des Baltoro-Gletschers. Foto: Galen Rowell/ Mountain Light

KLEIDUNG UND AUSRÜSTUNG

Leicht und bequem: das ist das erste Gebot für die Kleidung eines Trekkers. Das Gepäck muß dabei unter Berücksichtigung der ausgewählten Route und jeweiligen Jahreszeit zusammengestellt werden. In vielen Fällen, insbesondere auf den längeren Trekkingrouten, erwarten den Wanderer heftige Klimaschwankungen und eine unter Umständen überaus starke Sonneneinstrahlung. In wenigen Tagen wechselt man von den 40° C und mehr der unteren Täler (glühende Hitze erwartet den Trekker in der sonnigen Wüstenlandschaft des Karakorum) zu der eisigen Kälte der Gletscher. Weiter oben in den Bergen sind die Temperaturschwankungen zwischen Tag und Nacht sehr stark. In den mittleren Höhenlagen des Himalaya (zwischen 2000 und 4000 m) ist die beste Lösung eine Leinenhose (etwas weiter und lockerer sitzend als eine Jeanshose), die man in den wärmeren Stunden eventuell gegen

Shorts und in den kälteren Tageszeiten gegen eine Fleece-Hose auswechseln kann. Die klassischen Kniebundhosen sind ebenfalls bequem und können in den kälteren Stunden zusammen mit einer Strumpfhose getragen werden.
Ein Pullover aus Wolle oder Fleece kann über einem Wollhemd oder einem Unterhemd aus Synthetikfaser getragen werden.

In allen Höhenlagen ist eine wasserundurchlässige Regenkleidung (Jacke und Überhose) aus Goretex oder ähnlichem Material erforderlich. Schließlich gehören noch eine Wollmütze und - zum Schutz gegen die Sonneneinstrahlung - eine Leinenmütze auf die Liste, ferner ein Paar Handschuhe aus Wolle oder Fleece und eine Sonnenbrille. Zusätzliche Ausrüstungsgegenstände sind eine Feldflasche, Ersatz-Schnürsenkel und ein Mehrzweckmesser (nach Art eines Schweizer Offiziersmessers). Wichtig ist auch eine Taschenlampe, am besten eine Stirnlampe. Der Schlafsack muß unter Berücksichtigung der unterwegs zu erwartenden kälteren Tage ausgewählt werden. Der Rucksack ist ein weiteres wesentliches Element der Trekkingausrüstung. Wer einen großen Teil des Gepäcks am eigenen Leib trägt, muß ein großes Modell (ab 70 l) auswählen.

Der "Tagesrucksack" für die Teilnehmer einer organisierten Trekkingtour braucht dagegen nicht besonders groß zu sein.

Wie in den Alpen sind auch hier die Schuhe das ausschlaggebende Element der gesamten Ausrüstung. Wählt man sie falsch, dann kann der Trek zu einer wahren Tortur werden. Besonders wichtig ist, die Schuhe Monate vorher auszuprobieren und einzulaufen. Wanderschuhe aus Synthetikmaterial werden heute vielfach getragen und sind für einen Großteil der Wanderstrecken die beste Lösung. Für Höhentouren, und um bei Schneefall keine Probleme zu bekommen, sollte man auch ein Paar Schalenschuhe bei sich haben. Pickel und Steigeisen sind nur in Ausnahmefällen erforderlich. Sehr nützlich sind dagegen Skistöcke mit einstellbarer Länge.

ORIENTIERUNG

Wer regelmäßig auf den klassischen Wegen in den Alpen wandert, der ist an die überall gut sichtbar angebrachten

Beim Trekking kann jeder seinen eigenen Rhythmus gehen; man kann Schritt mit den anderen halten oder allein wandern.
Foto: Marco Majrani

Im östlichen Himalaya durchqueren die Pfade große, zauberhafte Wälder.
Foto: Marco Majrani

Markierungen und Wegweiser oder an die alten Steinmänner gewöhnt. Vielbegangene Wanderwege sind auch bei Schnee durch die Spuren der vorausgegangenen Wanderer normalerweise gut sichtbar. Man verfügt über die aktuellsten Landkarten, auf denen die Wegweisung eingezeichnet ist. Weitere Informationen kann man an Schutzhütten oder in Fremdenverkehrsbüros einholen. Im Himalaya und Karakorum ist das jedoch anders. Farbklecksmarkierungen sind hier unbekannt, Steinmänner findet man nur hier und dort, die Karten sind - von einigen Ausnahmen abgesehen - ungenau. Das bedeutet jedoch nicht, daß man dazu verdammt ist, sich zu verirren. Die von den Trekkern benutzten Wege stimmen zum großen Teil mit den seit Urzeiten begangenen

Anstatt auf den traditionellen, eindrucksvollen jula, den aus Weidenruten geflochtenen Hängebrücken, überquert man die Flüsse des Karakorum häufig mit nicht weniger eindrucksvollen Seilbahnen.
Foto: G. Miotti/K3

Wegen überein, und häufig werden sie auch von den Karawanen noch benutzt. Zur Orientierung helfen die auf dem Boden klar sichtbaren Spuren; auch trifft man häufig auf andere Reisende. Pilger, Beamte und Händler benutzen alle dieselben Wege wie die Trekker. Die Einheimischen können Trekkern helfen, die sich verirrt haben oder den richtigen Weg nicht finden - die Sprache dürfte dabei wohl kein allzu großes Problem sein. Da es kaum gute Karten gibt, sind auch der Kompaß und der Höhenmesser hier nicht ganz so nützlich wie in den Alpen; man sollte sie aber auf jeden Fall mit sich führen.

ALPINAUSRÜSTUNG

Selbst für eine anspruchsvolle Trekkingtour ist keine spezielle Alpinausrüstung erforderlich, wie sie beispielsweise für Kletterpassagen ab dem 7. Grad benutzt wird.
Die Trekkingrouten dieses Buches führen auch über verschneite Gletscherfelder, wo es gefährliche Spalten gibt; hier sind eine angemessene Kleidung und eventuell die Benutzung von Steigeisen,

Eispickel, Anseilgurt sowie von Seil und Karabinern nötig.

GESUNDHEIT

Wanderungen im Himalaya und Karakorum stellen den Trekker vor ähnliche Probleme wie in den Alpen. Blasen an den Füßen und Krämpfe, Erfrierungen und Verstauchungen kennen die Wanderer der Dolomiten ebensogut wie die am Fuß des Mount Everest. Die raschen, extremen Klimaschwankungen, die ungewohnte Ernährung und die fremde Umgebung, vor allem aber der rasche Aufstieg in große Höhenlagen, stellen den Trekker vor Probleme, die es zu lösen gilt.

Die Impfung gegen Typhus und, in einigen Fällen, die Malaria-Prophylaxe sind Standardprozeduren für alle Reisenden in Afrika und Asien. Aber auch bei der Ernährung sollte man einige Vorsicht walten lassen: Man sollte nur abgekochtes Wasser trinken und niemals ungewaschenes Gemüse oder Obst essen. Vor allem wer sich zum ersten Mal in den Himalaya begibt, hat normalerweise unter Durchfall zu leiden. Bei hohem Fieber oder anhaltenden Verdauungsbeschwerden sollte man einen Arzt aufsuchen.

Ein ernsthaftes Kapitel ist die Höhenkrankheit. Wer Atmungsprobleme oder Schwierigkeiten mit dem Herz hat, sollte nicht allzu hoch steigen; eine angemessene, allmähliche Akklimatisierung kann allen empfohlen werden. Der langsame Aufstieg auf 4000 m von Pokhara oder Kathmandu aus, die beide auf 1000 m Höhe liegen, bietet die Möglichkeit, sich allmählich an die Höhe zu gewöhnen. Mehr Aufmerksamkeit ist erforderlich, wenn man mit dem Flugzeug das 2400 m hoch liegende Lukla anfliegt, und gefährlich wird es, wenn man sich bei der Anreise mit dem Flugzeug oder dem Geländewagen sofort in 4000 oder 5000 m Höhe begibt; besondere Vorsicht erfordern die Berge Tibets. Auf jeden Fall sollte man sich nur langsam in größere Höhenlagen begeben, und wann immer möglich, sollte man sein Nachtlager nicht am höchsten Punkt einer Etappe aufschlagen. Man zögere nicht, die eigenen Programme zu ändern oder im Fall von anhaltendem Unwohlsein ins Tal abzusteigen. Die normale Höhenkrankheit, die sich durch Kopfschmerzen und Mattigkeit bemerkbar macht, ist an sich nicht schlimm, kann aber, wenn man sie unterschätzt, zu Lungen- oder Hirnödemen führen, die beide lebensgefährlich sind. Besteht diese Gefahr, so hilft nur, den Kranken so schnell wie möglich zu Tal zu bringen.

In den Tälern des Karakorum, wie hier bei Askole, auf dem Weg zum K2, steht das Grün der von Menschen in mühevoller Arbeit angelegten Oasen in schroffem Kontrast zu den kahlen Berghängen. Foto: Marco Milani/K3

NOTFÄLLE

In den Alpen ist ein Großteil der Unfälle auf die Unachtsamkeit von Wanderern zurückzuführen, die sich leichtsinnigerweise auf gefährliches Gelände begeben. Mehr noch als in den heimischen Alpen erfordern die engen, ausgesetzten Pfade, die steilen Trümmerhänge mit wackeligen Felsbrocken und die ebenfalls wackeligen Holzbrücken im Himalaya und Karakorum größte Aufmerksamkeit, denn hier ist es äußerst schwierig, Kranke oder Verletzte zu Tal zu bringen. In fast allen Ländern des Himalaya kann man jedoch seit einigen Jahren in besonders schweren Fällen Rettungshubschrauber anfordern.

FOTOAUSRÜSTUNG

Sonnenuntergänge und Tiere, Landschaften und Dörfer, Moscheen und buddhistische Tempel, die Gesichter Tausender verschiedener Völker: Auf den Trekkingwegen im Himalaya und Karakorum findet der Fotograf Motive im Überfluß. Und für ein derartiges Abenteuer könnte der "Wanderfotograf" Material im Überfluß mitnehmen, aber das Gewicht des mitzuführenden Gepäcks erlegt ihm strenge Beschränkungen auf, besonders dem "Do-it-yourself"-Trekker, dem weder Träger noch Lasttiere zur Verfügung stehen. Der Fotograf steht zunächst vor einer grundsätzlichen Entscheidung - die ein oder zwei zusätzliche Kilo im Rucksack ausmachen kann: zwischen einer Kleinbild-Kompaktkamera, die weniger als ein Pfund wiegt und die Landschaften und alle wichtigen Momente der Tour verewigen kann, und einer 35 mm-Spiegelreflexkamera mit mehreren Objektiven, mit der man sogar professionelle Reisereportagen zusammenstellen kann. Für eine solche Kamera ist sorgfältige Auswahl der Objektive von Bedeutung: ein 28 mm-Weitwinkelobjektiv, ein 35 oder 50 mm-Objektiv und ein 105 oder 135 mm-Teleobjektiv (bzw. ein 70-150 mm-Zoom oder Ähnliches) sind die nützlichsten. Sehr wichtig sind Filter (Skylight- oder UV-Filter sowie Polarisationsfilter) und ein kleines Stativ, um auf dem Film die Farben und "magischen" Augenblicke des Sonnenaufgangs und -untergangs festzuhalten. Bei Negativfilmen entscheidet man sich am besten für solche mit geringer Empfindlichkeit, zwischen 25 und 100 ASA. Wer auf dem Trek Träger und Lasttiere zur Verfügung hat, kann einen Teil der Ausrüstung im Großgepäck unterbringen. Das Fotomaterial muß allerdings vor Stößen und Sonnenbestrahlung geschützt werden.

RESPEKT VOR LANDSCHAFT UND MENSCHEN

"Auch der Krach, den Sie abends am Lagerfeuer machen, und die grellen Farben Ihrer Kleidung beeinträchtigen das Naturerlebnis anderer Wanderer

Im ganzen Himalaya kann man noch die Kleidung und Traditionen der Bergbewohner beobachten. Das Bild zeigt zwei Ladakhi-Frauen, die in ihrer typischen Tracht einer religiösen Zeremonie beiwohnen. Foto: Colin Monteath/ Hedgehog House

auf diesen Pfaden." Zusammen mit noch weiteren, technischen Betrachtungen sind dies die Empfehlungen des offiziellen Führers zu den Pfaden des Grand Canyon, "Nichts läßt eine Naturlandschaft bewohnter erscheinen als eine unübersehbare Zeltgruppe. Es ist immer von Vorteil, sich fast unsichtbar der Landschaft anzupassen." Mit diesen Worten wendet sich John Hart, Autor des Buches *Walking Softly in the Wilderness*, an seine Leser.

Im Himalaya und Karakorum müssen diese Hinweise noch mehr als anderswo beachtet werden. Die Gipfel des Himalaya und des Karakorum gehören zu den spektakulärsten Naturdenkmälern der Erde. Aber die am ihrem Fuß liegenden Täler sind bis hinauf zu den 4000-4500 m hoch gelegenen Weideflächen alles andere als eine menschenverlassene Wildnis, ganz im Gegenteil, denn die Wälder, Wiesen und Quellen sowie die großen und kleinen Karawanenstraßen haben seit Jahrtausenden Menschen in diese Berge gelockt. Heute sind viele der grünen Täler Nepals und Indiens überbevölkert, und auch in den im Laufe der Jahrhunderte in den Wüstentälern Pakistans und Ladakhs entstandenen Oasen nimmt die Bevölkerung unaufhaltsam zu. Die demographische Explosion ist ein Phänomen, das einen Großteil der Länder der Dritten Welt betrifft und zu Kahlschlag, Umweltverschmutzung, der Ausrottung einiger Tierarten durch übermäßiges Bejagen und Erosion des Bodens führt. In den am meisten besuchten Gebieten in der Nähe des Mount Everest, des Annapurna und des K2 tragen die Bergexpeditionen und Trekkinggruppen einen guten Teil der Verantwortung; hier konzentrieren sich seit einigen Jahrzehnten die größten Bemühungen für den Schutz des Gebietes, wie im Sagarmatha Nationalpark und in der Annapurna Conservation Area.

Der umweltbewußte Trekker wird somit von umweltschädigenden Verhaltensweisen absehen und darauf achten, daß auch Träger, *sirdar* und Köche sich an die Regeln halten: daß Abfälle wieder ins Tal mitgenommen werden müssen, und daß anstelle des traditionellen Lagerfeuers Gas- oder Benzinkocher verwendet werden müssen.

Aber das Umweltbewußtsein im Himalaya und im Karakorum darf sich nicht nur auf die Landschaft beschränken, denn es ist nicht weniger wichtig, die Traditionen, die Kultur und den Glauben dieser Bergvölker zu respektieren. Eine allzu leichte Bekleidung ist nirgendwo gern gesehen und kann in den islamischen Tälern Pakistans zu ernsthaften Problemen führen. Vor den Riten, den heiligen Orten und der Religion muß man überall größten Respekt zeigen und darf sich keinesfalls als aggressiver Tourist benehmen, der, koste es was es wolle, auf Bilderjagd geht. Trägern und *sirdar* gebührt Respekt, denn man darf nicht vergessen, daß die Arbeit im Dienst einer Person, nichts mit Sklaverei zu tun hat. Außerdem darf man keine wertvollen alten Kunstgegenstände oder Felle und andere Trophäen von Tierarten kaufen, die vom Aussterben bedroht sind. Wer im Besitz irgendwelcher Kunstwerke oder des Fells eines Schneeleoparden oder eines *bharal* erwischt wird, riskiert nicht nur die Beschlagnahmung der jeweiligen Gegenstände, sondern darüber hinaus empfindliche Geldstrafen, sowohl bei der Einreise als auch bei der Ausreise.

Die Gebirgskette des Himalaya ist reich an heiligen Orten. Hier ein sadhu, in Meditation versunken, in der Nähe der Quellen des Ganges. Foto: Marcello Bertinetti

AM FUSS DES TIRICH MIR

Vom Chitral-Tal an den Fuß der hohen Gipfel des Hindukusch

Ehrwürdige Gipfel mit nahezu achttausend Metern Höhe, zerklüftete Gletscher, die ganze Täler einnehmen, schroffe, wilde Talsenken, wo das sanfte Grün der Oasen mit dem Gelb, Rot und Ocker der Felswände und öder Hänge abwechselt. Im nordwestlichen Gebiet von Pakistan, an der Grenze zu Afghanistan und Tadschikistan, nicht weit von Sinkiang entfernt, erheben sich die Berge des Hindukusch, die nicht hinter den bekannteren und häufiger besuchten des Karakorum und des Himalaya zurückstehen.

Die von Südwesten nach Nordosten verlaufende, fast 500 km lange Gebirgskette des Hindukusch gipfelt in einer herrlichen Reihe von Bergspitzen, von denen manche über 7000 m hoch sind. Gegenüber dem Saraghrar (7349 m), dem Istor-o-Nal (7398 m) und dem Noshaq (7492 m) erhebt sich der gezackte Kamm des Tirich Mir, ein herrliches, zerklüftetes Massiv mit vier Hauptgipfeln: dem Tirich Mir (7700 m), dem Tirich East (7692 m), dem Tirich West I, II, III und IV (7478, 7500, 7400 beziehungsweise 7388 m) und dem Tirich Nord (6732 m). Drumherum erstrecken sich die Gletscher Tirich, Barum, Owir, Dirgol und Gham kilometerweit in alle Richtungen.

Chitral, das wichtigste Zentrum im Nordwesten Pakistans, der ehemaligen "nordwestlichen Provinz" Britisch-Indiens, liegt 60 km südlich des Bergs, obwohl man beim Sonnenaufgang und -untergang den Eindruck hat, daß sich die mit Schnee überzogene Südflanke des Tirich direkt hinter den weißen Türmen und Kuppeldächern der Moschee der Stadt jenseits der lehmigen Gewässer des Flusses Chitral erhebt. Das schroffe und wilde, nur schwer zugängliche Tirich-Tal führt an die Nordflanke des Massivs, wohin man normalerweise über den nur mühsam zu erklimmenden Zani An-Paß gelangt.

Die lange Zeit von der Welt abgeschnittenen Täler des Hindukusch sind in den Jahrzehnten des "Great Game" zwischen London und Moskau um die Herrschaft über Zentralasien urplötzlich auf den Schauplatz der Weltpolitik getreten. Im Jahr 1895 unternahmen die Briten infolge der von Umra Khan entfachten Revolte die berühmteste Hilfsexpedition jener Jahre. Obwohl der Shandur-Paß noch schneebedeckt war, gelang es einer Truppeneinheit, am 27. April Chitral zu erreichen und die Aufständischen zu vertreiben.

Die ersten alpinistischen Expeditionen im Hindukusch gehen auf die 30er Jahre zurück und dienten vorwiegend der Erforschung des Gebiets. Die komplizierte Lage an den Grenzen zwischen Britisch-Indien (später Pakistan), der UdSSR (heute Tadschikistan) und China hat dazu geführt, daß Bergsteiger erst ab 1950 in das Gebiet einreisen durften. In jenem Jahr gelang es der von Arne Naess geführten norwegischen Expedition beim ersten Versuch, den höchsten Gipfel des Gebiets, den Tirich Mir, zu erobern. Fünf Jahre später bezwang eine amerikanische Expedition den Istor-o-Nal. Im Jahre 1959 standen die Italiener als erste auf dem Gipfel des Saraghrar, und die Japaner erklommen den Noshaq, den mit 7492 m zweithöchsten Gipfel des Hindukusch. Im Laufe der 70er Jahre entwickelte sich in diesen Bergen eine "leichte" Form des Alpinismus, die mehr auf die Erforschung des Gebietes aus war. Ein glänzendes Beispiel dafür ist die österreichische "Expedition" 1967, die nur aus Kurt Diemberger bestand, der Triest mit dem Auto verließ und nach 20 Tagen in Chitral eintraf. Die Bilanz, mit den Worten dieses Bergsteigers: "Drei Siebentausender, vier Sechstausender, viel Schweiß und viel Reflexion". Diemberger, der eine wahre Leidenschaft für den Hindukusch entwickelte, unternahm in jenem Jahr den Rundgang um den Tirich, längs einer Route, die er selbst entworfen hatte und die es verdient,

Die eindrucksvolle Felsbastion des Tirich Mir bildet den Hintergrund für die eleganten Kuppeln und spitzen Minarette der Moschee von Chitral, der Hauptortschaft des wilden Nordwestens von Pakistan. Foto: Colin Monteath/ Hedgehog House

von abenteuerlustigeren Alpintrekkern wieder begangen zu werden.

In den späteren Jahren wurde der Tirich Mir dank der geringen Organisationsprobleme, der niedrigen Kosten und der "Nähe" Europas für diejenigen, die über Land anreisen wollten, eines der Lieblingsziele von abenteuerlustigen europäischen Bergsteigern. In jenen Jahren haben viele der Männer aus Shagrom und aus anderen Dörfern in den Tälern am Tirich und von Attak als Träger an zahlreichen Expeditionen teilgenommen.

Dem Trekker- und Bergsteigeridyll am Hindukusch setzten gegen Ende der 70er Jahre wiederum die Kanonen ein Ende. Der Krieg zwischen den Sowjets und den Mudschahiddin in Afghanistan hat zu einem ununterbrochenen Flüchtlingsstrom in das Chitral-Tal geführt; daher beschloß die Regierung in Islamabad, Ausländern den Zugang zu einer Reihe von Tälern zu verbieten. Nur wenige Wege in der Gegend um den Tirich Mir sind heute zugänglich. Jahrelang war das Gebiet vollständig gesperrt. Schade, denn die Riesen des Hindukusch sind wahrhaft einen Besuch wert.

Ob man mit den schnellen Fokker der PIA oder auf der staubigen Straße über die Festung von Malakand und über Dir hier eintrifft - Chitral, die freundliche Oase, empfängt alle gerne. Von hier setzten die Expeditionen der Vergangenheit ihren Weg zu Fuß fort. Heute fährt man mit dem Jeep über enge Pisten in luftigen Höhen, über wackelige Hängebrücken und durch Haarnadelkurven, die über Abgründen schweben, so beispielsweise längs der "Straße" von Chitral nach Mastuj. Mit Geländefahrzeugen kann man heute auch die Piste über den Shandur-Paß befahren, Schauplatz des britischen Heldenmutes im Jahre 1895. Dort, wo im Hindukusch die Pisten enden, stehen dem Wanderer garantiert Abenteuer bevor.

NÜTZLICHE INFORMATIONEN

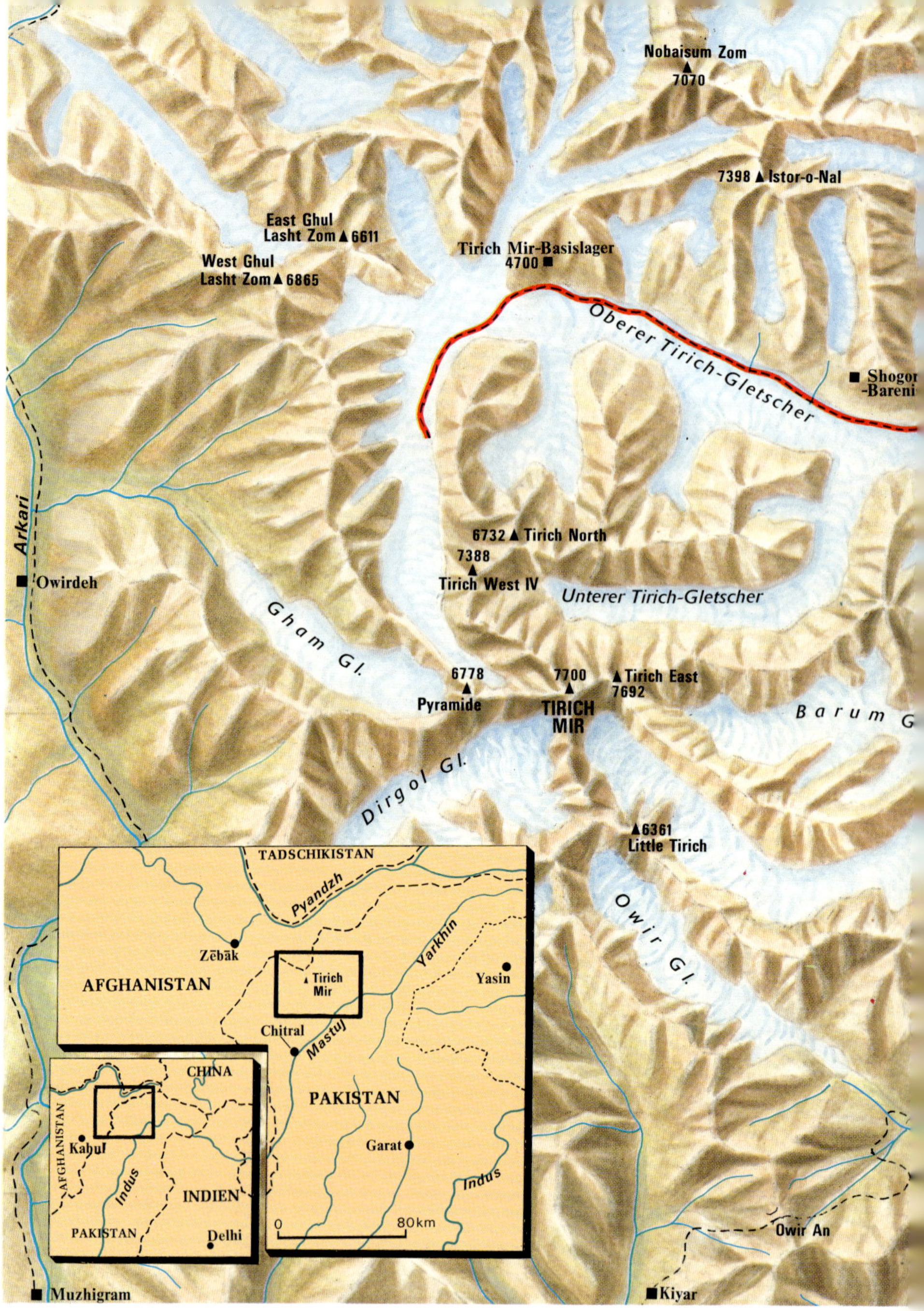

Dauer: 7 Tage auf der Grundroute; es ist aber empfehlenswert, diesem Trek mindestens zehn Tage zu widmen.
Höhenlage: zwischen 2200 m in Drasan und 4700 m am Tirich Mir-Basislager
Jahreszeit: von Juli bis September
Formalitäten: Der Status des Gebiets wechselte in den letzten Jahren mehrmals von "open area" zu "restricted area". Zeitweise war der Zutritt ganz verboten. Vor der Abfahrt sollte man sich unbedingt informieren.
Schwierigkeitsgrad: keine alpinistische Schwierigkeiten bis zum Tirich Mir-Basislager.
Körperliche Belastung: insgesamt mittel, aber einige Etappen (insbesondere die erste) sind ziemlich mühsam
Ausrüstung: normale Trekking-Ausrüstung
Anreise: Chitral (1750 m) erreicht man von Lhasa aus mit dem Flugzeug oder über einen langen und mühsamen Landweg an Malakand und Dir vorbei und über den Lowari-Paß. Legt man den Weg mit dem Geländewagen zurück, so muß man etwa 2 Tage dafür rechnen. Von Chitral führt eine enge, eindrucksvolle Schotterstraße den Mastuj entlang nach Norden. Man läßt die Straße zum Shandur-Paß rechts liegen und setzt den Weg über Maroi und Barenis nach Drasan (2200 m) fort.
Führer und Träger: Führer und Träger kann man sowohl in Chitral als auch in den Dörfern am Anfang der Wanderung anheuern. In Chitral gibt es kleine Trekkingagenturen. Shagrom ist die Heimat der Hochgebirgsträger aller Expeditionen auf den Tirich Mir und den Noshaq.
Varianten und Gipfel: Man kann die Überquerung des Zani An vermeiden und mit dem Jeep von Drasan nach Warkup ans Ende der Piste weiterfahren, wo man dann den Weg zu Fuß bis zu der Stelle fortsetzt, wo sich das Turikho-Tal und das Tirich-Tal vereinigen. Diese Route ist nicht besonders anstrengend, erfordert allerdings zwei Tage. Vom Basislager kann man den leicht zu erklimmenden Panorama Peak (5600 m) besteigen.
Notfälle: Das nächste Krankenhaus befindet sich in Chitral. Krankentransporte sind aufgrund der geringen Zahl der verfügbaren Fahrzeuge allerdings ziemlich problematisch.
Karten: Die beste ist die amerikanische Karte der Serie U 502 NJ-43-13 Mastuj im Maßstab 1:250 000.
Trekkingführer: Einige Informationen kann man in *Trekking in India and Pakistan* von Hugh Swift (Hodder & Stoughton, 1990) finden.
Lektüre: Höchst interessante Erzählungen über leichte Expeditionen in das Massiv des Tirich Mir finden sich in den beiden Büchern von Kurt Diemberger *Gipfel und Gefährten. Zwischen Null und Achttausend* (Bruckmann, 1990) und *Gipfel und Geheimnisse* (Bruckmann, 1991). Interessant und gut geschrieben, jedoch nicht so leicht zu finden ist *Paropàmiso* von Fosco Maraini (Leonardo, 1968) über die Expedition von 1959 auf den Saraghrar Peak.

In den Tälern um den Tirich Mir und in einem großen Teil des Hindukusch wird das Gepäck der Trekker häufig auf den Rücken kleiner Esel geladen, die den Wanderer mit sicherem Tritt und unermüdlich begleiten. Foto: Stefano Ardito

Die Südwand des Tirich Mir (7700 m), des höchsten und spektakulärsten Gipfels des Hindukusch; er wurde 1950 von einer norwegischen Expedition bezwungen. Foto: Colin Monteath/ Hedgehog House

Erster Tag
von Drasan nach Shagrom
Höhenunterschied beim Aufstieg: 1700 m
Höhenunterschied beim Abstieg: 950 m
Gehzeit: 8 Stunden

Die Trekking-Wanderung in das Tirich-Tal, die uns an den Fuß der Nord- und Westflanke des Berges bringt, beginnt mit einer langen, mühsamen Überquerung des Zani An. Von der Paßhöhe hat man einen schönen, umfassenden Ausblick auf den Istor-o-Nal und den Saraghrar. Man bricht an den Feldern von Drasan auf, wo Maulbeer- und Aprikosenbäume wachsen. Bei Utul beginnt der steile Aufstieg zum Paß. Der Boden wird immer schroffer und kahler, und schließlich erreicht man den Zani An (3886 m). Nachdem man das schöne Panorama genossen hat, schlägt man den steilen Weg ins Tirich-Tal hinunter ein, wo man direkt in Shagrom (2900 m) ankommt, dem Heimatdorf der Hochgebirgsträger vieler Expeditionen auf den Tirich, den Istor-o-Nal und den Noshaq.

In den öden Tälern des Hindukusch entstanden dank kilometerlanger Bewässerungskanäle Oasen und Dörfer. Foto: Gino Gomba

Unten: Die Ebene auf dem Weg Richtung Shagrom mit ihren bebauten Feldern und ihrer üppigen Vegetation. Foto G. Miotti/K3

Zweiter Tag
von Shagrom nach Attak
Höhenunterschied beim Aufstieg: 600 m
Höhenunterschied beim Abstieg: 100 m
Gehzeit: 4 1/2 Stunden

Eine kurze Etappe, ideal zum Verschnaufen nach den Mühen des Vortags. Nur gut durchtrainierte Wanderer können versuchen, noch am selben Tag Shogor-Barenis zu erreichen. Längs der Wanderung gibt es schöne Ausblicke auf die Ostflanke des Tirich-Massivs. Man setzt seinen Weg durch das Tal an Dörfern und Felder vorbei fort und kommt zu einer Gabelung des Tals. Man läßt den breiten Udren Gol, der vom Koh-i-Nadir und vom Noshaq herunterkommt, nördlich liegen und wandert weiter durch das Attak-Tal bis hin zu der gleichnamigen Ortschaft (3400 m).

Dritter Tag
von Attak nach Shogor-Barenis
Höhenunterschied beim Aufstieg: 700 m
Höhenunterschied beim Abstieg: 100 m
Gehzeit: 5 1/2 Stunden

Dieser Tag, der länger als der Vortag ist, führt an den Rand des Tirich-Gletschers, in einem herrlichen, wilden Tal, das im Norden von den Ausläufern des Istor-o-Nal beherrscht wird. Die Umgebung wird allmählich immer trockener; es bieten sich dabei interessante Blicke auf die Gipfel. Dann führt der Pfad um den Rand des Gletschers herum und nördlich davon in ein Moränental hinein. Man erreicht schließlich die grasbewachsene Sandebene von Shogor-Barenis (4000 m), wo man im Windschatten der Trockenmauern auf den kleinen Lagerplätzen, die von den Trägern der Expeditionen auf den Tirich angelegt worden sind, das Lager aufschlagen kann.

Eine weitere schöne Oase in der Gegend um den Tirich Mir. Wir befinden uns in den Tälern von Shagrom. Foto: René Robert/ Agence Freestyle

Links: Eine Gruppe von Trägern an den Schutthängen und Eiswällen des Tirich-Gletschers in etwa 4500 m Höhe. Foto: G. Miotti/K3

S. 27 oben: Die Piste von Chitral an den Fuß des Tirich Mir führt am Ufer des Mastuj entlang, eines der größten und wildesten Flüsse des Hindukusch. Foto: Stefano Ardito

S. 27 unten: Das Chitral-Tal im Herbst. Foto: Colin Monteath/ Hedgehog House

Vierter Tag
von Shogor-Barenis zum Tirich-Basislager
Höhenunterschied beim Aufstieg: 850 m
Höhenunterschied beim Abstieg: 150 m
Gehzeit: 7 Stunden

Ein weiterer langer Tag, den man vorwiegend auf dem Gletschereis verbringt; er führt von der Ebene von Shogor in die große Gletschermulde zwischen dem Noshaq, dem Istor-o-Nal und dem Tirich Mir. Zunächst wandert man durch die Täler am orographisch linken Rand des Tirich-Gletschers, noch über den Zusammenfluß mit dem unteren Tirich-Gletscher hinaus. Die dann folgende Gletscherstrecke führt zum Teil über Moränenschutt, dann wieder bildet freies Gletschereis einen angenehmeren Untergrund. Das Basislager (4700 m) liegt auf der letzten Sandebene am Rande des Gletschers, gegenüber der von Diemberger Konkordia-Platz genannten Mulde; dort biegt der Gletscherstrom abrupt nach links (Süden) in Richtung der Mulde zwischen dem Tirich und dem Dirgol Zom ab. Ein Tag Aufenthalt und die Erkundung der Umgebung wird auf jeden Fall empfohlen.

Fünfter Tag
vom Tirich-Basislager nach Shogor-Barenis
Höhenunterschied beim Aufstieg: 150 m
Höhenunterschied beim Abstieg: 850 m
Gehzeit: 5 1/2 Stunden

Die Rückkehr in das Attak-Tal beginnt mit der auch bergab langen Etappe, die nach Shogor-Barenis führt. Der Weg ist derselbe, den man auch auf dem Hinweg benutzt hat.

Sechster Tag
von Shogor-Barenis nach Shagrom
Höhenunterschied beim Aufstieg: 200 m
Höhenunterschied beim Abstieg: 1300 m
Gehzeit: 7 Stunden

Ein langer Tag, der ohne viel Aufregungen vom Rand des Tirich-Gletschers nach Shagrom zurückführt. Nach den langen auf dem Gletscher verbrachten Tagen ist man beim Anblick der Felder, Häuser und Aprikosenbäume immer etwas erleichtert.

Siebter Tag
von Shagrom nach Drasan
Höhenunterschied beim Aufstieg: 950 m
Höhenunterschied beim Abstieg: 1700 m
Gehzeit: 6 Stunden

Die erneute Überquerung des Zani-Passes in Richtung des Mastuj-Tals ist zwar nicht so ermüdend wie auf dem Hinweg, bleibt aber trotzdem ein anstrengendes Stück Weg. Auf dem Paß ist der Augenblick gekommen, um sich vom Saraghrar, vom Istor-o-Nal und den anderen hohen Gipfeln zu verabschieden. Der Tirich Mir erscheint noch einmal kurz,wenn wir über die Piste nach Chitral zurückfahren.

IN DEN TÄLERN DER KAFIRN

Die Entdeckung eines außergewöhnlichen Volkes in den Tälern an der Grenze von Pakistan und Afghanistan

Die Täler der Kafirn sind ein Grenzgebiet und ein gut gehütetes Geheimnis. Jenseits des grasbewachsenen Sattels des Shawal-Passes steigt man in das zu Afghanistan gehörende Nuristan hinab, das seit 15 Jahren vom Krieg verwüstet wird. Oberhalb der Oase von Ayun, gegenüber dem Fluß Chitral, fällt der Berg mit sonnenüberfluteten, geröllübersäten Hängen steil ab. Die Schlucht, in der die Täler des Brumburet und des Rumbur zusammenlaufen, ist ein brütendheißer Canyon, der die grünen, fruchtbaren Täler weiter oben nicht erahnen läßt. Wer diese Schwelle überschreitet, betritt ein geheimes Paradies.

Großes Bild: Die tiefe Klamm, durch die der Fluß Chitral fließt, trennt die zu der Ortschaft führende Straße von den Feldern der hier ansässigen Bauern. Foto: Earl und Nazima Kowall

Links: In den Tälern des Hindukusch haben die Talbewohner auch heute noch keine anderen Transportmittel zur Verfügung als Lasttiere - oder die eigenen Füße. Foto: Earl und Nazima Kowall

"Plötzlich schien der Pfad sich in einem Wald von Maulbeerbäumen, Weiden, Ahornen und anderen Bäumen zu verlieren. Es war eines jener Täler, in denen man sich die Figuren der Renaissanceliteratur eines Ariost und eines Tasso gut vorstellen könnte." So beschrieb der Orientalist Fosco Maraini 1959 nach der Rückkehr von einer mühsamen Expedition auf den Saraghrar Peak seine Eindrücke beim Betreten der Täler der *Kafirn*, der - aus islamischer Sicht - "Ungläubigen". In den Wäldern, längs der Bäche und auf den Weiden waren die soliden Holzhäuser der mit ihren typischen, keinesfalls islamischen Trachten bekleideten Kafirn zu sehen. Die Frauen tragen den *cheo*, ein langes, schwarzes Gewand, und auf dem Kopf die *kupasi*, eine mit Muscheln verzierte Kopfbedeckung, die fünf lange Zöpfe bekrönt.

Man erzählt, daß diese Täler diesseits und jenseits der derzeitigen Grenze aufgrund ihres angenehmen, alpinen Aussehens von den der Abenteuer und Schlachten überdrüssigen Soldaten Alexanders des Großen zu ihrer neuen Heimat erkoren wurden. Die Abstammung von den Makedoniern kann angezweifelt werden. Man kann aber vermuten, daß das Überleben eines großen heidnischen Volkes mitten in der islamischen Welt sich nur durch starke, von fern kommende Traditionen erklären läßt. Die nicht sehr mühevolle, angenehme Trekking-Wanderung durch die Täler der Kafirn ist eine Reise zur Entdeckung dieses in Asien einzigartigen Volkes.

Jüngere Studien beschreiben die Kafirn als ein Volk indoeuropäischer Abstammung, das eine eng mit dem Sanskrit verwandte Sprache spricht und einen Götterhimmel verehrt, der dem Turkestans ähnelt. Aber weder die asiatischen noch die europäischen Wurzeln konnten dieses Volk vor seiner nahezu vollständigen Ausrottung retten. 1895, im Schutz der Durand-Linie, die den britischen Einflußbereich entlang der Wasserscheide auf dem Kamm dieser Berge begrenzte, machte der afghanische Emir Abdur Rhaman Khan sich auf, die Kafirn mit Waffengewalt zu bekehren. Ihre alte Religion verschwand, Moscheen wurden gebaut, und Kafiristan verwandelte sich so in *Nuristan*, das "Land des Lichtes". Seitdem bleiben den Kafirn nur noch die pakistanischen Täler von Birir, Brumburet und Rumbur. Seit 1979 hat der gewaltige Zustrom afghanischer Flüchtlinge, die hungrig

auf Land und keinesfalls in der schwierigen Kunst der religiösen Toleranz geübt waren, die Lage in diesen Tälern noch schwieriger gemacht. Auch die Anthropologen und "Antiquitätensammler", die die Täler und ihre Götterbilder und Holzstatuen förmlich geplündert haben, haben zu dem Verfall beigetragen. Die Welt der Kafirn steht heute kurz vor dem Untergang.

Aber hier, inmitten herrlicher, ausgedehnter Nadelwälder, an mediterran wirkenden Berggraten, erstreckt sich eine der schönsten Wanderrouten der großen Berge Asiens. Der Weg, der durch das Birir-Tal hinaufführt, durch eine Rinne in den Granitfelsen aufsteigt, einen Paß überwindet und ins Brumburet-Tal absteigt, hat nur wenig mit einem ähnlichen Unternehmen am Everest oder am K2 zu tun. Dasselbe gilt für die Durchquerung vom Brumburet- ins Rumbur-Tal - länger, aber stets einfach - oder für den Aufstieg zu den Weiden von Shawal. Längs der gesamten Strecke kann man die außerordentliche Zivilisation der Kafirn genau kennenlernen. Wir wollen alle hoffen, daß es diesem Volk gelingt, zu überleben, und daß der Strom interessierter und respektvoller Besucher dazu beitragen.

Das größte Dorf des Brumburet-Tals mit den typischen Holzbauten.
Foto: Earl und Nazima Kowall

Rechts unten: Ein schöner, teilweise durch schattigen Nadelwald verlaufender Weg führt vom Birir-Tal in das Brumburet-Tal.
Foto: Stefano Ardito

NÜTZLICHE INFORMATIONEN

Dauer: 6 Tage (2-3 Tage reichen für die Besichtigung der Täler von Brumburet und Birir aus)
Höhenlage: zwischen 1500 m und 3000 m
Jahreszeit: von Mai bis Oktober
Formalitäten: Für den Besuch der Täler von Birir, Brumburet und Rumbur ist eine Genehmigung erforderlich, die man beim Büro des *Deputy Commissioner* in Chitral erhalten kann.
Schwierigkeitsgrad: keine Schwierigkeiten. Es handelt sich um einen leichten Trek in geringer Höhe.
Körperliche Belastung: mäßig, dank der geringen Höhe
Ausrüstung: Eine Campingausrüstung ist im Acholgah Gol-Tal und am Shawal erforderlich, aber nicht in den Ortschaften im Brumburet- und Birir-Tal, wo man in kleinen Hotels unterkommen kann.
Anreise: Chitral, die Hauptortschaft des nordwestlichen Pakistan, erreicht man von Peshawar aus in einer Stunde mit dem Flugzeug oder nach einer langen (mindestens 15 Std.) Fahrt über den Malakand-Paß, Dir und den Lowari-Paß. In Chitral besorgt man sich die Genehmigung für den Besuch der Täler und fährt auf einer Piste etwa 15 km südwärts nach Ayun und von dort aus weiter in Richtung der Täler von Brumburet und Birir.
Führer und Träger: Trekkingagenturen gibt es in Chitral. Es ist nicht schwer, vor Ort Träger anzuheuern.
Varianten und Gipfel: Der beschriebene Weg führt durch alle drei Täler Kafiristans. Nur, wenn es zu einem Frieden in Afghanistan kommt, wird man die Pässe Utok und Shawal überqueren können.
Notfälle: Die Fahrpisten der Täler erlauben eine schnelle Rückkehr nach Chitral.
Karten: Die amerikanischen Karten der Serie U 502 vom westlichen Chitral sind aus militärischen Gründen nicht für die Öffentlichkeit bestimmt.
Trekkingführer: Der einzige Führer, der diese Route beschreibt, ist *Trekking in India and Pakistan* von Hugh Swift (Hodder & Stoughton, 1990).
Lektüre: Interessant ist *Paropàmiso* von Fosco Maraini (Leonardo, 1960), das mit der bezaubernden Schilderung dieser Täler endet.

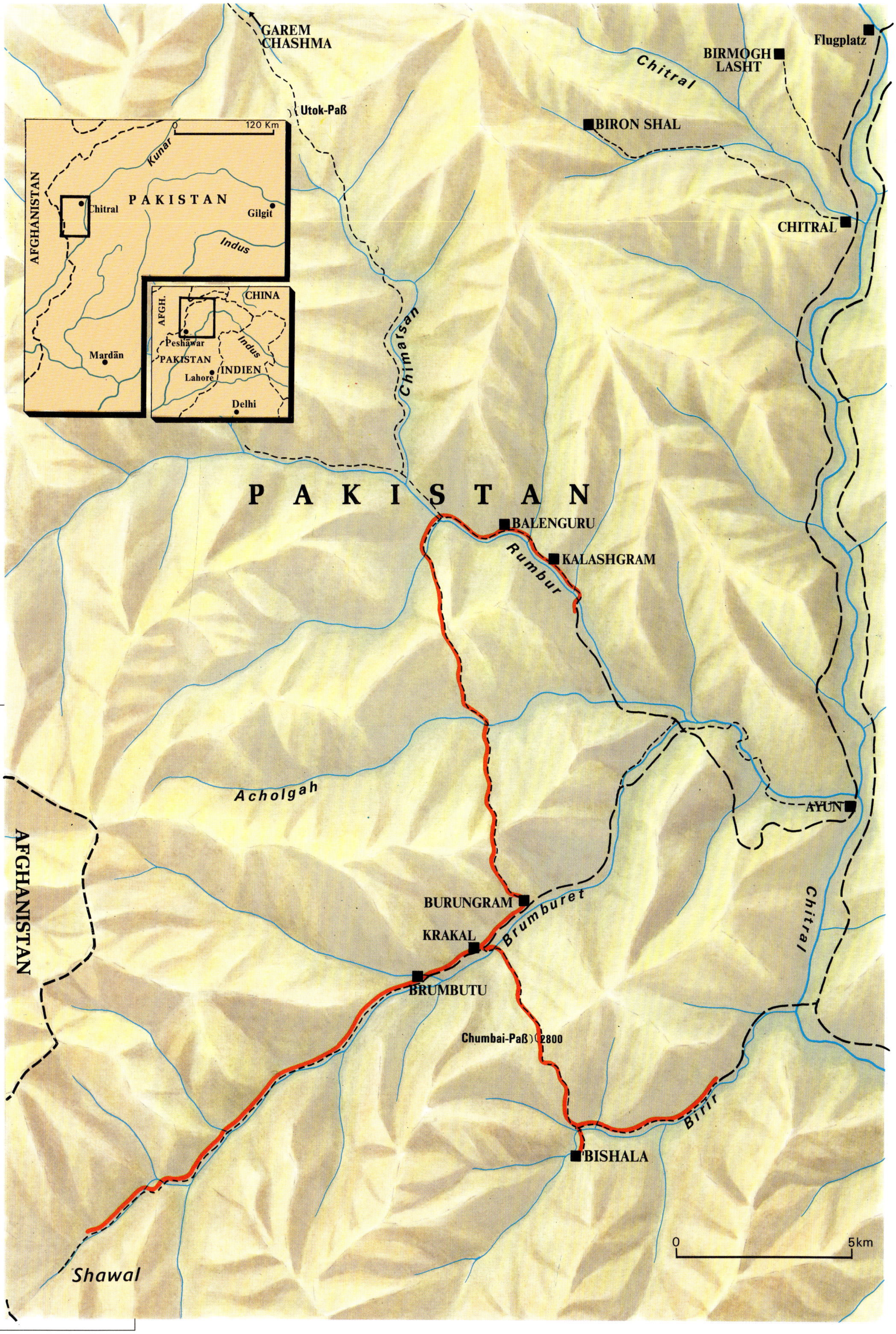
GAREM CHASHMA
Utok-Paß
Chitral
BIRMOGH LASHT
Flugplatz
BIRON SHAL
CHITRAL
0
120 Km
Kunar
AFGHANISTAN
PAKISTAN
Chitral
Gilgit
Indus
AFGH.
CHINA
Peshāwar
Indus
PAKISTAN
INDIEN
Lahore
Delhi
Mardān
Chimarsan
PAKISTAN
BALENGURU
KALASHGRAM
Rumbur
Acholgah
AYUN
AFGHANISTAN
BURUNGRAM
Brumburet
KRAKAL
BRUMBUTU
Chitral
Chumbai-Paß 2800
Birir
BISHALA
0
5km
Shawal

Erster Tag
von der Straße von Ayun nach Bishala
Höhenunterschied beim Aufstieg: 200 m
Gehzeit: 1 Stunde

Eine sehr kurze Etappe, um sich mit der Umgebung vertraut zu machen. Sie führt von Chitral zu den Stämmen des Birir-Tals, das von allen drei Tälern am bequemsten zu durchwandern ist. Man kann die Wanderung etwas ausdehnen (4-5 Std.) und zu Fuß in Ayun aufbrechen. Andernfalls fährt man mit dem Geländefahrzeug über die Piste. Am Ende der befahrbaren Strecke gelangt man nach einer kurzen, sehr angenehmen Wanderung nach Bishala, dem Hauptort des Tals.

Zweiter Tag
von Bishala nach Brumbutu
Höhenunterschied beim Aufstieg: 1000 m
Höhenunterschied beim Abstieg: 950 m
Gehzeit: 5 Stunden

Eine lange, angenehme Wanderung vorwiegend im Wald; man überwindet den Chumbai-Paß und gelangt in das Brumburet-Tal, das Haupttal der Kafirnstämme. Der Weg beginnt an einer engen Felsschlucht und steigt lange durch schöne Fichtenwälder auf zu der öden Paßhöhe (2800 m), von wo man in der Ferne den Südhang des Tirich Mir sehen kann. Der Abstieg, der ebenfalls keine Probleme aufweist, führt zu einer Brücke über den Bach Brumburet. Auf der anderen Seite befinden sich die drei größten Ortschaften des Tals: Burungram, Krakal und Brumbutu. Dort gibt es Hotels und Stellen, an denen man das Zelt aufschlagen kann.

Dritter Tag
von Brumbutu nach Shawal
Höhenunterschied beim Aufstieg: 1000 m
Gehzeit: 4 1/2 Stunden

Ein abwechslungsreicherer Tag führt von den Wäldern und den Kafirndörfern des Brumburet-Tales auf die Hochgebirgsweiden von Shawal, nicht weit von der Grenze zu Afghanistan entfernt.
Der Weg, auf dem man Hirten und Flüchtlinge trifft, führt über eine lange Strecke das Tal aufwärts. Man läßt die letzten Fichten hinter sich und betritt eine enge Schlucht, wo man sich an einer Abzweigung links halten muß. Eine steiler, mühsamer Hang führt aus der Klamm hinaus auf die großen Weiden von Shawal, die von einem klaren Bach durchquert werden, wo im Sommer viele Hirten ihre Herden weiden lassen. Jenseits des breiten Bergsattels des Shawal-Passes beginnt Afghanistan.

Der dichtgewebte Flickenteppich der Felder zeigt, daß der Mensch das Brumburet-Tal schon seit langer Zeit bewohnt und kultiviert.
Foto: Earl und Nazima Kowall

Vierter Tag
von Shawal nach Burungram
Höhenunterschied beim Abstieg: 1000 m
Gehzeit: 3 1/2 Stunden

Für den Abstieg von Shawal nimmt man dieselbe Strecke wie am Vortag. Man hat am Nachmittag Zeit, die Häuser der kleinen Ortschaften Brumbutu, Krakal und Burungram zu besichtigen und Kontakt mit den Menschen aufzunehmen, die auf ihren Feldern arbeiten.

Fünfter Tag
von Burungram ins Acholgah Gol-Tal
Höhenunterschied beim Aufstieg: 1000 m
Höhenunterschied beim Abstieg: 800 m
Gehzeit: 5 Stunden

Die lange Wanderung ins Rumbur-Tal hinüber führt den Trekker in eine im Vergleich zu den südlichen Tälern einsamere, wildere Landschaft.
Die Wege sind hier nicht so deutlich sichtbar, und man sollte sich auf jeden Fall von einem ortskundigen Führer begleiten lassen. Man trifft fast sofort auf das Dorf Batrik, nicht weit über dem Talgrund, und setzt den Weg bergauf fort. In der Nähe einer riesigen Eiche erreicht man den Kamm, der das Brumburet-Tal vom Acholgah Gol-Tal trennt. Sehr schön ist von hier der Ausblick auf den Tirich Mir. Der Abstieg in das Acholgah Gol-Tal führt in den Talgrund, wo es mehrere zum Lagern geeignete Plätze gibt.

Sechster Tag
vom Acholgah Gol-Tal nach Balenguru und nach Ayun
Höhenunterschied beim Aufstieg: 500 m
Höhenunterschied beim Abstieg: 800 m
Gehzeit: 6 Stunden

Eine lange Etappe, die den Trekker in das Rumbur-Tal und dann südlich zu der mit Geländefahrzeugen befahrbaren Straße nach Ayun führt. Man beginnt den Tag mit einem steilen Aufstieg zu dem letzten Kamm, den wir überwinden müssen. Der Abstieg erfolgt entlang eines Baches und dann durch eine enge Felsschlucht. Man erreicht schließlich den Talgrund, wo man nur eine halbe Wegstunde von dem Dorf Balenguru entfernt ist, der höchstgelegenen Kafirnsiedlung des Rumbur-Tals. Dann setzt man seinen Weg talwärts fort, vorbei an weiteren Kafirndörfern (das letzte ist Kalashgram), und erreicht schließlich die befahrbare Straße. Von hier ist es nicht mehr weit bis nach Ayun, etwa 1 Stunde mit dem Jeep und 3-4 Stunden zu Fuß.

Links: Ein Lastwagen klettert mühsam die steile Straße zum Lowari-Paß hinauf, der einen natürlichen Verteidigungswall gegen Eindringlinge nach Chitral und in die Täler der Kafirn darstellt.
Foto: Earl und Nazima Kowall

Rechts: Ein Mann aus dem Birir-Tal trägt stolz seinen Sohn. Nach einer alten Tradition sind die Einwohner dieses Tals die Nachfahren der Soldaten Alexanders des Großen.
Foto: Claude Jaccoux/ Agence Freestyle

RUND UM DEN NANGA PARBAT

Eine faszinierende Wanderung am Fuß des "Menschenfressers"

Die erste Begegnung mit dem Nanga Parbat ist immer sehr eindrucksvoll. Viele sehen ihn zum ersten Mal vom Flugzeug aus, auf dem Flug von Islamabad nach Skardu oder Gilgit: eine regelmäßig geformte Pyramide aus Felsen und Eis, die den ganzen Horizont einnimmt. Andere - darunter der Autor dieser Zeilen - lernten den Nanga Parbat vom Karakorum Highway aus kennen, der großartigen Straße, die in den 70er Jahren gebaut wurde, um die pakistanische Ebene mit dem Khunjerab-Paß und China zu verbinden. Bei Janglot, einer staubigen Ortschaft, wo überladene Lastwagen, die wenigen Autos und die buntverzierten pakistanischen Linienbusse halten, scheint die Nordflanke (Rakhiotflanke) des Berges den ganzen Horizont einzunehmen.

Auch in früheren Zeiten dauerte die Fahrt von der Ebene zum Berg nur ein paar Tage. Da verwundert es nicht, daß der Nanga Parbat, der eine Höhe von 8125 m erreicht, einer der ersten Achttausender war, der die Bergsteiger in seinen Bann zog. Albert Frederick Mummery, der sich durch außerordentliche Abenteuer auf den Aiguilles de Chamonix, auf dem Matterhorn, auf der Aiguille Verte und im Kaukasus einen Namen gemacht hatte, wagte sich als erster auf die Hänge dieses Berges. Er verließ London am 20. Juni 1895 und erreichte am 17. Juli Rawalpindi. Drei Tage später war er in Sichtweite des Nanga Parbat, und kurz darauf schlug er sein Lager am Fuß der großartigen Rupal-Wand auf, einer der eindrucksvollsten und schwierigsten Felsmauern überhaupt. Zusammen mit den Trägern Goman und Raghobir Singh überquerte Mummery den 5505 m hohen Diamir-Paß, erreichte den Diamir Peak (5800 m) und schließlich auf einer namenlosen Spitze die Höhe von 6400 m. Am 20. August brach er zu einem Besteigungsversuch durch die Diamir-Flanke auf, wo er bereits zwei Lager in 4580 und 5100 m Höhe aufgeschlagen hatte. Am 24. wurden die drei zum letzten Mal gesehen, als sie zum oberen Teil des Gletschers aufstiegen, danach ging jede Spur von ihnen verloren.

Eindrucksvoll und wild, von den stürmischen Monsunen umtobt, war der Nanga Parbat stets ein äußerst gefährlicher Berg, der keinen Fehler vergab. "Im Sanskrit ist er der *Nackte Berg*, für die Sherpas ist er der *Menschenfresser* und der *Berg des Teufels*. Wenn man das Permit für die Besteigung entgegennimmt, sagt der Angestellte wie zum Abschied: 'Nun noch viel Glück am *Mörderberg*'", schrieb Sigi Hupfauer, ein bekannter deutscher Bergsteiger, der mehrere Achttausender bezwungen hat. Tatsächlich ist die Liste der Tragödien, die sich auf diesem Berg abgespielt haben, sehr eindrucksvoll. Im Jahre 1934 erreicht eine von Willi Merkl angeführte deutsche Expedition die Höhe von 7800 m; dann kommen vier Bergsteiger und sechs Sherpas in einem Sturm ums Leben. Drei Jahre später begräbt eine riesige Lawine alle sieben Bergsteiger und alle neun Hochgebirgsträger einer anderen deutschen Expedition. Und schließlich, am 3. Juli 1953, legt der 20jährige Kärntner Hermann Buhl die letzten 1300 m in der Rakhiot-Flanke allein zurück. Neun Jahre später wird auch die Diamir-Flanke von den Deutschen Toni Kinshofer, Anderl Mannhardt und Sigi Löw auf einer Route, die der am häufigsten benutzte Aufstiegsweg zum Gipfel werden sollte, erstmals durchstiegen. Auf dem Rückweg stürzt Löw in den Tod. 1970 wird die eindrucksvolle, über 4000 m lange Rupal-Wand von zwei Seilschaften einer von dem Deutschen Karl Herrligkoffer angeführten Expedition bezwungen: Reinhold und Günther Messner erobern den Berg am 27. Juni, am Tag darauf gelingt Felix Kuen und Peter Scholz der Aufstieg. Erschöpft, ohne Lebensmittel, ohne Zelt und ohne Seile, unternehmen die Brüder Messner den Abstieg über die Diamir-Flanke. Eine

Die Linienflüge nach Skardu und Gilgit bieten einen außerordentlichen Ausblick auf den Nanga Parbat mit der Rupal- (rechts) und der Diamirflanke. Im Hintergrund hebt sich die Gebirgskette des Karakorum ab. Foto: Roberto Mantovani

Die Linienbusse, die die Ortschaften am Karakorum Highway verbinden, sind bunt mit Malereien, Schriften und Dekorationen verziert.
Foto: Stefano Ardito

S. 37:
Die Hochebene von Fairy Meadows wird von steilen Erosionsfelsen begrenzt. Im Hintergrund die Massive des Rakaposhi und des Haramosh.
Foto: Earl und Nazima Kowall

Unten: Man trifft am Anfang des Karakorum Highway auf diese Tafel mit den Entfernungsangaben nach Gilgit, Skardu, Kashgar und Peking.
Foto: Stefano Ardito

unglaubliche Odyssee von drei Tagen, dann wird Günther von einer Lawine getötet; sein Bruder Reinhold kann sich retten, muß dafür aber den Preis schwerer Erfrierungen zahlen. Auch in den darauffolgenden Jahren fordert der Nanga Parbat zahlreiche Opfer.

Aber in vielen Fällen - man denke dabei nur an die Eigernordwand, an die Monte Rosa-Ostwand und an die Lhotse-Südwand - lassen sich die großen, gefährlichen Bergwände von Wanderern und Touristen problemlos bewundern. Zu diesen gehört sicher auch die Rupal-Wand, die man nach einem angenehmen Wandertag vom Ende der mit Geländefahrzeugen befahrbaren Piste erreichen kann. Der Anblick des riesigen Berges - wir raten, hier mindestens ein paar Tage zu verbringen - ist gleichzeitig der Auftakt zur Umrundung des Nanga Parbat und einer ihrer schönsten Momente.

Die Wanderung, die aufgrund der geringen alpinistischen Anforderungen des Mazeno-Passes bisher kaum beachtet wurde, wird den Besucher verwundern und bezaubern. Um das Tal von Rupal zu erreichen, muß man die wilde und öde Schlucht des Astor-Tals aufwärts fahren. Von Astor in 2500 m Höhe führt eine Abzweigung zu den Weiden von Rama, wo ein *rest house* einen außerordentlichen Blick auf die Ostflanke des Nanga Parbat bietet. Der letzte Abschnitt der Piste führt nach Tarshing, das von dem erhabenen, 7070 m hohen Rakhiot Peak beherrscht wird. Nur wenig jenseits dieser Ortschaft wird das Tal von einer gigantischen Gletscherzunge versperrt. In etwa sechs Stunden erreicht man nach Überquerung des Bazhin-Gletschers den Fuß der Rupal-Wand. Nach dem Aufenthalt am Fuß der mächtigen Wand setzt man die Umwanderung des Nanga Parbat mit dem langen Aufstieg bis zum 5360 m hohen Mazeno-Paß fort, der lange Zeit geradezu geheimnisumwittert war (Herrligkoffer sprach von einer "sehr schwierigen" Passage), aber stets von den Einheimischen überquert wurde und auch heutigen Trekkern mit angemessener Ausrüstung (Seil, Pickel, Steigeisen) und etwas Alpinerfahrung keine Probleme bereiten dürfte. Der Aufstieg ist unschwierig. Der Abstieg führt nach einem kurzen, vereisten Steilhang weiter bis in das Tushaing-Tal, zunächst über die leicht zu begehende Oberfläche des gleichnamigen Gletschers, dann über Moränen und Geröllfelder und schließlich längs eines Wegs, der ein wahres Meisterwerk des Gebirgsstraßenbaus ist.

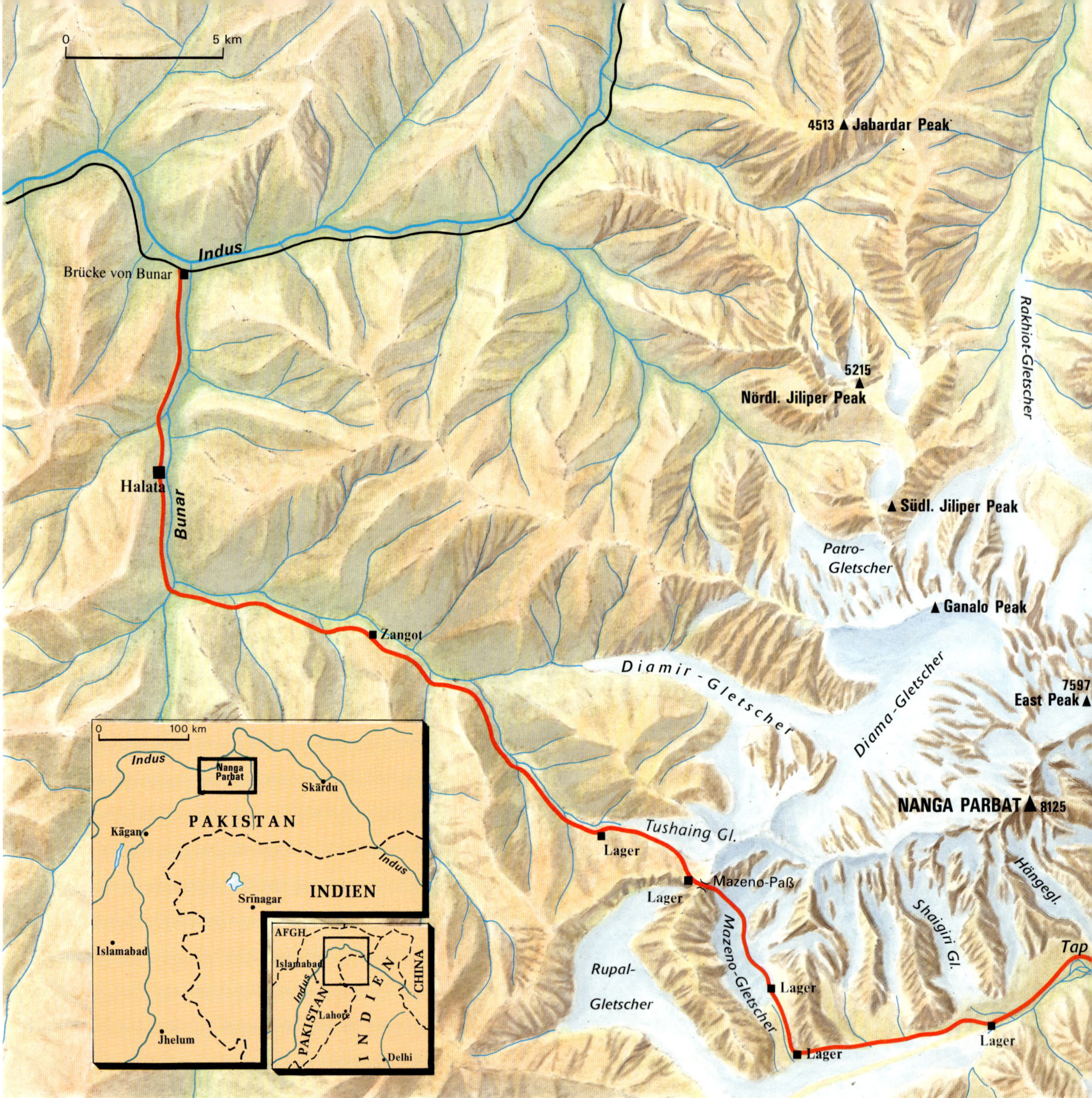

NÜTZLICHE INFORMATIONEN

Dauer: 7 Tage; man sollte einen zusätzlichen Tag Aufenthalt am Fuß der Rupal-Wand einberechnen sowie einen Reservetag im Fall von Problemen beim Überqueren des Mazeno-Passes.
Höhenlage: zwischen 1700 m in Halata und 5360 m am Mazeno-Paß
Jahreszeit: von Juni bis September
Formalitäten: keine
Schwierigkeitsgrad: Der Abstieg vom Mazeno-Paß Richtung Tushaing schließt einen vereisten Steilhang ein (35° Gefälle), wo Trekker und Träger sich anseilen müssen. Ansonsten bereitet die Strecke keine Probleme.
Körperliche Belastung: durchschnittlich, abgesehen von dem mühsamen Tag der Paßüberquerung
Ausrüstung: normale Trekking-Ausrüstung; für die Überquerung des Mazeno-Passes sind Pickel, Steigeisen und Seil erforderlich.
Anreise: Von Islamabad und Rawalpindi fährt man auf dem Karakorum Highway bis nach Janglot. Dort biegt man nach Süden auf die luftige Piste ab, die sich durch das Astor-Tal und das Rupal-Tal bis nach Tarshing (2911 m) hinaufzieht. Man kann aber auch mit dem Flugzeug bis nach Gilgit fliegen und dann auf dem Landweg Janglot und Tarshing erreichen. Die Fahrzeit nach Tarshing beträgt 15-18 Stunden von Islamabad und 6-7 Stunden von Gilgit. Von Halata erreicht man nach 11 km die Brücke von Bunar am Karakorum Highway, etwa 3 Fahrstunden von Gilgit entfernt.

Führer und Träger: Man kann sie über spezialisierte Trekkingagenturen in Rawalpindi und Islamabad anheuern. Auch in Astor und Tarshing kann man problemlos Träger finden.
Varianten und Gipfel: Der Weg dieses Rundgangs um den Nanga Parbat ist mehr oder weniger vorgegeben, abgesehen von einigen kurzen Abzweigungen, um besonders schöne landschaftliche Eindrücke einzufangen. Man kann vor dem Trek die Hochebene von Deosai (etwa eine Woche von Skardu nach Astor) überqueren. Wenn man das Bunar-Tal erreicht hat, kann man das Bergmassiv noch besser kennenlernen, wenn man zum Hauptlager an der Diamir-Flanke (2-3 Tage hin und zurück) aufsteigt.
Notfälle: In diesem Gebiet gibt es weder Landpisten noch Krankenhäuser. Auf der Anfangsstrecke kann man sich eventuell an den Arzt einer der Expeditionen wenden, die den Aufstieg zum Nanga Parbat durch die Rupal-Wand unternehmen.
Karten: Die Alpenvereinskarte im Maßstab 1:50 000 0/7 *Nanga Parbat Gruppe*, die von der deutschen Expedition im Jahre 1934 angefertigt wurde und die vom Österreichischen Alpenverein herausgegeben wird, umfaßt nur einen Teil dieses Treks.
Trekkingführer: Der beste ist Trekking in India and Pakistan von Hugh Swift (Hodder & Stoughton, 1990)

Im Astor-Tal tragen die Frauen typische runde, reichverzierte Kopfbedeckungen. Foto: Earl und Nazima Kowall

Oben: Nur selten gelingt es einem Ausländer, die Gesichter und den malerischen Kopfschmuck der Frauen und Mädchen in den Tälern des Karakorum aus der Nähe zu betrachten. Foto: Earl und Nazima Kowall

Erster Tag
von Tarshing zum Basislager von Rupal
Höhenunterschied beim Aufstieg: 850 m
Höhenunterschied beim Abstieg: 200 m
Gehzeit: 6 Stunden

Die erste, ziemlich mühsame Etappe führt über zwei Gletscher zu der herrlichen Mulde am Fuß der Rupal-Wand des Nanga Parbat. Von der Ortschaft Tarshing schlägt man mit Blick auf den Osthang des Rakhiot Peak (7070 m) den Pfad ein, der zum Chungpar- (oder Tarshing-) Gletscher in 3050 m Höhe führt. Man überquert die Gletschermoräne und setzt den Weg durch die fruchtbare Talebene fort, wo sich der untere und der obere Ortsteil von Rupal (3155 m) befinden. Man wandert weiter durch das Tal, wo wir rechts (nördlich) an den Moränen des Bazhin-Gletschers vorbei über herrliche Wiesen gehen. Dann folgt ein mühsamer Aufstieg zur orographisch linken Moräne des Gletschers, die man am Punkt 3656 m verläßt, um links abzusteigen. Nach dem man nun den Gletscher überquert hat (Steinmänner, Pfadspuren), führt der Weg in die herrliche Mulde von Tap, die von der Rupal-Wand des Nanga Parbat beherrscht wird. Das Lager kann man an der Stelle aufschlagen, wo sich auch die Expeditionen niederlassen (etwa 3600 m). Das Gebiet verdient einen Aufenthalt von einem oder zwei Tagen.

Zweiter Tag
vom Basislager von Rupal nach Shaigiri
Höhenunterschied beim Aufstieg: 150 m
Gehzeit: 2 Stunden

Diese kurze und problemlose Etappe der Annäherung an den Rupal-Gletscher kann an einem Nachmittag bewältigt und durch einen Aufstieg nach Süden über leichte Hänge ergänzt werden, um den Ausblick auf die Rupal-Wand des Nanga Parbat voll zu genießen. Der Weg führt nicht weit vom Fluß entfernt um die steilen Moränen des Hängegletschers der Rupal-Wand herum und über eine Brücke zum anderen Ufer. Dort gelangt man nach etwa 2 km zu einer weiteren Brücke. Man wechselt auf die orographisch linke Seite, überwindet die Zunge des Shaigiri-Gletschers und gelangt zu einer kleinen morastigen Ebene (3750 m), wo man das Lager aufschlägt.

Der sich weiter an der orographisch linken Seite entlangziehende Weg ist etwas unbequem.

Oben links: Hoch über dem Talgrund ist der Gipfel des Nanga Parbat in die magischen Farben des Sonnenaufgangs getaucht.
Foto: Roberto Scala

Links: Eine bequeme Brücke führt über den Bach, der durch das Tal von Rupal fließt und das Schmelzwasser des Bazhin-Gletschers aufnimmt.
Foto: Roberto Scala

Oben: Die Wiesen und Blockfelder von Tap bieten einen außerordentlichen Blick auf die Rupal-Wand des Nanga Parbat. Diese über 4000 m hohe Felsbastion wurde 1970 von Günther und Reinhold Messner zum ersten Mal bezwungen.
Foto: Roberto Scala

Dritter Tag
von Shaigiri ins Mazeno-Tal
Höhenunterschied beim Aufstieg: 400 m
Höhenunterschied beim Abstieg: 50 m
Gehzeit: 3 1/2 Stunden

Nachdem man die Wälder und Wiesen hinter sich gelassen hat, betritt man die wilde Landschaft des Rupal-Gletschers unterhalb der steilen Südflanke der Mazeno Peaks. Der Weg steigt rechts (orographisch links) am Gletscher durch eine Reihe von schönen, kleinen und ebenen Tälern auf, in die die Gletscher der Mazeno Peaks auslaufen. Ein sehr luftiger Pfadabschnitt bietet einen herrlichen Ausblick auf den Rupal-Gletscher. Dann geht es hinunter in das Mazeno-Tal, wo man jenseits eines Baches die Wiese mit dem Lagerplatz erreicht (4090 m).

Vierter Tag
vom Mazeno-Tal zum Fuß des Mazeno-Passes
Höhenunterschied beim Aufstieg: 650 m
Gehzeit: 3 Stunden

Eine kurze, aber streckenweise ziemlich mühsame Etappe, die zum Fuß des steilen Schnee- und Geröllhangs des Mazeno-Passes führt. Man wandert auf dem Moränenkamm weiter und gelangt zu einer angenehmen Grasebene (etwa 4300 m) an der Biegung des Gletschers.
Am Fuß der Moränen des Mazeno-Gletschers vorbei kommt man in ein eintöniges Tal, wo man rechts an einigen kleinen Seen vorbeigeht, einen kurzen, aber steilen Hang hinaufsteigt und schließlich eine sandige Hochfläche erreicht (4730 m), wo man das Lager aufschlägt. Etwa eine Stunde weiter gibt es noch einen schönen Platz für das Nachtlager.

Oben: Auf dem Trek wandert man an Weideflächen vorbei, die im Sommer von den Hirten dieser Gegend genutzt werden.
Foto: Roberto Scala

Mitte: Eine Trekkergruppe hat die Zelte auf der Grasebene in 4300 m Höhe aufgeschlagen, nur wenige Meter vom Gletscher entfernt. Hier beginnt der mühsame Aufstieg zum 5360 m hohen Mazeno-Paß.
Foto: Roberto Scala

Unten: Tarshing, Ausgangspunkt des Treks, ist eines der abgelegensten Dörfer von Pakistan, bietet jedoch herrliche Ausblicke. Auf dem Foto der Chongro Peak beim Sonnenaufgang.
Foto: Roberto Scala

Fünfter Tag
vom Mazeno-Tal zum Mazeno-Paß und ins Tushaing-Tal
Höhenunterschied beim Aufstieg: 630 m
Höhenunterschied beim Abstieg: 1150 m
Gehzeit: 7 Stunden

Dieser lange und mühsame Tag, der Höhepunkt der Umwanderung des Nanga Parbat, erfordert Vorsicht und alpinistisches Können. Man muß einen Paß überwinden, dessen aufsteigender Hang leicht zu erklimmen ist, der aber auf der anderen Seite mit einem steilen, schwierigen Abstieg aufwartet. Die Umgebung ist wild und eindrucksvoll.

Man setzt den Weg über weite Geröllhänge fort und erreicht einen weiteren möglichen Lagerplatz (4950 m) am Fuß eines charakteristischen Felskammes. Sodann folgt man einem Moränenkamm und erreicht das Schneefeld, das zum Mazeno-Paß führt (5360 m). Der erste Streckenabschnitt des Abstiegs ist sehr steil (35° Gefälle) und führt über einen gefährlichen, normalerweise vereisten Hang; man kann aber auch links über steile Geröllhänge absteigen. Eine Querrinne führt dann zur Gletscherfläche des Tushaing (etwa 4900 m), dem man bis zu den Moränen etwa in der Mitte entlangwandert.

Ein nur schlecht erkennbarer Weg führt zu einem Bach und zu einem Platz, der geeignet ist, um das Lager aufzuschlagen (4500 m). Weitere Lagerplätze befinden sich in 4200 m Höhe, ebenfalls neben einem Wasserlauf.

Sechster Tag
vom Tushaing-Tal nach Zangot
Höhenunterschied beim Aufstieg: 100 m
Höhenunterschied beim Abstieg: 1870 m
Gehzeit: 5 1/2 Stunden

Ein langer, harter Tag für die Beine. Er bringt uns in von Menschen besiedelte Gegenden zurück. Der nun deutlich sichtbare Pfad führt durch mit Edelweiß übersäte Wiesen zu den ersten Häusern hinunter und schließlich zu einer Brücke (3500 m), über die wir auf die linke Talseite gelangen. Ein langer Streckenabschnitt am Hang führt zu den Almen von Lolba (etwa 3300 m), von wo man seinen Weg zunächst auf halber Höhe fortsetzt. Es folgt ein steiler, mühsamer Abstieg nach Zangot (2430 m).

Schroff und wild, von schäumenden Flüssen durchzogen, bieten die Täler des Indus und seiner Nebenflüsse seit jeher einen zauberhaften Anblick, stellen den Wanderer jedoch vor manch anstrengende Aufgabe.
Foto: Earl und Nazima Kowall

Großes Bild: Die beeindruckende Nordflanke des Nanga Parbat (8125 m) erscheint in ihrer ganzen Imposanz über den Weiden von Fairy Meadows.
Foto: Earl und Nazima Kowall

Unten: Die Rupal-Flanke ist wahrscheinlich die schwierigste und gefährlichste des Nanga Parbat.
Foto: Roberto Mantovani

Siebter Tag
von Zangot nach Halata
Höhenunterschied beim Aufstieg: 50 m
Höhenunterschied beim Abstieg: 800 m
Gehzeit: 4 Stunden

Die letzte Etappe dieses Treks startet auf einem großartigen Pfad, der in mühsamer Arbeit von den Einwohnern dieser Täler angelegt wurde; er verläuft parallel zum Bach, mit einigen in den Felsen gehauenen Abschnitten und anderen, die auf Trockenmauern und Holzstämmen verlaufen. Dann wandert man an einem Bewässerungskanal entlang und später auf trockenem Untergrund durch das Bunar-Tal, bis zu den Häusern von Halata (1700 m). Dort trifft man auf die Piste, die vom Karakorum Highway und vom Indus hierher führt. Hat man kein Fahrzeug zur Verfügung, dann muß man seinen Weg zu Fuß fortsetzen und hat nach etwa 3 Stunden die Brücke von Bunar und den Talgrund erreicht.

ÜBER DIE GLETSCHER BIAFO UND HISPAR

Von Askole über die ausgedehnten Gletscherfelder des Karakorum nach Hunza

Shangri-La, das Tal, von dem man im Westen wie von dem Land der Ewigen Jugend träumt, öffnet sich im Herzen des Karakorum, zwischen den wilden Bergketten des Rakaposhi und des Batura. Die Männer und Frauen von Hunza leben seit langer Zeit fast völlig von der Außenwelt getrennt, denn ihre Berge sind nur durch die Karawanenstraßen längs des gewundenen Laufs des Indus mit China und den Ebenen Indiens verbunden. Die Angehörigen dieses Volksstamms sind schlank, und viele haben eine helle Haut und helle Augen; sie sind praktisch unermüdlich und haben die ersten westlichen Besucher mit Erzählungen über ihre Stammesväter verwundert, die das stolze Alter von 130 Jahren erreicht haben sollen.

Tatsächlich hat sich der Mythos der Langlebigkeit der Hunzakut, des Volks von Hunza, als unwahr erwiesen, wie es so häufig in Gebieten geschieht, wo es kein Meldeamt und keine Geburts- und Todesurkunden gibt. Trotzdem handelt es sich um ein ganz besonderes Volk in diesem ethnisch sehr komplizierten Mosaik des Karakorum. Weniger kampflustig und freundlicher als ihre wilden Nachbarvölker der Nagar und Baltì gesinnt, sind die Hunzakut in einer nicht genauer bestimmten Zeit in das Tal eingewandert. Wie auch anderen Völkern Oberasiens - unter anderem den Kafiri, von denen wir in diesem Buch bereits gesprochen haben - schreibt man ihnen die Verwandtschaft mit den Soldaten Alexanders des Großen zu, die nicht in ihre Heimat zurückgekehrt waren.

Mit ihren Felsen und Bächen, den herrlichen Landschaften, den Aprikosenbäumen und den mit Gerste und Mais bepflanzten Bodenterrassen ist das Becken von Hunza eine der schönsten Gegenden des gesamten Karakorum. Über das Tal mit den interessanten Dörfern Altit, Baltit und Karimabad erheben sich herrliche Gipfel, darunter der Rakaposhi (7789 m) mit seiner spektakulären Nordwand, die Granittürme des Malubiting (7459 m) und die Eiskuppel des Diran.

Aber auch Hunza ist ein klarer Beweis dafür, daß die Grenzen unserer Erde leider immer mehr schrumpfen, denn noch in den 60er Jahren und bis zur Einführung regelmäßiger Flugverbindungen (bei günstigem Wetter) von Islamabad nach Gilgit galt das Tal als das Ende der Welt, das man nur nach einer langen Reise mit dem Geländewagen über die Hochtäler des Swat erreichen konnte. Seit 1975 verläuft über den Karakorum Highway ständiger Verkehr: Händler, Beamte und Touristen. Weiter im Norden führt die Straße weiter zum Khunjerab-Paß, zur chinesischen Grenze und nach Kashgar. Aber ein weiterer, viel abenteuerlicherer Weg führt zu den alten Besitztümern des Mir von Hunza. Im Süden ist der tiefe, nach Nagar führende Canyon von Karimabad aus gut sichtbar; er bildet den Anfang eines der

Eine spektakuläre Luftaufnahme des Biafo-Gletschers. Mit einer Länge von 68 km, zu denen noch die 58 km des Nachbargletschers Hispar kommen, ist er der eindrucksvollste Eisstrom außerhalb der Polargebiete. Foto: Galen Rowell/ Mountain Light

Links: Eine Wandrerin überwindet problemlos eine der vielen Spalten, die den Biafo-Gletscher durchziehen. Im Hochsommer kann man nach der Schneeschmelze Gletscher wie diesen gefahrlos begehen. Foto: Galen Rowell/ Mountain Light

spektakulärsten Gletschertäler der Erde. Die beiden 58 respektive 68 km langen Gletscher Hispar und Biafo sind über den 5151 m hohen Hispar-Paß miteinander verbunden und führen wie eine bezaubernde "weiße Autobahn" durch das Herz des Karakorum.

An der südlichen Spitze endet die Zunge des Biafo-Gletschers am Fluß Braldo und am Weg zum Baltoro und zum K2, nur wenig oberhalb von Askole. Einige Kilometer östlich des Passes dehnt sich die herrliche Landschaft des Snow Lake, des "Schneesees", aus. In 5000 m Höhe, mit einer Oberfläche von 10 mal 5 km, von eindrucksvollen Granittürmen umgeben, verschlägt der Anblick dieser Hochfläche selbst dem erfahrensten Bergwanderer die Sprache.

Als erster Europäer beging 1892 der britische Forscher und Alpinist Martin Conway die beeindruckenden Zwillingsgletscher. Er gab dem Snow Lake und den zahlreichen Bergen dieses Gebietes, wie der eleganten Bergpyramide des Ogre, ihre Namen. Sieben Jahre danach schlug auch das amerikanische Duo Bullock-Workman denselben Weg ein. 1937 wird das Gebiet von zwei der ganz großen Persönlichkeiten der Himalayaforschung besucht, Harold W. Tilman und E. Shipton. Tilman fand als erster die Spuren des sagenumwobenen Schneemenschen. Sie waren etwa 20 cm breit und 50 cm voneinander entfernt, rund, ohne Anzeichen von Zehen oder Ferse; die Spuren waren etwa drei bis vier Tage alt und 30 cm tief. Die Sherpas sagten, es handle sich um einen kleineren Yeti, der sich von Menschen ernähre; sein größerer Bruder dagegen ernähre sich vorwiegend von Yaks.

Tilman widerfuhr mit diesem Fund seltenes Glück. Auch heute kann man auf dem Biafo und dem Hispar häufig Geier, Steinböcke und *bharal* sehen. Bärenspuren im Schnee sind keine Seltenheit.

In früheren Jahren, als sich der Hauptstrom der Bergsteiger und Trekker in Richtung der hohen, berühmten Gipfel um den Baltoro bewegte, blieb die wilde Welt des Biafo einsam und verlassen. Erst in den 70er Jahren nahmen leichte Expeditionen, die jetzt einen ausgesprochen "sportlichen" Charakter hatten, die schönen Gipfel des Latok (7151 m), des Ogre (oder Baintha Brakk, 7285 m) und so herrliche "zweitrangige" Berge wie den Lukpilla Brakk (Lukpe La Brakk) in Angriff. Galen Rowell, ein amerikanischer Alpinist und Bergfotograf, der als erster den Lukpilla Brakk bezwang, sagt, es gebe in

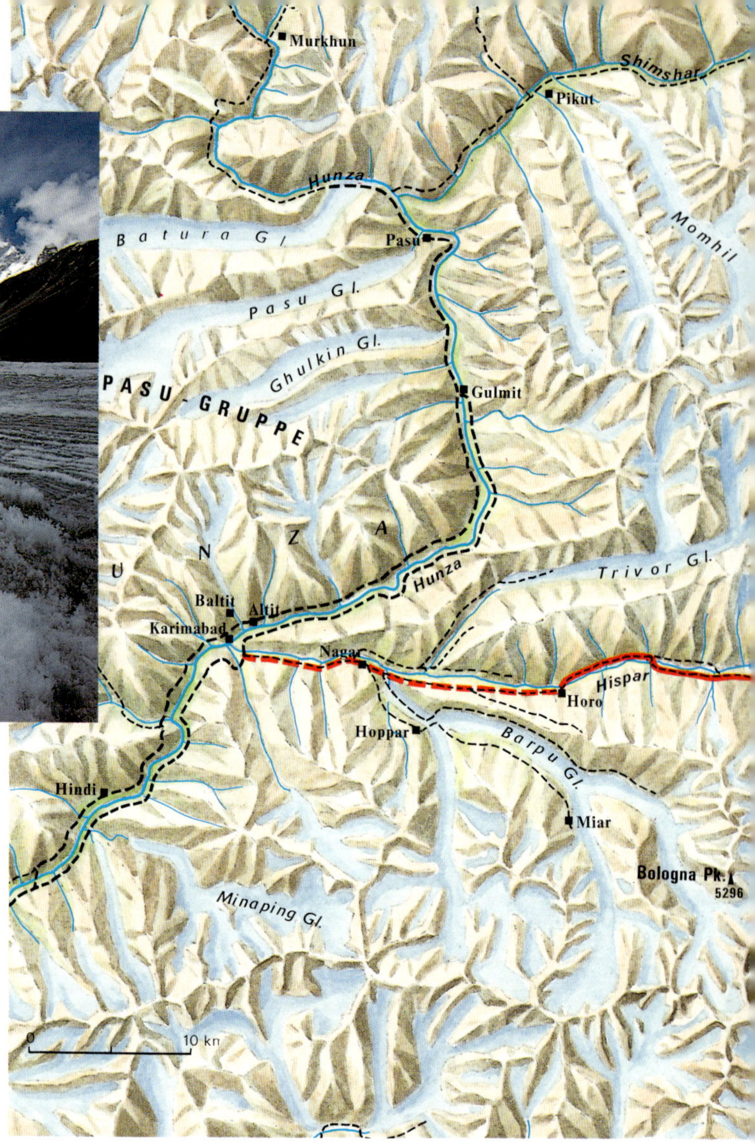

Wenn das Eis an die Oberfläche tritt, erinnert der Gletscherstrom des Biafo an eine breite, glatte Autobahn, von der Natur geschaffen und von Granittürmen flankiert.
Foto: Marco Majrani

diesem Gebiet die "längste Reihe von Granitspitzen im gesamten Karakorum; sie sind längs des Gletschers wie die Pfeifen einer Orgel aufgestellt." Sehr bekannt bei Alpinisten und Bergliebhabern ist die Odyssee von Doug Scott, einem der besten Bergsteiger überhaupt, die er 1977 nach der Eroberung des Ogre durchmachte. Aufgrund einer schlecht kontrollierten Pendelung beim Abseilen brach er sich knapp unterhalb des Gipfels beide Beine. Chris Bonington, der ihn beim Aufstieg begleitete, konnte ihm beim Abstieg bis zum Gletscher Uzun Brakk helfen, wo er sich dann allein auf die Suche nach Hilfe machte. Als Bonington und die Helfer zum Ogre-Basiscamp zurückkamen, hatte Scott auf Händen und Knien trotz Schmerzen und Müdigkeit 10 km über das Eis und die Moränen zurückgelegt. Wie überall im Himalaya wäre es ein schwerwiegender Fehler, diese Berge als exklusives Spielfeld der Bergsteiger und europäischen Reisenden zu betrachten. Denn obwohl das Tal des Hispar und des Biafo fernab in einer wenig erforschten Wildnis liegt, zogen in der Vergangenheit Hunzakut und Baltì regelmäßig über diese Pfade. Das kann man heute noch an den Steinmauern erkennen, die von den Einwohnern von Askole zur Verteidigung gegen eventuelle Überfälle vom Hispar errichtet wurden. Die Bergbewohner, die sich heute auf den Gletscher wagen, sind vorwiegend Träger und Führer, die die westlichen Trekkinggruppen und Bergexpeditionen begleiten. Tatsächlich nimmt das Gedränge am Baltoro Jahr für Jahr zu, während die wüsten, vereisten Ebenen des Biafo, des Hispar und ihrer Nebengletscher eine wahre Wildnis im Hochgebirge bleiben. Nur selten wagen sich Expeditionen hierhin, und selbst der friedlichste Trekker kann sich beim Sonnenuntergang neben seinem Zelt am Baintha-Gletscher oder am Ufer des Snow Lake als würdiger Nacheiferer Conways, Shiptons und des Herzogs der Abruzzen fühlen.

NÜTZLICHE INFORMATIONEN

Dauer: Der Trek kann im Laufe einer 10tägigen Wanderung zurückgelegt werden, aber man sollte vorsichtshalber einen zweiwöchigen Aufenthalt planen.
Höhenlage: von 2700 m in Horo bis auf 5151 m am Hispar-Paß
Jahreszeit: ab Ende Juni bis Mitte September
Formalitäten: Anders als der nicht weit entfernte Baltoro gilt der Biafo als "open area", d. h. es sind keine Sondergenehmigungen erforderlich. Diese Bestimmungen können sich jedoch ändern; vor der Abfahrt also aktuelle Informationen einholen.
Schwierigkeitsgrad: lange Abschnitte über Gletscher, wo man sich streckenweise anseilen muß. Keine freien, gefährlichen Passagen wie am Baltoro.
Körperliche Belastung: hoch. Der Trek liegt zum großen Teil über 4000 m Höhe und führt über nur

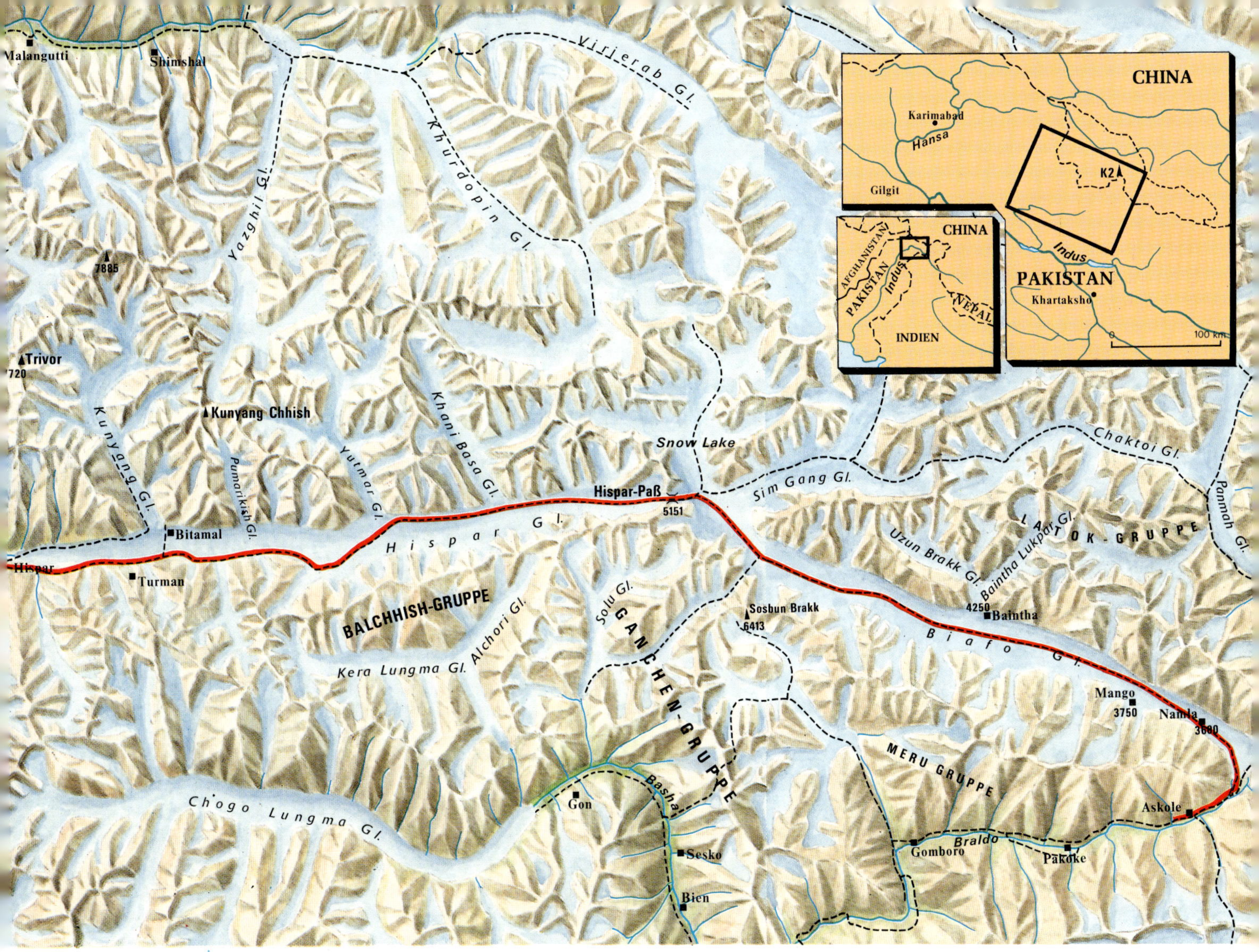

mühsam zu begehende Moränen und Eisfelder.

Ausrüstung: Hochgebirgsausrüstung mit Eispickel, Seil und Steigeisen sowie eine vollständige Campingausrüstung mit einem warmen Schlafsack, denn man wird viele Nächte auf dem Gletscher verbringen.

Anreise: Skardu kann man von Islamabad aus mit dem Flugzeug oder in mindestens 24 Stunden über den Karakorum Highway und den noch eindrucksvolleren "Sharia-e-Skardu" längs des Indus erreichen. Aufgrund der politischen Lage ist kein Zugang von Kaschmir oder Ladakh aus möglich. Eine schwierige Piste führt von Skardu zum Baltoro und endet in Askole (3050 m). Man kann den Weg auch in umgekehrter Richtung zurücklegen; die im Bau befindliche Schotterstraße in Richtung Hispar (3000 m) beginnt bei Karimabad, führt an dem großen Dorf Nagar vorbei und endet derzeit in Horo (2750 m).

Führer und Träger: Träger können sowohl in Hunza und Hispar als auch in Askole angeheuert werden. Aufgrund des geringeren Preises, der von den Balti-Trägern gefordert wird, wäre es angebracht, im Süden aufzubrechen; aber es ist während der Hochsaison am Baltoro schwer, freie Träger zu finden. Die beste Lösung ist vermutlich die Durchquerung in nord-südlicher Richtung, wenn man nicht an einem organisierten Trek teilnimmt. Es gibt Trekkingbüros in Islamabad, Skardu, Gilgit und Hunza.

Varianten und Gipfel: Man kann zahlreiche Abstecher auf die Gletscher machen, die mit dem Biafo-Gletscher zusammenfließen, so auf den Gletschern Sim Gang, den Baintha und den Uzun Brakk.

Notfälle: Der Abtransport von Kranken oder Verletzten ist hier problematisch. Man muß auf jeden Fall Hispar oder Askole erreichen, denn es ist ziemlich unwahrscheinlich, daß Militärhubschrauber, die den Baltoro überfliegen, zum Biafo-Gletscher umgeleitet werden.

Karten: Die besten, die man aber wohl kaum wird beschaffen können, sind die, die von den italienischen Expeditionen von 1928 und 1954 gemacht wurden. Es ist einfacher, sich die amerikanischen Karten 1:250 000 der Serie U 502 zu beschaffen.

Trekkingführer: *Trekking in Pakistan and India* von Hugh Swift (Hodder & Stoughton, 1990)

Lektüre: Die Erforschung des Gebietes der Gletscher Biafo-Hispar im Jahre 1937 ist in *Blank on the Map* von Eric Shipton erzählt, in der herrlichen Sammlung *Eric Shipton - The Six Mountain-Travel Books* (Diadem & The Mountaineers, 1985).

Erster Tag
von Askole nach Namla
Höhenunterschied beim Aufstieg: 650 m
Höhenunterschied beim Abstieg: 100 m
Gehzeit: 5 Stunden

Die erste Etappe des Treks folgt im Laufe der ersten zwei Stunden den Spuren des klassischen Baltoro-Trekkingwegs, in einer vom Mango Gusor beherrschten Landschaft, der südlich des Flusses Braldo 6290 m hoch aufragt.

Da der Weg auf dem Biafo-Gletscher nicht sehr deutlich zu erkennen ist, sollte man zumindest einen wegkundigen Träger aus Askole mitnehmen.

Der Weg verläßt Askole und führt über eine lange Strecke auf halber Höhe dahin, durchquert eine tiefe Schlucht und steigt in einer schönen Gegend zwischen riesigen Felsblöcken wieder auf. Eine kurze Steinschlucht und eine Wiesenebene führen auf den mit Moränenschutt bedeckten Eisstrom des Biafo. Bevor man dorthin gelangt, läßt man den Pfad zum Baltoro rechts liegen und man steigt bis zum Gletscher auf, auf dem man über einen unwegsamen, mühsamen Pfad weitergeht, bis man die Lagerplätze von Namla (3600 m) erreicht.

Vom Lager aus hat man einen schönen Ausblick auf den Gipfel des Bullah.

Zweiter Tag
von Namla nach Baintha
Höhenunterschied beim Aufstieg: 750 m
Höhenunterschied beim Abstieg: 100 m
Gehzeit: 6 Stunden

Eine lange Etappe, die auf dem schwierig zu begehenden, von Moränenschutt übersäten Gletscherfeld beginnt; auf dem freien Gletschereis kommt man dann besser voran. Die Granitspitzen des Latok bilden eine herrliche Kulisse.

Das erste, aufsteigende Wegstück, das man zum Teil auf dem Gletscher und zum Teil in dem kleinen Tal an seinem orographisch rechten Rand zurücklegt, führt zu den Wiesen von Mango (3750 m). Hier beginnt eine längere Gletscherstrecke; man steigt dort auf, wo weniger Gletscherschutt liegt. Rechts muß man dann einen Moränenwall überwinden und gelangt an den orographisch linken Rand. Dort wandert man weiter bis zum Camp von Baintha (4250 m) am Zusammenfluß der Gletscher Baintha und Biafo, wo sich offene Plätze und Trockenmauern befinden. Im zweiten Abschnitt der Etappe ziehen die Träger es vor, sobald wie möglich am Rand des Gletschers entlangzuwandern, um dann ein häufig morastiges Tälchen einzuschlagen. Es ist auch möglich, sein Lager weiter unterhalb des Baintha-Gletschers aufzuschlagen. Aufgrund der Schönheit des Gebietes und des bequem zu errichtenden Camps kann man hier einen Tag mehr verbringen und eventuell bis zu den Zwillingsgletschern Baintha und Uzun Brakk vordringen.

Oben: Nachdem man Askole hinter sich gelassen hat, muß man mühsam über die eintönigen Moränenfelder des Biafo aufsteigen. Foto: Marco Majrani

Rechts: Der Trek bietet die Möglichkeit, einige der elegantesten Gipfel des Karakorum zu bewundern. Im Mittelpunkt dieses Fotos das Bergmassiv des Latok. Foto: Galen Rowell/ Mountain Light

Dritter Tag
von Baintha zum Sim Gang-Gletscher
Höhenunterschied beim Aufstieg: 500 m
Höhenunterschied beim Abstieg: 100 m
Gehzeit: 7 Stunden

Das Camp von Baintha kennzeichnet den Anfang des höchstgelegenen und schönsten Abschnitts der Überquerung, vor einer erhabenen, wilden Landschaft. Links erhebt sich unübersehbar der Sosbun Brakk. Nur gut eingespielte und durchtrainierte Gruppen können den Zusammenfluß des Sim Gang und des Biafo von Baintha aus an einem Tag erreichen. Schafft man es nicht, muß man das Lager anstatt auf den bequemen Plätzen des Camps (in einigen Beschreibungen als Lager A bezeichnet) auf den kälteren Moränen des Gletschers aufschlagen.
Der Weg führt einen guten Teil des Tages an der Hauptmoräne des Biafo entlang, die man dann verläßt, um zum rechten Rand überzuwechseln (links für die Aufsteigenden), bevor man zu dem Zusammenfluß mit dem Sim Gang-Gletscher gelangt, wo sich bequeme freie Plätze befinden (4750 m). Auf dem letzten Streckenstück muß man zahlreiche Spalten umgehen.

Die Granittürme am Uzun Brakk-Gletscher beherrschen die ersten Etappen des Treks längs des Biafo. Dahinter erhebt sich das eindrucksvolle Massiv des Ogre. Foto: Marco Majrani

Oben: Im Licht des Sonnenuntergangs erscheinen die wilden Spitzen des Sosbun Brakk noch faszinierender. Foto: Matt Comeskey/ Hedgehog House

Mitte: Von dem weiten Sattel des Hispar-Passes erscheint das Massiv des Ogre (Baintha Brakk, 7285 m) in seiner ganzen Schönheit. Foto: Geoff Spearpoint/ Hedgehog House

Vierter Tag
von Sim Gang-Gletscher zum Snow Lake
Höhenunterschied beim Aufstieg: 300 m
Höhenunterschied beim Abstieg: 50 m
Gehzeit: 3 1/2 Stunden

Ein kurzer Tag, an dem man sich von den Mühen der Vortage erholen kann. Der Weg führt an den Rand jener außerordentlichen Schneeebene, die der britische Forscher Martin Conway *Snow Lake* ("Schneesee") nannte. Die Hunzakut- und Balì-Träger bezeichnen das Gebiet dagegen als Lukpe Lawo. Danach setzt man den Fuß wieder auf das Gletschereis und wandert am linken Ufer bis zum Rand der großen Eisebene, wo man das Lager auf einigen kleinen Steinplätzen (5000 m) aufschlagen kann. Sehr schön ist von hier der Blick auf den Ogre (Baintha Brakk) und auf den Lukpe Lawo Brakk. Wer den Snow Lake einen oder mehrere Tage lang erkunden will, sollte daran denken, Langlauf- oder Telemarkskier mitzunehmen.

Großes Bild: Die Trekkingtour über den Biafo und den Hispar führt den Wanderer in die Nähe einiger der weniger bekannten Berge des Karakorum. Hier eine stimmungsvolle Aufnahme des Kunyang Shish (7852 m) in der Dämmerung. Foto: Galen Rowell/ Mountain Light

S. 51 unten links: Eine Gruppe Träger auf den endlosen, spektakulären Moränen längs des Biafo-Gletschers, denen hier und da kleine Seen und Grasflecken ein freundlicheres Aussehen verleihen. Foto: Marco Majrani

S. 51 unten rechts: Inmitten einer grünen Oase liegt das Dorf Hispar - hier kehrt der Trekker nach der 10tägigen Wanderung von Askole bis hierher in die Zivilisation zurück. Foto: Marco Majrani

Fünfter Tag
vom Snow Lake zum Hispar-Paß
Höhenunterschied beim Aufstieg: 150 m
Gehzeit: 3 1/2 Stunden

Großartig und wild ist der einige Kilometer lange Hispar-Paß, mit einem herrlichen Blick auf alle Gipfel des Gebietes - zusammen mit dem Snow Lake der Höhepunkt dieses Treks. Vom Rande des Snow Lake setzt man seinen Weg ohne nennenswerte Probleme über die langen Eishänge fort bis zu dem freien Platz auf der Paßhöhe (5151 m), wo man bei günstigem Wetter und mit gut ausgerüsteten Trägern das Lager aufschlagen kann. Andernfalls setzt man seinen Weg längs der folgenden Etappe bis zum Fuß der Rampe fort, eines Platzes, der etwas niedriger und geschützter liegt.

Sechster Tag
vom Hispar-Paß nach Khani
Höhenunterschied beim Abstieg: 700 m
Gehzeit: 7 Stunden

Der Abstieg vom Hispar-Paß beginnt mit einem langen Tag auf dem Gletscher, wobei man am Anfang eine klar erkennbare, spaltenlose Rampe überwinden muß, die aber keine Schwierigkeiten bereitet. Am Fuß dieser Rampe (etwa in 5000 m Höhe) kann man das Lager aufschlagen und so die schneidende Kälte des Hispar-Passes vermeiden. Die Steinterrasse von Khani (4450 m) am Zusammenfluß des Hispar- und des Khani Baru-Gletschers ist nach der Überquerung des Passes der erste Ort, der geeignet ist, um hier sein Lager aufzuschlagen.

Siebter Tag
von Khani nach Yutmar
Höhenunterschied beim Aufstieg: 100 m
Höhenunterschied beim Abstieg: 750 m
Gehzeit: 5 Stunden

Nachdem man die eisige Wildnis des Hispar-Passes und des Snow Lake hinter sich gelassen hat, wandert man einen ganzen Tag lang am nördlichen Rand (orographisch rechts) des Hispar-Gletschers durch angenehme, grüne Täler mit vielen schönen Blumen. In der Nähe des Yutmar-Gletschers angelangt, kann man auf den gleichnamigen Weiden (3800 m) das Lager aufschlagen.

Achter Tag
von Yutmar nach Bitamal
Höhenunterschied beim Aufstieg: 200 m
Höhenunterschied beim Abstieg: 500 m
Gehzeit: 5 Stunden

Der Weg längs des Hispar-Gletschers überquert die steilen Moränenhänge des Yutmar-Gletschers; danach wandert man über Wiesen und durch grasbewachsene Täler. Nachdem man über mühsame, unwegsame und steinige Hänge auf und ab auch die Gletscher Taltanus und Pumarikish hinter sich gelassen hat, zieht sich der Weg nördlich des Gletschers weiter bis zu den Weiden von Bitamal (3500 m), wo man schon den Kunyang-Gletscher sehen kann.

Neunter Tag
von Bitamal nach Hispar
Höhenunterschied beim Aufstieg: 200 m
Höhenunterschied beim Abstieg: 700 m
Gehzeit: 4 1/2 Stunden

In der Nähe des Hispar-Gletschers überquert man den Kunyang-Gletscher, der ebenso unwegsam wie die vorhergehenden ist. Man setzt den Weg rechts am Hispar-Gletscher fort, läßt das Zungenende links liegen und steigt ab bis zum Gletscherbach, den man mit einer Schwebebahn überquert. Danach sind es noch 5 km bis zur Ortschaft Hispar (3000 m). Wie auch in den anderen Dörfern des Gebiets und insbesondere in Nagar, sind die Einwohner von Hispar Fremden gegenüber keinesfalls freundlich gesinnt. Der Zutritt zum Dorf ist verboten.

Zehnter Tag
von Hispar nach Horo
Höhenunterschied beim Abstieg: 300 m
Gehzeit: 4 1/2 Stunden

Der letzte Tag dieses Treks verläuft fast überall entlang der sich im Bau befindlichen Straße nach Hispar. Der Schotterweg wird nach ihrer Fertigstellung verschwinden.

Der ziemlich lange (20 km) und eintönige Weg überquert fast sofort den Fluß und führt am orographisch rechten Ufer an dem winzigen Dorf Bayu Kay vorbei. Jenseits eines Gratturms gelangt man über eine letzte Brücke nach Horo (2700 m).

TREKKING AM BALTORO UND AM K2

An den Fuß von vier Achttausendern im Herzen des Karakorum

"Ein Berg von ungeheuren Ausmaßen. Er erschien uns wie ein perfekter Kegel von unglaublicher Höhe." Mit diesen Worten beschrieb der englische Captain Francis Younghusband im Jahre 1887 den K2; er war der erste Europäer, der die Ehre hatte, ihn aus der Nähe zu betrachten. Seitdem äußerten sich unzählige Wanderer, Forscher und Alpinisten angesichts des zweithöchsten Bergs der Erde ähnlich bewundernd. Kaum ein anderer Berg auf der Welt besitzt die vollendete Form des K2.

Aber so viel Schönheit muß man sich mit viel Mühe verdienen! Bis zum 2. Weltkrieg erforderte die Reise von Srinagar und aus Kaschmir über den Zoji La und durch das gewundene

Tal des Indus bis an die Moränen des Baltoro fast einen Monat. Später haben die Flugzeugverbindungen zwischen Islamabad und den Ortschaften am Fuß der Berge und schließlich die Eröffnung des Karakorum Highway die Reise um einiges schneller und bequemer werden lassen. 1991 hat die Eröffnung der holprigen, in großer Höhe verlaufenden Autostraße nach Askole die Fahrt noch weiter verkürzt. Von Skardu im Industal erfordert die Reise zum K2 heute einen Tag im Geländewagen und eine Wanderung von nur einer Woche. Der sich durch Bergflanken und über Moränen schlängelnde Weg ist ausgesprochen anspruchsvoll, aber dafür einer der schönsten der ganzen Erde. Höhepunkte der verschiedenen Etappen sind einige der großartigsten Gipfel des Karakorum.

Wenn man von Skardu mit dem Flugzeug anreist, hat man einen herrlichen Blick auf den Nanga Parbat. Längs des Karakorum Highway funkelt die Rakhiot-Flanke dieses Berges eisig herüber, während sich am anderen Hang des Tals die Masse des Rakaposhi erhebt. Der erste Gipfel, den man während der Wanderung erblickt, ist der Mango Gusor (6290 m), der sich mit seinem spitzen Umriß hoch über Askole erhebt. Etwas weiter kann man einen kurzen Blick vom Ogre, vom Latok und den anderen Gipfeln längs des Biafo erhaschen. Paiju, die schöne, grüne Oase vor dem Gletscher, bringt die Begegnung mit den Granittürmen des unteren und mittleren Baltoro: Die "Kathedralen", der Paiju Peak, die berühmten und wilden Trango-Türme, die etwas weniger bekannten Uli Biaho-Türme sind eine traumhafte Welt für

Kleines Bild links: Sturmwolken jagen über das Massiv der Trango-Türme. Bevor man sich im Laufe des Treks in die Nähe der vier Achttausender des Tals begibt, lernt man einige der schönsten Berge der Erde kennen.
Foto: Guy Cutter/ Hedgehog House

Großes Bild: Ein charakteristischer Anblick des K2 vom Amphitheater von Concordia aus. Rechts zeichnen sich der "Abruzzigrat" und die Hänge der "Schulter" gegen den Himmel ab; über sie führt der Normalweg zum Gipfel.
Foto: Galen Rowell/ Mountain Light

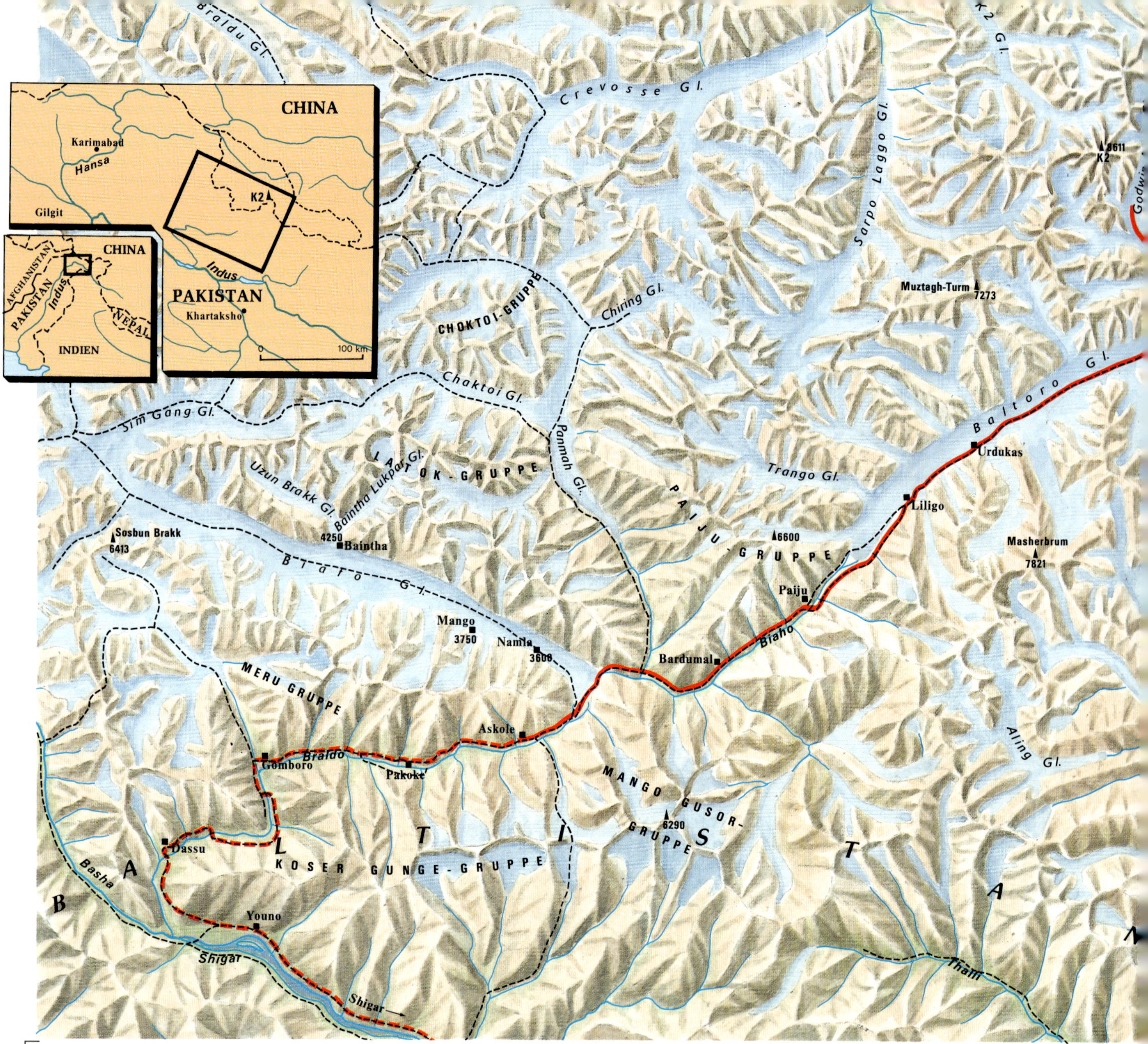

NÜTZLICHE INFORMATIONEN

Dauer: 12 Tage reine Gehzeit; man sollte noch ein paar Tage mehr einplanen, um in Ruhe die Umgebung des Basislagers von Concordia erkunden zu können.
Höhenlage: zwischen 3050 m in Askole und 5000 m am K2-Basislager
Jahreszeit: von Juli bis September
Formalitäten: Die Baltoro-Region ist eine *restricted area*, für deren Besuch eine Genehmigung in Islamabad eingeholt werden muß. In der Hauptstadt müssen die Trekkinggruppen an einem *briefing* des Ministeriums für Fremdenverkehr teilnehmen.
Schwierigkeitsgrad: Die schwierigsten Passagen sind einige Abschnitte im Fels am Hang zwischen Bardumal und dem Dumordo. Der Gletscher ist leicht zu begehen und praktisch überall von Moränenschutt überzogen.
Körperliche Belastung: hoch, aufgrund der Höhenlage und des unwegsamen Geländes
Ausrüstung: Die Nächte auf dem Gletscher in Gore, Concordia und am K2-Basislager erfordern einen ausgezeichneten Schlafsack. Nützlich sind Steigeisen sowie ein Seil, damit Trekker mit weniger Alpinerfahrung auf den ausgesetzten Passagen gesichert werden können.
Anreise: Skardu, den Hauptort Baltistans, kann man mit dem Flugzeug von Islamabad aus erreichen. Der Landweg ist lang, aber bezaubernd; er führt über den Karakorum Highway und durch die Schluchten des Indus (753 km, 20-25 Std.).
Führer und Träger: Trekkingagenturen gibt es in Islamabad, Rawalpindi und Skardu. Erfahrene Trekker können einen *sirdar* oder Träger direkt in Skardu anheuern. Man sollte jedoch beachten, daß Träger in der Hochsaison knapp werden, was Expeditionen und Trekkinggruppen manchmal zu nervenaufreibenden Wartezeiten zwingt.
Varianten und Gipfel: Ein kurzer Abstecher führt von Concordia zum Basislager des Gasherbrum I und II; jenseits dieser Stelle ist das

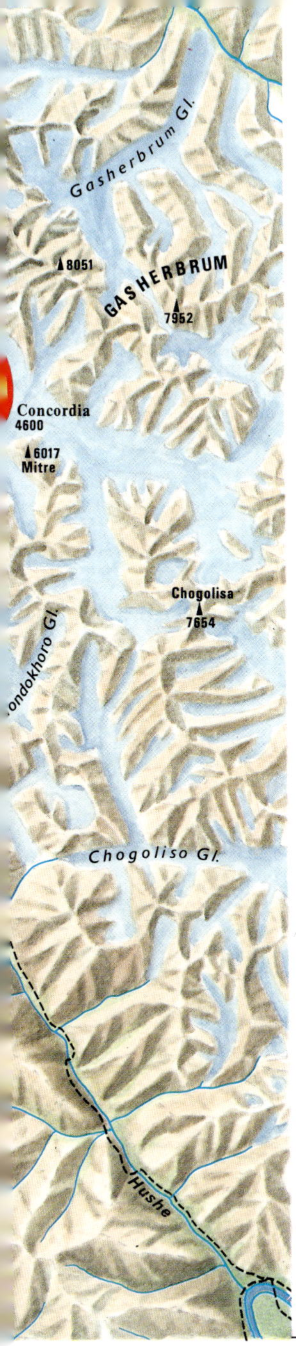

Rechts unten: Der Nameless Tower, der "Turm ohne Namen", ist der bekannteste und charakteristischste Gipfel des Granitmassivs von Trango im Gebiet von Urdukas. Eine britische Expedition hat den Gipfel im Jahre 1976 erobert.
Foto: Wade Fairley/ Hedgehog House

Folgende Seite: Hoch über Concordia erhebt sich der Gasherbrum IV (7980 m), einer der elegantesten und schwierigsten Berge des Karakorum. Die italienischen Bergsteiger Walter Bonatti und Carlo Mauri haben 1958 als erste den Gipfel erreicht.
Foto: Galen Rowell/ Mountain Light

Bergsteiger der Top-Klasse, und sie malen unvergeßliche Sonnenaufgänge und -untergänge in Paiju, Urdukas und Liligo. Etwas weiter, wenn man bereits den Gletscher betritt, drängen die großen schnee- und eisbedeckten Gipfel in den Vordergrund. Die regelmäßige Pyramide des Masherbrum (7821 m), der geschwungene, schneebedeckte Halbmond des Muztagh-Turms (7273 m) und die an feine Spitze erinnernden Schneegebilde des Biarchedi (6759 m) gehen dem großartigen Amphitheater von Concordia voraus, einem der ehrwürdigsten Orte der Gebirgswelt der Erde. Herrliche Gipfel, wie der Chogolisa (7654 m) und der Golden Throne (Baltoro Kangri, 7312 m), werden von vier der 14 Achttausender der Erde in den Hintergrund gedrängt. Unter diesen Riesen, dem K2 (8611 m), dem Broad Peak (Palchan Kangri, 8047 m), dem Hidden Peak (Gasherbrum, 8068 m) und dem Gasherbrum II (8035 m), ragt jedoch der Gasherbrum IV hervor, eine stumpfe Pyramide mit einer Höhe von 7980 m. Die Erstbesteigung im Jahre 1958 durch Walter Bonatti und Carlo Mauri, dann die Eroberung seiner Westwand durch Vojtek Kurtyka und Robert Schauer im Jahre 1985, zählen zu den größten Bergabenteuern des europäischen Alpinismus. Die Landschaft von Concordia wird von dem charakteristischen Profil des Mitre Peak geprägt, eines eleganten, "nur" 6017 m hohen Gipfels.

Wie die Trekkingtour im Khumbu zum Mount Everest-Basislager, ist auch dieser Weg eine außerordentliche Reise durch die Geschichte der Bergerforschung und des Alpinismus. Schritt für Schritt tritt man hier in die Fußstapfen von Younghusband, in die der Erkundungs-expeditionen von Conway, Crowley, Eckenstein und Pfannl, und dann in die der 1909 vom Herzog der Abruzzen, Luigi Amadeo, angeführten Expedition. Damals entdeckten die Bergführer Petigax, Savoye, Bareux und Brocherel aus Courmayeur den besten Aufstiegsweg zum K2, den sie ein Stück lang verfolgten und der seitdem als "Abruzzigrat" bekannt ist. Im Laufe derselben Expedition dokumentierte der Fotograf Vittorio Sella mit auch heute noch herrlichen Aufnahmen die außerordentliche Schönheit jener Berge. Später unternahmen drei amerikanische Expeditionen den Aufstieg zum K2; während der Expedition von 1939 gelangten Fritz Wiessner und Pasang Dawa Lama bis an das Ende des schweren Weges und bis auf fast 8400 m Höhe. 1954 bezwangen die Italiener Lino Lacedelli und Achille Compagnoni den Berg, die stärkste Seilschaft der von Ardito Desio geleiteten Expedition. Drei Jahre später leitete eine österreichische Expedition, bestehend aus Hermann

Gebiet *off limits* aufgrund der militärischen Operationen am Conway-Sattel. Die herrliche Überquerung des oberen Baltoro bei Hushe in Richtung Gondokhoro-Paß (5500 m) erfordert 4-5 Tage und Gletscherausrüstung, auch für die Träger. In der Baltoro-Region gibt es keine leichten, für Trekker mit wenig Alpinerfahrung geeigneten Gipfel.
Notfälle: Das Vorhandensein von Militärstützpunkten in Gore und Concordia ermöglicht bei günstigen Wetterbedingungen die rasche Bergung Verletzter.
Karten: Die beste ist die Karte Maßstab 1:100 000 *Baltoro*, die vom italienischen IGM veröffentlicht wird und auf den Vermessungen der Expeditionen von 1929 und 1954 beruht.
Trekkingführer: *Trekking in Pakistan and India* von Hugh Swift (Hodder & Stoughton, 1990).
Lektüre: Bücher, die dem Bergabenteuer am K2 und an den anderen Gipfeln gewidmet sind, gibt es in Fülle. Wir wollen hier *K2, Traum und Schicksal* von Kurt Diemberger (Bruckmann, 3. Auflage 1993) erwähnen. Unter den fremdsprachigen Titeln empfehlen wir *In the Throne Room of the Mountain Gods* von Galen Rowell (Sierra Club Books, 1986) und *K2, Triumph and Tragedy* von Jim Curran (Hodder & Stoughton, 1987).

Buhl, Kurt Diemberger, Marcus Schmuck und Fritz Wintersteller, am Broad Peak das Zeitalter der Eroberung der höchsten Berge der Welt im "alpinen Stil" ein. Seitdem sind der Hidden Peak, der Gasherbrum II und der Broad Peak die am häufigsten bestiegenen Achttausender der Welt.

Seit den 70er Jahren sind die Granittürme des unteren Baltoro die Bühne überragender Kletterabenteuer im Fels. Der abweisende, schwierige K2 bleibt dagegen ein Berg, mit dem es nur wenige aufnehmen wollen. Alle seine neugeöffneten Wege - so der von den Japanern 1981 gebahnte Weg über den Westkamm und die von den Franzosen Pierre Béghin und Christophe Profit 1991 benutzte Aufstiegsroute - sind großartige Abenteuer. Aber manchmal erweist der Berg sich wie im Sommer 1986 als Killer: 14 Tote aus sieben verschiedenen Ländern, darunter Tadeusz Piotrowski, Renato Casarotto und Alan Rouse, so lautet die tragische Bilanz jenes Jahres.

Mehr als an anderen Orten führt der Ansturm auf die Berge hier zu Umweltschäden. Seit den 70er Jahren "schmücken" Abfallberge die Hochlager des K2 und der Gasherbrum-Gipfel, während eine beachtliche Zahl alter, verschlissener Seile vom Abruzzigrat herunterbaumelt. 1990 kann die Expedition "Free K2" der Organisation *Mountain Wilderness* nur teilweise Abhilfe schaffen. Noch Wesentlich schwerwiegender sind die Umweltschäden in den Tälern: In der Oase von Paiju wurden die herrlichen, jahrhundertealten Pappel- und Zypressenbestände teilweise abgeholzt, und die früher überall im Baltoro-Gebiet verbreiteten *bharal*, die "Steinböcke des Karakorum", sind durch die gnadenlose Jagd fast vollständig ausgerottet worden. Die Einrichtung eines Naturreservats am Baltoro, wie sie Alpinisten und Forscher seit den 70er Jahren fordern, wird jedes Jahr dringender.

Noch größere Schäden wurden von dem höchstgelegenen Krieg der Welt zwischen den pakistanischen und den indischen Streitkräften auf dem 6000 m hohen Conway-Sattel angerichtet, der zwischen den Gletscherbecken des Baltoro und des Siachen liegt. Hubschrauber, Militärlager und Abfallhaufen verunstalten diese herrlichen Gebiete, während Höhenkrankheit, Erfrierungen und die Waffen jedes Jahr Hunderte von Opfern unter den jungen Menschen der beiden im Krieg stehenden Nationen fordern. "Da könnte man ja gleich auf den Mond gehen, anstatt in dieser Wildnis zu kämpfen", schrieb Galen Rowell, als er die Front besucht hatte. Die Hoffnung, daß hier bald Friede einkehren wird, vereint alle Besucher und Liebhaber des Baltoro.

Oben: Die Sonne verhält beim Untergang auf den Gipfelkämmen des Broad Peak. Dieser Achttausender ist heute das Ziel vieler Bergsteiger. Foto: Matt Comeskey/ Hedgehog House

Links: Nach einem heftigen Gewitter lichten sich die Wolken und geben den Blick auf die Trango-Türme frei. In den letzten Jahrzehnten konzentrieren sich die Bergsteiger im Himalaya auf die niedrigeren, jedoch eleganteren und schwierigeren Berge. Foto: Geoff Gabites/ Hedgehog House

Das Tal des Braldo, der am Baltoro-Gletscher entspringt, weist abwechselnd wilde Schluchten und Abschnitte mit größerer Breite auf. Das Bild zeigt eine Gruppe Frauen, die in der Gegend von Opaligun Brennholz trägt.
Foto: Marco Majrani

Mitte: In der Nähe von Askole bietet eine Reihe von Thermalquellen einen ganz ungewöhnlichen Anblick. Die Heißwasserbecken des Gebietes sind für die Rückkehrer von den hohen Gipfeln eine gute Gelegenheit, um ein entspannendes Bad zu nehmen.
Foto: Marco Majrani

Unten: In den Tälern des Karakorum sind die primitiven Seilbahnen, die an Stahlseilen laufen, fast überall an die Stelle der jula getreten, der wackeligen Hängebrücken aus Weidenruten, die jahrhundertelang der einzige Weg über Flüsse und Bäche waren.
Foto: Stefano Ardito

Erster Tag
von Askole nach Korophon
Höhenunterschied beim Aufstieg: 350 m
Höhenunterschied beim Abstieg: 150 m
Gehzeit: 3 Stunden

Eine kurze Etappe zur Akklimatisierung; man überquert das Ende der Gletscherzunge des Biafo. Südlich des Flusses Braldo erhebt sich der schöne Turm des Mango Gusor, ein eleganter, 6290 m hoher Gipfel.

Der Pfad verläßt Askole mit einem langen Abschnitt am Hang, durchquert eine tiefe Schlucht und steigt sodann über eine bezaubernde Passage durch mächtige Felsen auf. Eine kurze, geröllübersäte Schlucht und eine kleine, grasbewachsene Ebene gehen der Überquerung des Biafo voraus, bei der man darauf achten muß, nicht von der kaum erkennbaren Spur abzukommen. Am Ende erreicht man das Plateau von Korophon (3250 m), wo man an einem riesigen, von Trockenmauern umgebenen Felsblock das Lager aufschlägt.

Zweiter Tag
von Korophon zum Dumordo
Höhenunterschied beim Aufstieg: 500 m
Höhenunterschied beim Abstieg: 350 m
Gehzeit: 3 1/2 Stunden

Eine nicht sehr lange Etappe, auf der man ziemlich achtgeben muß, denn hier muß man den schwierigsten Abschnitt des gesamten Treks überwinden: Kurz vor der Überquerung des Flusses Dumordo, eines wichtigen Nebenflusses des Biaho, sind Abschnitte mit leichter Kletterei zu bewältigen. Der Weg ist anfangs einfach, weicht dann einer Strecke auf halber Höhe über steiles und erdrutschgefährdetes Gelände. Nach einigem Auf und Ab gelangt man an einen kleinen Strand am Ufer des Biaho, hinter dem der Weg wieder steil aufsteigt und dabei streckenweise über Felsen führt. An einem Gratturm 150 m über dem Fluß führen eine luftige Traverse und ein langer Abstieg durch eine nicht einfache Kaminrinne (Abschnitte 2. Grads) ans Ufer des Dumordo. Nach der Überquerung des Flusses mit einer Seilbahn schlägt man das Lager auf einem angenehmen kleinen Plateau auf.

Rechts: Eine Trekkergruppe durchquert die Oase von Askole, dem Ausgangspunkt für die Wanderung an den Fuß des K2.
Foto: Marco Majrani

Großes Bild: In den unfruchtbaren Tälern des Karakorum wurden die Oasen vom Menschen geschaffen.
Auf dem Bild das Dorf Hoto unterhalb von Askole.
Foto: Marco Majrani

Dritter Tag
vom Dumordo nach Paiju
Höhenunterschied beim Aufstieg: 550 m
Höhenunterschied beim Abstieg: 150 m
Gehzeit: 6 Stunden

Eine längere, eintönigere, aber auch einfachere Etappe als die des Vortags; sie endet in der herrlichen Oase von Paiju, einem wahren Meisterwerk der Natur vor den Moränen des Baltoro.

Man folgt zunächst dem Ufer des Biaho und gelangt nach einer kurzen Strecke auf und ab und dann über Sandboden auf das Plateau von

Bardumal. Nach Überwindung einer Kletterpassage (wiederum 2. Grades) gelangt man zu einem riesigen Schuttkegel. Der Weg führt weiter bergauf an einen Bach, dessen Überquerung an den wärmsten Stunden des Tages ziemlich kompliziert ist; dann fällt er zum Ufer des Biaho ab, der sich hier zu einer großen Sumpfebene erweitert. Ein ebener Wegabschnitt und eine letzte Steigung führen nach Paiju (3700 m) vor der Berggruppe der "Kathedralen". Sehr interessant, aber leider schwer verunstaltet, ist der Pflanzenwuchs der Oase, darunter insbesondere jahrhundertealte Zypressen und Pappeln.

Der Weg zum Baltoro umfaßt einige schwierige Passagen. Hier eine Gruppe Träger in den glatten Granitplatten bei Bardumal. Foto: Stefano Ardito

Oben: Das schöne Granitmassiv des Paiju Peak (6600 m) beherrscht das Lager von Liligo am Rand des Baltoro. Foto: Stefano Ardito

Vierter Tag
von Paiju nach Liligo
Höhenunterschied beim Aufstieg: 400 m
Höhenunterschied beim Abstieg: 200 m
Gehzeit: 3 1/2 Stunden

Man beginnt die Wanderung auf einem sonnigen Weg am Hang, der verschiedene Bäche überquert und dann hinunter auf die sandige Fläche gegenüber dem Gletschertor führt. Der Weg steigt dann links hinauf auf den vollständig von Schutt übersäten Gletscher. Eine lange Überquerung führt über zahlreiche auf- und absteigende Abschnitte an den linken Rand des Gletscherstroms, an dem man bis zu der Sandterrasse von Liligo (3900 m) weiterwandert, wo es an den wärmsten Stunden des Tages brütend heiß ist.

Der Sonnenuntergang hinter den Paiju Peaks und den Trango-Türmen ist herrlich.

Fünfter Tag
von Liligo nach Urdukas
Höhenunterschied beim Aufstieg: 350 m
Höhenunterschied beim Abstieg: 150 m
Gehzeit: 4 Stunden

Nachdem man Liligo hinter sich gelassen hat, führt der Weg über eine lange Strecke über den Baltoro und an seinem linken Rand entlang bis zur grasbewachsenen Oase von Urdukas, wo der Wanderer zum letzten Mal in diesem Tal sein Lager auf einer Wiese aufschlagen kann. In der Ferne erscheinen während der Wanderung der Broad Peak, der Gasherbrum IV und der Hidden Peak.

Man geht zunächst einen Weg, der durch das teils sandige und teils steinige Tal zwischen dem Baltoro und der Bergflanke führt; nach kurzer Zeit erreicht man die Ebene von Liliwa, wo man einen großen Bach durchwaten oder ihn über den Gletscher umgehen kann. Dann steigt man rasch durch ein kleines Tal auf und kehrt auf den Baltoro zurück, von wo man bereits die Gipfel sehen kann, die Concordia umgeben. Eine lange, aber problemlose Strecke und hernach ein steiler Anstieg auf einem Wiesenpfad führen nach Urdukas (4100 m). Die riesigen Granitblöcke verleihen der Landschaft ein alpines Aussehen.

Rechts oben: Die "Kathedralen" des Baltoro, von der Paiju-Oase aus gesehen. Foto: Stefano Ardito

Rechts in der Mitte: In 4100 m Höhe schlagen die Wandergruppen, die sich an den Baltoro begeben, ihr Lager auf den Wiesenplätzen von Urdukas auf. Foto: Matt Comeskey/ Hedgehog House

Rechts unten: Die eindrucksvollen Granitwände des Nameless Tower von Trango, Schauplatz einiger der bedeutendsten Bergabenteuer der letzten 20 Jahre. Foto: Wade Fairley/ Hedgehog House

Sechster Tag
von Urdukas nach Gore
Höhenunterschied beim Aufstieg: 600 m
Höhenunterschied beim Abstieg: 200 m
Gehzeit: 6 Stunden

Die längste und mühsamste Etappe auf dem Baltoro führt nun endlich in die strenge Gletscherlandschaft. Man quert zur Mitte des Gletschers, wo man seinen Weg vor der Kulisse des Gasherbrum IV (7980 m), des Masherbrum (7821 m), des Biarchedi (6759 m) und des Muztagh-Turms (7273 m) fortsetzt. Der Weg führt über einfach zu begehende, freie Gletscherflächen und dann lang über Moränenkämme und -schluchten. Der freie Platz von Gore (4500 m), wo man das Lager aufschlägt, liegt knapp hinter einem Feldlager der pakistanischen Streitkräfte. Drumherum liegen die typischen Eiskämme, die auch "Segel des Baltoro" genannt werden.

Siebter Tag
von Gore nach Concordia
Höhenunterschied beim Aufstieg: 300 m
Höhenunterschied beim Abstieg: 100 m
Gehzeit: 4 Stunden

Ein kürzerer und deutlich weniger anstrengender Tag wie der vorherige führt zum weitaus berühmtesten Bergamphitheater des Karakorum, wo der Godwin Austen-Gletscher von Norden zum Baltoro stößt. In Anlehnung an den Namen eines ähnlichen Amphitheaters im Berner Oberland hat man die Stelle *Concordia* genannt.

Von Gore führt die Spur zunächst an den rechten (südlichen) Rand des Baltoro und kehrt dann zu seiner Mitte zurück, wo man einige lange und ziemlich luftige Eiskämme überqueren muß. Dann setzt man den Weg auf fast ebener Strecke bis nach Concordia fort (4700 m), wobei man an einem weiteren Militärlager vorbeikommt. Im Norden erscheint nun endlich der K2. Das Panorama, das vom Broad Peak (8047 m) und dem Massiv des Gasherbrum beherrscht wird, umfaßt nun auch den Chogolisa (7654 m) und den Golden Throne (7312 m). Im Süden erhebt sich der Mitre Peak. Der Sonnenuntergang in Concordia ist gewiß ein magischer Augenblick.

Achter Tag
von Concordia zum K2-Basislager
Höhenunterschied beim Aufstieg: 350 m
Höhenunterschied beim Abstieg: 50 m
Gehzeit: 4 Stunden

Die letzte Etappe des Treks, aus der einige Gruppen einen Tagesausflug machen und noch am selben Abend nach Concordia zurückkehren, führt an den Fuß des K2, in fast 5000 m Höhe. Die Schönheit der Landschaft und die scheinbar geringe Entfernung - die perfekten Proportionen lassen den K2 kleiner und näher erscheinen, als er in Wirklichkeit ist - verleiten einige dazu, diese Etappe zu unterschätzen. In Wirklichkeit ist sie jedoch ausgesprochen anstrengend - nicht zuletzt wegen der Höhenlage von fast 5000 m. Man umgeht im ersten Abschnitt einige riesige Gletscherspalten und setzt seinen Weg über die linke Moräne des Godwin Austen-Gletschers fort bis zum Broad Peak-Basislager. Hier setzt man den Fuß auf das freie Eis, läßt die Mündung des Savoia-Gletschers links liegen und geht rechts (man achte auf

Die Sonnenstrahlen können das Eis unter den großen Felsen nicht schmelzen. So entstehen "Pilze" wie dieser. Foto: Marco Majrani

Oben: Auf dem Godwin Austen-Gletscher führt der Weg an den "Eissegeln" vorbei. Foto: Stefano Ardito

Rechts: Im klaren Licht des Sonnenaufgangs erscheinen die Eisspitzen und Grate des Masherbrum (7821 m) noch schöner. Der "Berg des Lichts" der Balti ist einer der wildesten Gipfel des Karakorum. Foto: Nick Groves/ Hedgehog House

Die Westwand des Gasherbrum IV, die 1985 von dem Polen Vojtek Kurtyka und dem Österreicher Robert Schauer erstdurchstiegen wurde, ist eine der schwierigsten und eindrucksvollsten der Welt. Foto: Hugh Van Noorden/ Mountain Light

Unten: Der Mitre Peak (6017 m) beherrscht das Lager einer Bergsteiger-expedition im Amphitheater von Concordia. Es ist Frühling: Im August liegen die Gletschermoränen fast überall frei. Foto: Bill Atkinson/ Hedgehog House

einige große Bäche, die nicht leicht zu überspringen sind) zum K2-Basislager (5000 m), das von der breiten, steilen Südwand des Bergs überragt und rechts vom Abruzzigrat abgeschlossen wird. Eine etwa halbstündige Wanderung führt von dem Lager zu besagtem Grat, wo sich die Gräber von Mario Puchoz und anderer Opfer des K2 befinden. Die Strecke bis zum Fuß des Grats (5400 m) führt durch ein spaltenreiches Gebiet und einen kleinen Eisbruch.

Neunter Tag
vom K2-Basislager nach Gore
Höhenunterschied beim Aufstieg: 150 m
Höhenunterschied beim Abstieg: 650 m
Gehzeit: 5 1/2 Stunden

Der Rückweg führt über dieselbe Strecke wie der Hinweg, dauert aber nicht so lang, denn die Trekker sind nun gut durchtrainiert und an die Höhe gewöhnt. Es müssen aber noch viele Kilometer zurückgelegt werden. Die beiden ersten Etappen bis Gore kann man zu einer zusammenfassen.

Eine Trägerkarawane zwischen Concordia und dem K2-Basislager. Die schneebedeckten, sanften Wellungen des Godwin Austen-Gletschers können gefährliche Gletscherspalten verbergen. Foto: Galen Rowell/ Mountain Light

Zehnter Tag
von Gore nach Liligo
Höhenunterschied beim Aufstieg: 350 m
Höhenunterschied beim Abstieg: 950 m
Gehzeit: 7 Stunden

Man setzt den Abstieg fort und gönnt sich eine Rast auf den herrlichen Panoramawiesen von Urdukas; von hier setzt man seinen Weg nach Liliwa und Liligo fort, wo man die letzte vom Krachen und Stöhnen des Gletschers begleitete Nacht verbringt. Schafft man es jedoch, den Weg am selben Tag bis nach Paiju fortzusetzen, dann kann man am nächsten Tag die Bäche, die morgens nicht so viel Wasser führen, einfacher durchwaten.

Elfter Tag
von Liligo zum Dumordo
Höhenunterschied beim Aufstieg: 350 m
Höhenunterschied beim Abstieg: 950 m
Gehzeit: 6 1/2 Stunden

Die Moränen des Gletschers begleiten den Trekker bis nach Paiju, wo man die Morastebene und die Bäche überqueren und eine lange Strecke durch die Bergflanke bis zur *jola* zurücklegen muß, die den Dumordo überquert.

Zwölfter Tag
vom Dumordo nach Askole
Höhenunterschied beim Aufstieg: 500 m
Höhenunterschied beim Abstieg: 850 m
Gehzeit: 6 Stunden

Nachdem man am Morgen den nicht einfachen Weg hoch über dem Dumordo zurückgelegt hat (auf dem Rückweg geht man die schwierigsten Abschnitte bergauf, was nicht so problematisch ist), setzt man den Weg gemächlich am Hang fort bis zu den Moränen des Biafo und der letzten abschüssigen Strecke Richtung Askole, wo man wieder die Straße erreicht.

Dieses Kreuz und diese einfachen Grabsteine in der Nähe des Basislagers gedenken der Opfer des K2. Im Sommer 1986 forderte der Berg 14 Menschenleben. Foto: Stefano Ardito

Gegenüberliegende Seite: Die eindrucksvolle Südflanke des K2 im Morgenlicht. Man erkennt den südsüdwestlichen Grat und den Felsensporn, über den die von Messner gefundene "Magic line" führt, die 1986 von Kukuczka und Piotrowski gemeistert wurde. Foto: Marco Majrani

DURCH ZANSKAR

Auf dem Weg nach Ladakh: hohe Pässe, Flüsse, Gletscher und buddhistische Klöster

"Man steigt durch eine breite Schlucht vom Paß herab; in ihrem unteren Teil wird sie immer enger, und immer häufiger stößt man auf mani-Mauern. Der Weg führt am Fuß einer hohen Konglomeratterrasse vorbei, die zum Tal hin steil abbricht; in die Wand sind Säulen eingeschnitten, die wie Pfeifen einer Orgel aussehen. Wenn man die Biegung hinter sich gelassen hat, steht man vor einer zauberhaften Landschaft, die jede Vorstellung übertrifft. Der Weg zieht sich vor unseren Augen dahin, von einer langen Reihe von Tschorten mit einer Höhe von zwei bis fünf Metern gesäumt.

"Weiter vorne dann, vor dem überwältigenden Hintergrund der schneebedeckten Gipfel, dehnt sich an diesem Talhang eine Kulisse aus riesigen Kolonnaden fünfzig bis sechzig Meter hoher Tonpfeiler, die durch enge, tiefe Spalten getrennt sind. Und weit oben, auf dem Gipfel, befindet sich das große *gompa* von Lamayuru, ein buntgewürfeltes, einzigartiges Wirrwarr von Gebäuden mit teils unverputzten, teils weiß getünchten Mauern mit dicken roten Streifen." So beschrieb Filippo De Filippi in seiner *Storia della spedizione italiana nel Himalaia, Caracorum e Turchestan cinese (1913/1914)* gegen Anfang des Jahres 1914 eine der aufregendsten Etappen dieser 18monatigen Reise mit einer italienischen Expedition. Nachdem sie einige Monate bei Skardu verbracht hatte, wanderte die Gruppe den Indus hinauf bis nach Leh, wo sie ihren Weg in Richtung Zentralasien fortsetzte.

Das bunte, eindrucksvolle Lamayuru setzt heute noch seine Besucher in Staunen. Man kann es über eine Straße erreichen; aber den größten Eindruck macht es zweifellos, wenn das Kloster nach einer zehn- bis zwanzigtägigen Fußwanderung durch die wilden Berge Zanskars unerwartet vor den Augen des Reisenden auftaucht.

Die hohen Gebirgspässe, wo die Gebetsfahnen der Tschorten, dieser buddhistischen Sakralbauten mit ihrer unverwechselbaren, typischen Halbkugelform, im Wind flattern und wo die Bäche sich schäumend ihren Weg durch enge Felsenschluchten bahnen, die traditionsreichen buddhistischen Klöster mit ihren Wandmalereien, die wilden, gezackten Gipfel machen Ladakh und Zanskar zu einer zauberhaften Welt. Wir befinden uns im nördlichsten Teil Kaschmirs, wo das breite, vom Indus gegrabene Tal und die wilden Bergketten im Süden Wanderwege von außerordentlicher Schönheit bieten. In diesen Tälern kann sowohl der motorisierte Tourist, der eine kurze Fußwanderung nicht scheut, als auch der eingefleischte Wanderer, der gern einige Wochen zu Fuß unterwegs ist, außerordentlich interessante Trekkingrouten finden. Das bis in die frühen 60er Jahre vollständig von der Welt abgeschiedene Ladakh hat sich in wenigen Jahrzehnten zu einem der beliebtesten Ziele zwischen den hohen Bergen Asiens verwandelt. Trotz der Flughäfen in der Region und trotz der modernen Hotels der Hauptstadt Leh behält dieses Land weiterhin seinen einzigartigen Charakter, der selbst den erfahrensten Globetrotter begeistert. Sobald man das Städtchen hinter sich gelassen hat, führen Straßen und Pisten zu den eindrucksvollen buddhistischen Klöstern Hemis, Lamayuru, Alchi und Stok. Denjenigen, der mit dem Fahrzeug von Srinagar anreist, bringt die steile, gewundene Straße über den Zoji La in nur einem Tag von den grünen Landschaften des mittleren Tals von Kaschmir zu den schroffen, kahlen Gebieten am Lauf des Indus. Südlich des großen Flusses, in Richtung der Hochtäler von Lahul und Himachal Pradesh, gipfeln die unwegsamen Berge Zanskars in den Zwillingsspitzen des Nun (7135 m) und des Kun (7087 m). Sie bieten dem Trekker mühevolle, harte und lange Wanderrouten, die über zahlreiche Pässe mit Höhen zwischen 4000

und 5000 m, an Furten oder Brücken über Flüsse und Bäche führen, wo man stets höchste Vorsicht walten lassen sollte.

An der Grenze zwischen Pakistan, Tibet und dem chinesischen Sinkiang machten sich die Nachbarmächte die Täler und Berge Ladakhs häufig streitig. Das obere Industal, das sich über tausend Jahre lang in der Einflußsphäre Tibets befunden hatte und von den örtlichen Dynastien von Zangla

Das wilde, einsame Tal, das zum 5060 m hohen Singi La - "Löwenpaß" - hinaufführt, ist eine der für Zanskar typischen schroffen Landschaften. Foto: Earl und Nazima Kowall

(Zanskar) und Stok (Ladakh) regiert wurde, geriet seit dem 14. Jh. mehrmals unter die Kontrolle der muslimischen Herrscher von Kaschmir. Aber erst im 17. Jh. willigten die örtlichen Buddhisten in den Bau der Moschee ein, die man heute noch in den engen Gassen von Leh sehen kann.

Trotz der Moschee und auch trotz zahlreicher Einwanderer aus anderen Teilen Kaschmirs und trotz des Vordringens der pakistanischen Urdu-

Kleines Bild: Nur wenige Kilometer von Leh entfernt befindet sich der Königspalast von Stok, der 1825 von dem König Tshepal Namgyal gebaut wurde; die ladakhische Königsfamilie lebt heute noch hier. Foto: Marco Majrani

Sprache, die den traditionellen tibetischen Dialekt allmählich verdrängt, hat Ladakh seinen alten Charakter bewahrt. Nach der chinesischen Invasion Tibets und der Zerstörung der großen Klöster Ost- und Zentraltibets hat sich dieses Land in ein wahres Museum tibetischen Lebens, wie es einst vor der unheilvollen Besetzung war, verwandelt. Der Zauber dieses Landes liegt teilweise auch darin, daß man hier häufig den Eindruck hat, eine Reise in die Vergangenheit zu machen.

Entlang der Straße, die von Srinagar nach Leh führt, sind die Zeichen der heutigen Zeit nur allzu sichtbar. Der Krieg gegen China von 1962 hat die indische Regierung veranlaßt, eine breite Straße über den Zoji La zu bauen, Truppeneinheiten in dem Gebiet zu stationieren und die indische Präsenz in Ladakh mit allen Mitteln zu verstärken. Im Industal knapp unterhalb von Kargil, längs der alten, heute unpassierbaren Karawanenstraße nach Skardu, finden heute noch blutige Auseinandersetzungen zwischen den pakistanischen und indischen Truppen statt. Nordöstlich von Leh ist die Gegend am Nubra und am Siachen-Gletscher, über die sich der 7642 m hohe Saser Kangri erhebt, der die östliche Grenze des Karakorum bildet, ebenfalls Kriegsschauplatz. Der islamische Guerillakrieg in Kaschmir ist nur eine der vielen blutenden Wunden dieses herrlichen Landes.

Wer sich in die Hochtäler von Zanskar begibt, dem könnten Auseinandersetzungen und Kriege kaum ferner sein. Mit jedem Schritt über den Pfad längs der Canyons und Felswände, hoch auf den Bergpässen, mit Blick auf den Nun und den Kun, den Z1 und den Z2, die fernen Berge des Garwhal-Himalaya, wird der Eindruck einer Reise in die Vergangenheit immer stärker.

Unter den zahlreichen Trekkingrouten, die dem ausländischen Wanderer in Zanskar zur Verfügung stehen, empfehlen wir die, die von Padum zum Kloster von Lamayuru an der Straße von Leh über Kargil und den Zoji La nach Srinagar führt. Der Trek erfordert etwa 10 Tage, kann aber auch verlängert werden, wenn man in Darcha im indischen Staat Himachal Pradesh aufbricht.

Bis zu den frühen 80er Jahren wimmelte es in den Erzählungen der Trekker nur so von problematischen Furten, Erdrutschen und wackelnden Hängebrücken aus Weidenruten. Eine besonders aufregende Passage des Treks war die Überquerung des Flusses Doda vor den Toren von Padum auf einem notdürftig geflickten Schlauchboot, das von einer deutschen Expedition im Jahr 1976 zurückgelassen worden war.

Einige Jahre später erweist sich der Weg durch die Hochtäler Zanskars als mühsam, aber recht gefahrlos. Man befindet sich stets in einer großartigen Umgebung, wo jede menschliche Siedlung einen Sieg über das harte Klima und den kargen Boden bedeutet. Einige Arbeiten an Brücken, der Ausbau des nach Hanupatta hinunterführenden Wegs, einige - freilich sehr bescheidene - *rest-houses* und einige Teeläden haben die Route etwas angenehmer gestaltet. Dennoch sollte man gut durchtrainiert und von der Verpflegung her vollkommen unabhängig sein, wenn man sie angeht. Das Gepäck wird von Pferden getragen, die von bergerfahrenen Männer aus Zanskar geführt werden. Die kleinen Klöster Lingshed und Wanla, auf die man unterwegs trifft, sind eine ausgiebige Besichtigung wert. Wenn gegen Ende des Weges der Nordwind das Motorengeräusch der nach Leh fahrenden Lastwagen zu Ohren der Trekker trägt, überkommt den Wanderer eine große Traurigkeit.

In Ladakh setzen die eleganten Kleider der Frauen den Reisenden häufig in Erstaunen. Auf dem Bild ein perak, *die traditionelle, mit Türkissteinen verzierte Kopfbedeckung. Foto: Marcello Bertinetti*

NÜTZLICHE INFORMATIONEN

Dauer: 9 Tage
Höhenlage: von 3300 m in Franjila und Hanumil bis auf 5060 m am Singi La
Jahreszeit: von Juni bis September. Besonders interessant ist die Wanderung in der Zeit des Festivals von Hemis, das gegen Ende Juni stattfindet.
Formalitäten: Das Visum für Indien genügt.
Schwierigkeitsgrad: Probleme können an den Furten und den schmalen, unsicheren Brücken auftreten.
Körperliche Belastung: ziemlich hoch aufgrund der Länge des Treks, des unwegsamen Geländes und der Höhenlage.
Ausrüstung: Die normale Trekking-Ausrüstung genügt; ein Zelt ist erforderlich. Man muß für vollständige Unabhängigkeit hinsichtlich der Verpflegung vorsorgen.
Anreise: Padum (3540 m) kann man über einen Schotterweg erreichen, der bei Kargil von der Hauptstraße Srinagar-Leh abzweigt und 4400 m hoch über den Pensi La führt. Für diese Anfahrt braucht man mindestens einen Tag. Lamayuru, Zielort der Wanderung, liegt ebenfalls an der Straße von Srinagar über Kargil nach Leh.
Führer und Träger: Träger und Lastpferde können problemlos in Padum angeheuert werden. Die Qualität der von den Agenturen in Srinagar und Leh gebotenen Dienstleistungen ist sehr unterschiedlich.
Varianten und Gipfel: Man kann diesen Trek etwas verlängern und von Darcha aus zu Fuß nach Padum gehen (7 Tage). Diese Route führt über den Shingkun La (5096 m).
Karten: Die einzigen verfügbaren Karten von Zanskar (die alles andere als genau sind) sind die der Serie U 502, Blatt NI 43-7 *Kargil*, MI 43-8 *Leh*, NI 43-16 *Martselang* und NI 43-17 *Palampur*.
Trekkingführer: Nützlich für den Wanderer sind der *APA Guide West-Himalaya*, herausgegeben von M. Dubey und T. Sinclair (Reise- und Verkehrsverlag, 1992), sowie *Trekking in Pakistan and India* von Hugh Swift (Hodder & Stoughton, 1990).

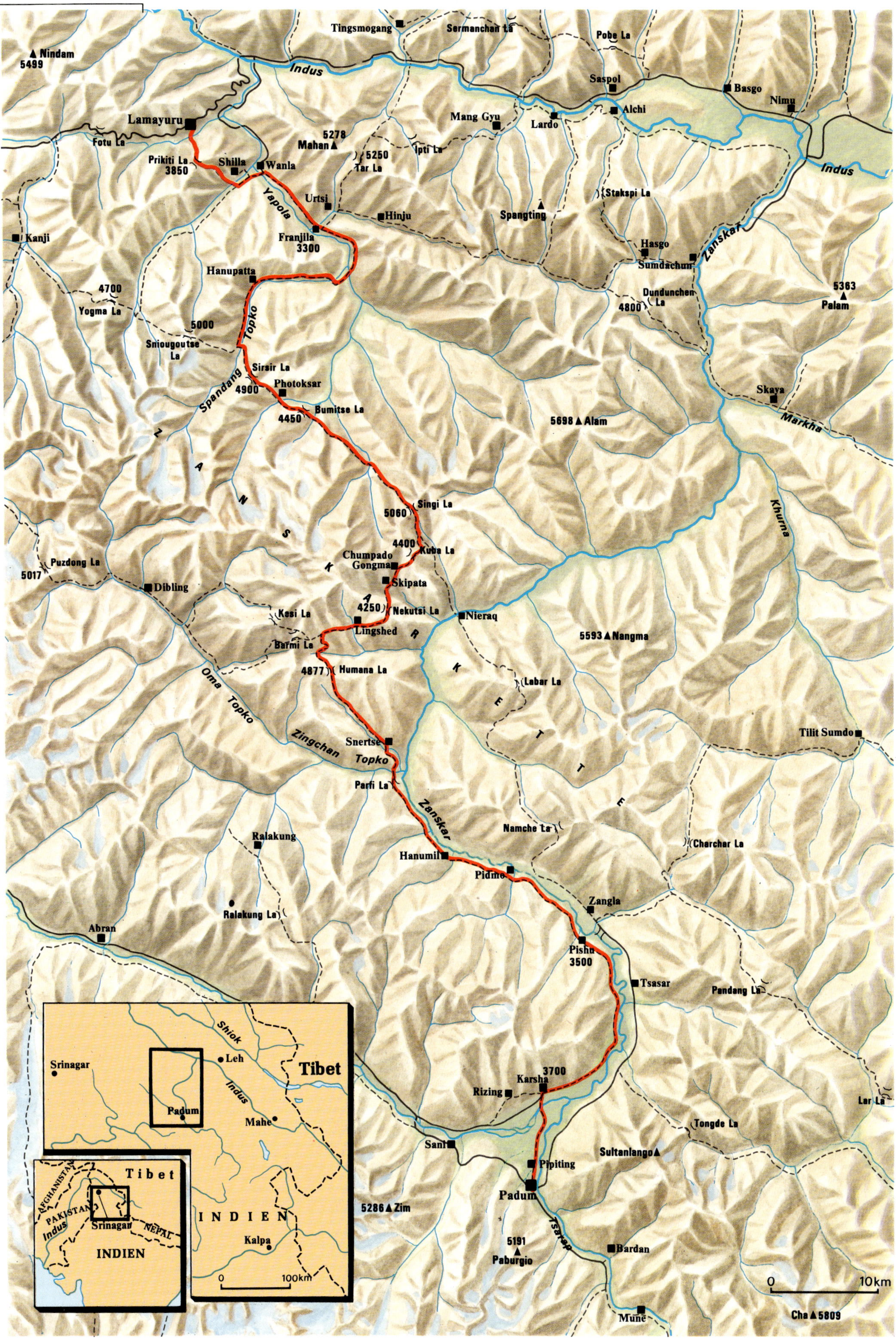
Tingsmogang
Sermanchan La
Pobe La
Nindam
5499
Indus
Saspol
Basgo
Nimu
Alchi
Lamayuru
Mang Gyu
Lardo
Fotu La
5278
Mahan
5250
Tar La
Ipti La
Indus
Prikiti La
3850
Shilla
Wanla
Yapola
Urtsi
Stakspi La
Hinju
Spangting
Kanji
Franjila
3300
Hasgo
Sumdachun
Zanskar
Hanupatta
4700
Yogma La
Dundunchen La
4800
5363
Palam
Topko
5000
Sniougoutse La
Sirsir La
4900
Photoksar
Spandang
Bumitse La
4450
Skaya
5698 Alam
Markha
Z A N S K A R K E T T E
Singi La
5060
Khurna
4400
Kuba La
Chumpado Gongma
Puzdong La
5017
Dibling
Skipata
4250
Nekutsi La
Kesi La
Nieraq
Lingshed
Barmi La
5593 Nangma
4877
Humana La
Labar La
Oma Topko
Zingchan
Snertse
Topko
Tilit Sumdo
Parfi La
Zanskar
Namche La
Ralakung
Charchar La
Hanumil
Pidmo
Ralakung La
Zangla
Abran
Pishu
3500
Tsasar
Pandang La
Shiok
Leh
Tibet
Srinagar
Indus
Padum
Mahe
3700
Karsha
Rizing
Lar La
Tongde La
Sani
Sultanlango
Tibet
Afghanistan
Pakistan
Srinagar
Indus
Nepal
Indien
I N D I E N
Pipiting
Padum
5286 Zim
Kalpa
5191
Paburgio
Tsarap
Bardan
0
100km
0
10km
Mune
Cha 5809

Erster Tag
von Padum nach Karsha
Höhenunterschied beim Aufstieg: 140 m
Gehzeit: 2 1/2 Stunden

Ein kurzer Tag zur Akklimatisierung; man kann für die Strecke auch einen Geländewagen mieten. Wir möchten darauf hinweisen, daß die Überquerung des reißenden Flusses Doda mit dem Schlauchboot nun nicht mehr erforderlich ist, denn 1987 wurde eine bequeme Eisenbrücke über den Fluß gebaut. Der deutlich sichtbare Weg führt über Pipiting, wo man ein Kloster besichtigen kann; er überquert dann den Fluß, und man erreicht Karsha (3700 m), wo sich eine kleine "lodge" befindet. Von Pipiting kann man einen Abstecher machen: Man überquert den Tsarap auf einer Brücke und steigt zum Kloster Thongde hinauf, in dem viele interessante Wandmalereien zu besichtigen sind.

Rechts: Das aufgrund seiner Freskomalereien bekannte Kloster Thongde liegt hoch über der Schwemmlandebene zwischen Padum und Karsha; man erreicht es, wenn man vom Hauptweg abzweigt. Foto: Earl und Nazima Kowall

Mitte: Die typischen Gebetsfahnen flattern im Wind auf den Anhöhen bei Leh; die Stadt hat ihr typisch tibetisches Aussehen bewahrt. Foto: Marcello Bertinetti

Zweiter Tag
von Karsha nach Pishu
Höhenunterschied beim Aufstieg: 100 m
Höhenunterschied beim Abstieg: 350 m
Gehzeit: 4 Stunden

Eine längere Etappe durch ein wüstes Gebiet führt am zweiten Trekkingtag zu der ärmlichen Ortschaft Pishu, die bei den Reisenden wohlbekannt ist: Weniger als einen Kilometer entfernt befindet sich eine spektakuläre Hängebrücke aus Weidenruten - eine der längsten und eindrucksvollsten von ganz Zanskar. Die Route beginnt längs der Terrassenfelder mit Gerste und führt über ein mit Tschorten übersätes Geröllfeld. Danach gelangt man an die Grenze der Ebene von Padum, am Zusammenfluß des Tsarap und des Doda, der Quellflüsse des Zanskar. Man überquert die Wiesen von Rinam (3550 m) und wandert in ständigem Auf und Ab bis nach Pishu (3500 m); kurz nach dem Dorf kann man das Lager aufschlagen (etwa 3450 m). Danach sollte man zur Hängebrücke gehen, über die man nach kurzem Weg zur Ortschaft Zangla gelangt.

Wirft man in der Nähe des Klosters Karsha einen Blick zurück, so überschaut man die Ebene von Padum, die man im Laufe der ersten Etappe des Treks durchquert hat. Foto: Earl und Nazima Kowall

dem Parfi La (3950 m). Der Abstieg in das Tal von Zingchan Tokpo führt zu einem schmalen Felsband und dann zu einem Platz, wo man das Lager aufschlagen kann. Die Fortsetzung des Treks beginnt dann mit einer weiteren Steigung, die zuerst über einen Weg mit Kehren und dann über einen schwer zu begehenden sandigen Hang bis zum Kamm des Snertse La (3800 m) führt. Eine sich auf halber Höhe über einem tiefen, wilden Tal entlangziehende Strecke führt zu den wenigen Häusern von Snertse (Neche, 3800 m), wo man das Lager aufschlägt.

Fünfter Tag
von Snertse nach Lingshed
Höhenunterschied beim Aufstieg: 1400 m
Höhenunterschied beim Abstieg: 1200 m
Gehzeit: 7 Stunden

Der Weg steigt durch eine mit jedem Schritt bezaubernder werdende Landschaft auf, überquert mehrmals den Bach und zieht sich dann eine gute Strecke lang praktisch eben weiter.
Ein letzter steiler Abschnitt am Hang und dann im Grund eines

Dritter Tag
von Pishu nach Hanumil
Höhenunterschied beim Aufstieg: 120 m
Höhenunterschied beim Abstieg: 270 m
Gehzeit: 5 Stunden

Der Weg führt bergauf und bergab bis zu einer sandigen Terrasse, erreicht dann die Häuser von Pidmo (3300 m), steigt eine Strecke weit auf und führt wiederum am Fluß bis zu dem winzigen Ort Hanumil (3300 m) am Eingang einer herrlichen Felsenschlucht.

Vierter Tag
von Hanumil nach Snertse (Neche)
Höhenunterschied beim Aufstieg: 1000 m
Höhenunterschied beim Abstieg: 500 m
Gehzeit: 7 Stunden

Man setzt den Weg längs des Flusses fort, überquert einen Bach (im Umkreis von einigen Stunden die einzige Trinkwasserquelle) und beginnt den Aufstieg. Jenseits eines steilen Engpasses befindet man sich hoch über dem Fluß, und bald ist man auf

Oben: Felder, Klöster und Berge: Die Landschaft bei Padum, wo der Trek nach Lamayuru beginnt, ist eine der charakteristischsten und eindrucksvollsten in ganz Zanskar.
Foto: Earl und Nazima Kowall

Mitte: Die jula, *lange und wackelige Hängebrücken aus Weidenruten, werden immer seltener im Himalaya. Die hier abgebildete Brücke führt bei Pishu über den Zanskar.*
Foto: Earl und Nazima Kowall

Unten: Das kurz nach dem Jahr 1000 gegründete Kloster Karsha ist das größte in Zanskar; es ist berühmt für seine Fresken und die großartigen rituellen Tänze.
Foto: Earl und Nazima Kowall

kleinen Tals führt zum Humana La (4877 m), von dem aus man das breite Lingshed-Tal erkennen kann. Über steiles Gelände steigt man zu einem Bach hinab (3800 m) und überquert ihn; dann zieht sich der Weg zur Anhöhe von Chapskang (4100 m) hinauf und wieder hinunter bis zu einem günstigen Lagerplatz bei einem Bach (4000 m), knapp oberhalb der Häuser und des Klosters von Lingshed.

Oben: Eine Pferdekarawane mit dem Gepäck einer Trekkinggruppe an den kahlen Hängen des Singi La (5060 m). Foto: Earl und Nazima Kowall

Links: Die in einer fruchtbaren Ebene gelegene Ortschaft Photoksar (4100 m) ist der Ausgangspunkt der längsten und mühsamsten Etappe des Treks, die über den Sirsir La und einige ausgesetzte Passagen führt, ehe man zur Oase Franjila gelangt. Foto: Earl und Nazima Kowall

Sechster Tag
von Lingshed zum Fuß des Singi La
Höhenunterschied beim Aufstieg: 950 m
Höhenunterschied beim Abstieg: 450 m
Gehzeit: 5 1/2 Stunden

Der Weg überquert eine Erhebung und erreicht das Kloster von Lingshed (3900 m). Ein nicht übermäßig anspruchsvoller Aufstieg führt um eine Felsrippe herum; danach steigt man zum Nekutsi La (4250 m) auf. Ein Abstieg am Hang entlang und eine erneute Steigung führen nach Chumpado Gongma (3900 m). Man kann gegebenenfalls hier lagern. Danach führt eine steile Steigung zum Kuba La (4400 m), wo man seinen Weg auf halber Höhe fortsetzt. Das Lager kann man etwa eine Wegstunde jenseits des Passes aufschlagen, auf einem Plateau, das von einem Bach durchflossen wird (4500 m).

Siebter Tag
vom Fuß des Singi La nach Photoksar
Höhenunterschied beim Aufstieg: 700 m
Höhenunterschied beim Abstieg: 1100 m
Gehzeit: 8 Stunden

Eine sehr lange Etappe, die zahlreiche Sehenswürdigkeiten und interessante Ausblicke bei der Überquerung des höchsten Passes dieses Treks bietet. Am Anfang des Wegs trifft man in fast ebenem Gelände auf eine Hütte (4550 m), wo man Tee und Verpflegung kaufen kann; man setzt die Wanderung dann bergauf bis zum Singi La (5060 m) fort. Der Pfad verläuft durch die Hänge bis zu einem Tschorten und einer Furt (4300 m), von wo aus man bald den Bumitse La (4450 m) erreicht. Ein steiler Hang führt auf die Ebene von Photoksar (4100 m). Ein für das Nachtlager geeignetes Gebiet liegt etwa eine Viertelstunde weiter talwärts.

Achter Tag
von Photoksar nach Franjila
Höhenunterschied beim Aufstieg: 900 m
Höhenunterschied beim Abstieg: 1600 m
Gehzeit: 7 1/2 Stunden

Noch eine ziemlich lange Etappe, die man jedoch kürzen kann, wenn man die Nacht in der schönen Oase von Hanupatta verbringt. Der 1984 freigegebene und zum Teil in den Felsen gehauene Weg, der den Paß mit Hanupatta verbindet, bietet die Möglichkeit, eine Reihe von Furten zu vermeiden, von denen einige sogar ziemlich gefährlich sind.

Man verläßt den Talgrund und folgt dem Weg in ein einsames Seitental, wo man durch einen steilen Hang bis zum Sirsir La (4900 m) wandert. Danach steigt man zu dem neuen Weg ab, überquert auf einer Brücke (4500 m) den Lauf des Spandang Tokpo und setzt auf halber Höhe den Weg bis zur Oase und zu den Häusern von Hanupatta (4100 m) fort. Das Tal verengt sich allmählich zu einer eindrucksvollen, etwa 3 km langen Schlucht. Zahlreiche Erdrutsche erfordern äußerste Vorsicht. Bei einigen schmalen Felsbändern muß man die Pferde abladen. Am Ausgang der Schlucht befindet sich die Oase von Franjila (3300 m).

Neunter Tag
von Franjila nach Lamayuru
Höhenunterschied beim Aufstieg: 700 m
Höhenunterschied beim Abstieg: 450 m
Gehzeit: 6 Stunden

Der letzte Tag dieses Treks führt zu der Hauptstraße nach Leh und zu einem der interessantesten Klöster Ladakhs. In nicht allzuferner Zukunft wird der Weg wahrscheinlich durch eine Schotterstraße ersetzt werden.

Nachdem man die Häuser von Wanla erreicht hat, geht man an der gleichnamigen Klosterfestung vorbei, die man wegen der schönen Wandmalereien unbedingt besichtigen sollte. Dann steigt man zu den Häusern von Shila hinauf und setzt die Wanderung durch ein steiles Tal zum Prikiti La (3850 m) fort. Der Abstieg zwischen sandigen Hügeln führt zu einem Bach, von dem man rasch nach Lamayuru (3500 m) hinaufgelangt.

Oben: Dahinziehendes Gewölk inszeniert auf den kahlen Hängen bei Lamayuru ein reizvolles Spiel von Licht und Schatten und läßt die farblichen Kontraste der Felsen noch intensiver erscheinen. Foto: Earl und Nazima Kowall

Mitte: Das Kloster von Wanla ist mit schönen Fresken verziert; es ist das letzte, bevor man das Tal des Indus betritt. Foto: Earl und Nazima Kowall

Unten: Das Kloster Lamayuru ist von einer kargen Gebirgslandschaft umgeben. Foto: Earl und Nazima Kowall

AN DEN QUELLEN DES GANGES

Zwei kurze Treks zwischen den Heiligtümern und den heiligen Bergen von Garwhal

"Es ist unmöglich, beim Anblick des trüben Wassers, das aus einer schwarzen Höhle unter einer eindrucksvollen Eiswand am Ende des Gangotri-Gletschers austritt, gleichgültig zu bleiben: Hier beginnt der Ganges, nicht breiter als 10 m, seine 1500 Meilen lange Reise zum Golf von Bengalen, in den er mit zahlreichen Armen mündet, von denen einer eine Breite von 20 Meilen hat. Wenn man sich dann bewußt wird, daß der Fluß von seiner Quelle bis zur Mündung von über 200 Millionen Menschen verehrt wird, die sich in tiefer religiöser Überzeugung in ihm von allen Sünden reinigen und im Anblick des Todes flehen, daß ihre Asche dem Wasser des heiligen Flusses anvertraut wird, dann weiß man: Dies ist ein physikalisches und spirituelles Wunder, wie man es wohl in keinem anderen Teil der Erde findet." Mit diesen Worten erzählte der Alpinist und Forscher Eric Shipton 1934 von den Gefühlen, die ihn bei seiner Ankunft in Gaumukh überkamen. Im Laufe jener und der darauffolgenden Expedition von 1936 hat Shipton einen Weg zu dem wilden Nanda Devi-"Heiligtum" gefunden und zahlreiche Pässe zwischen den Tälern von Badrinath, Gangotri und Kedarnath erforscht. Er hatte sich auf den Nanda Devi und den Dunagiri gewagt und mit zwei Sherpas den Maiktoli, einen eleganten Gipfel von 6765 m Höhe, erreicht. Und doch sollte die Quelle des Ganges mit der bunten Kulisse der Pilger, Heiligtümer und *sadhu* eine seiner lebhaftesten Reiseerinnerungen bleiben. Ähnlich wie Shipton ergeht es vielen Besuchern dieser Täler - den Autor dieser Zeilen nicht ausgenommen. Die dichten, üppigen Tropenwälder, die tosenden Flüsse, die Blüte im Frühling und die herrlichen Ausblicke machen die Täler von Garwhal zu einer der bezaubernsten Regionen des gesamten Himalaya-Gebietes.

Weiter oben, oberhalb der Waldgrenze, wo der schwere Monsunnebel den Himmel verdeckt, erheben sich majestätische Gipfel von außerordentlicher Schönheit, der Nanda Devi, der Changabang, der Dunagiri und der Shivling, der schlanke "Phallus Schiwas", der bis in eine Höhe von 6543 m aufragt.

Aber in diesen Tälern ist die aufregende, wilde Natur wahrlich nicht das einzige interessante Motiv. Zusammen mit dem Kailas und der Eishöhle von Amarnath in Kaschmir sind die oberen Täler von Garwhal die heiligsten Orte für die Hindus. Jedes Jahr strömen Zehntausende von Pilgern aus allen Teilen Indiens zu den Heiligtümern von Gangotri, Badrinath, Yamnotri und Kedarnath. Die *ashram* - der Meditation gewidmete Bauwerke - nehmen diejenigen auf, die ihrer Reise einen tieferen Sinn geben möchten.

Unten: Die schroffe Landschaft und die heiligen Quellen des Garwhal-Himalaya regen die Hindu zum Gebet an. Hier ein in Meditation versunkener sadhu *am Ufer des Ganges, in der Nähe von Gangotri. Foto: Marcello Bertinetti*

Großes Bild: Der Shivling (6543 m) ist mit seinen Felsen und Eisgraten einer der schönsten Gipfel des ganzen Himalaya. Er wurde 1979 von einer kleinen indischen Expedition zum ersten Mal bezwungen. Foto: Lydia Bradey/ Hedgehog House

Die *sadhu*, die hinduistischen Priester, legen eine Meditationsrast auch in Gaumukh ein, wo das Wasser des Ganges rauschend aus dem Gangotri-Gletscher hervorströmt. Der Gletscher zieht sich heute zurück, und das Heiligtum von Gangotri liegt daher jetzt etwa 15 km unterhalb der eigentlichen Quelle. In einer fernen Vergangenheit lag der Tempel, der heute im Stil des 18. Jh. vor uns steht, unmittelbar vor dem Gletschertor. Von hier kann man an einem Wandertag die Wiesen und das angenehme *rest house* von Bhojibash erreichen, von wo man seinen Weg nach Gaumukh und zur Gangesquelle fortsetzt. Eine halbtägige Wanderung auf dem Gletscher führt zu den Weiden von Tapovan, wo sich vor unseren Augen ein herrlicher Ausblick auf den Shivling und die anderen Gipfel des Gebiets ausbreitet.

Aber sehenswert ist nicht nur Gangotri: Von Gaurikund führt ein von Pilgern häufig frequentierter Weg zum Heiligtum von Kedarnath, das dem Kult des Gottes Schiwa gewidmet ist. Schotterstraßen führen zu den Heiligtümern von Badrinath und Yamnotri, die auf jeden Fall einen Besuch verdienen, wenn man der Ethnographie, der Geschichte und der Kultur des Himalaya Interesse entgegenbringt.

Elegant, leicht zu erreichen und häufig bis in unerreichbare Höhen gipfelnd, wurden die Berge Garwhals bereits im vergangenen Jahrhundert erkundet. Bereits 1907 erreichte die von Tom Longstaff angeführte Expedition, die er zusammen mit zwei Bergführern aus Courmayeur, den Brüdern Brocherel, unternommen hatte, den Gipfel des Trisul mit seinen 7120 m Höhe - der allererste Siebentausender, der vom Menschen bezwungen wurde. Die eine der

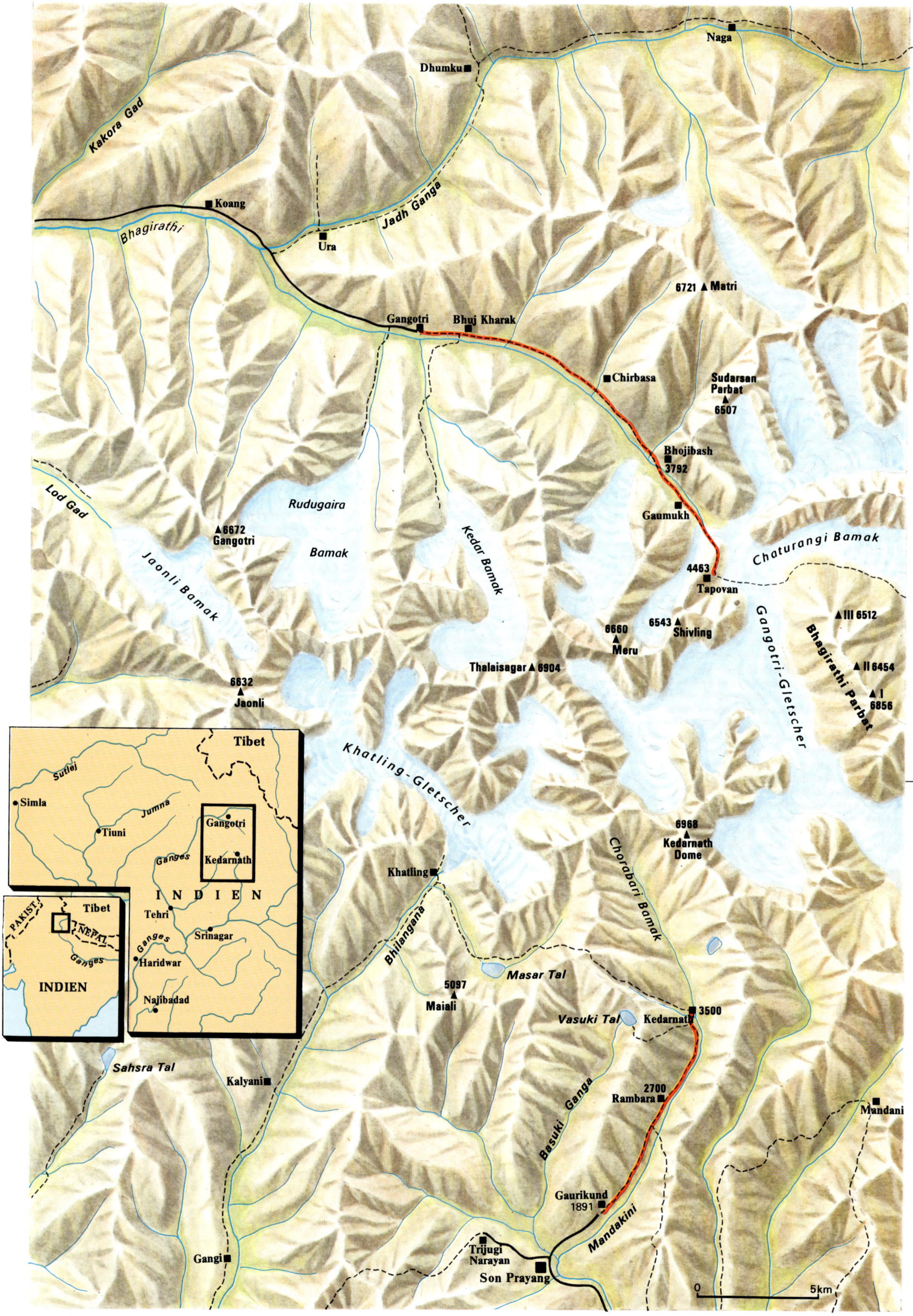
Naga
Dhumku
Kakora Gad
Koang
Jadh Ganga
Bhagirathi
Ura
6721 Matri
Gangotri
Bhuj Kharak
Chirbasa
Sudarsan Parbat 6507
Bhojibash 3792
Gaumukh
Lod Gad
Rudugaira
6672 Gangotri
Bamak
Kedar Bamak
Jaonli Bamak
Chaturangi Bamak
4463
Tapovan
6543 Shivling
6660 Meru
Gangotri-Gletscher
III 6512
Bhagirathi Parbat
II 6454
I 6856
Thalaisagar 6904
6632 Jaonli
Khatling-Gletscher
Tibet
Sutlej
Simla
Jumna
Tiuni
Gangotri
Kedarnath
Ganges
INDIEN
Tehri
Srinagar
Ganges
Haridwar
Najibadad
Tibet
PAKIST.
NEPAL
Ganges
INDIEN
6968 Kedarnath Dome
Chorabari Bamak
Khatling
Bhilangana
Masar Tal
5097 Maiali
Vasuki Tal
Kedarnath
3500
Sahsra Tal
Kalyani
Basuki Ganga
2700 Rambara
Mandani
Gaurikund 1891
Mandakini
Trijugi Narayan
Son Prayang
Gangi
0
5km

NÜTZLICHE INFORMATIONEN

Dauer: Die vorgeschlagene Route besteht aus 2 Treks, von denen der erste 3, der zweite 2 Tage dauert. Aber sowohl Tapovan als auch Kedarnath verdienen mindestens einen zusätzlichen Tag Aufenthalt.
Höhenlage: von 1891 m bei Gaurikund bis zu 4463 m in Tapovan
Jahreszeit: von Mai bis Oktober
Formalitäten: Das Visum für Indien genügt.
Körperliche Belastung: mittel
Ausrüstung: die normale Trekkingausrüstung mit vollständiger Campingausrüstung. Eispickel und Steigeisen sind nicht erforderlich.
Anreise: Das Heiligtum von Gangotri (3048 m) am Ende der Straße, die zu den Quellen des Ganges hinaufführt, erreicht man in 2-3 Tagen von Delhi aus über Rishikesh und Uttarkashi. Nach Gaurikund (1891 m), am Anfang des steilen Aufstiegs nach Kedarnath, gelangt man von Rishikesh über Srinagar, Rudraprayag und das Mandakini-Tal, oder von Uttarkashi über Tehri, Ghansyali und Tilwara.
Führer und Träger: Führer und Träger kann man in Gangotri und Gaurikund finden. Es gibt Trekkingagenturen in Neu-Delhi, aber man kann sich auch an die Hotels in Rishikesh und Utarkashi wenden.
Varianten und Gipfel: Von Tapovan kann man seinen Weg über den Gangotri-Gletscher in Richtung des Basislagers des Satopanth, des Badrinath Peak und der anderen umliegenden Gipfel fortsetzen. Von Kedarnath führt ein schöner Weg längs des Chorabari Bamak zu den Seen Vasuki, Pain und Masuri hinauf.
Notfälle: Die Kürze der Wanderungen, die Vielzahl der Wanderer und die allgegenwärtigen Träger und Lasttiere ermöglichen einen einigermaßen raschen Abtransport von Verletzten.
Trekkingführer: Der beste ist *Trekking in India & Pakistan* von Hugh Swift (Hodder & Stoughton, 1990).
Lektüre: Die Schilderung der Expeditionen von Eric Shipton in Garwhal findet sich in der Erzählung *Nanda Devi* (1936), die in die Sammlung *Eric Shipton - The Six Mountain-Travel Books* (Diadem - The Mountaineers, 1985) aufgenommen wurde.

Auf dem Weg, der von Gangotri nach Gaumukh und zum Gletscher führt, trifft man häufig auf sadhu. Foto: Marcello Bertinetti

Unten: Das mächtige Massiv der Bhagirati ragt hinter dem Gangotri-Gletscher und den Gangesquellen auf. Foto: Marcello Bertinetti

beiden höchsten Spitzen, der Nanda Devi (7817 m), wurde 1936 von Noel Odel und Bill Tilman, die andere, der Kamet (7756 m), 1931 von Frank Smythe, Eric Shipton, R. L. Holdsworth und Lewa Sherpa erstbestiegen. Zwischen 1962 und 1976 führten die Invasion Kaschmirs durch die Chinesen und der darauffolgende Krieg zur Schließung der Grenzen für alle Ausländer. Nach Wiederkehr des Friedens erlebte der Alpinismus im Garwhal einen neuen Aufschwung: Expeditionen erschlossen äußerst schwierige Wege zu den erhabenen Gipfeln des Changabang (6864 m) und des Shivling (6543 m). Dieser und die nicht weit entfernt gelegenen Gipfel des Satopanth, des Kedarnath Dome, des Meru, der Bhagirati und des Thalay Sagar gehören zu den beliebtesten Bergen des Himalaya.

Für den Wanderer ist die Region Garwhal eine der "leichtesten" im Himalaya. Die Anreise von Delhi nach Uttarkashi und zu den Bergen ist schnell und bequem zu bewältigen, die Routen sind kurz und die bürokratischen Formalitäten und die Kosten minimal. Eine erste Besichtigung dieser Orte weckt beim Besucher häufig erst den "Appetit" auf eine längere Trekkingtour. Der abenteuerliche Pfad, der zum Nanda Devi-Heiligtum führt und heute aufgrund der schweren Umweltschäden der 70er Jahre geschlossen ist, wird nach seiner Wiedereröffnung gewiß eines der empfehlenswertesten Ziele des Gebietes sein.

Erster Tag
von Gangotri nach Bhojibash
Höhenunterschied beim Aufstieg: 850 m
Höhenunterschied beim Abstieg: 100 m
Gehzeit: 5 Stunden

Beim Heiligtum von Gangotri schlägt man einen breiten Weg ein, der durch Nadelwälder, Laubwälder und Wälder von Himalajazedern aufsteigt. Man erreicht schließlich das Plateau von Bhojibash (3792 m), wo sich ein staatliches *rest house* befindet, mit herrlichem Ausblick auf die Gruppe der Bhagirati und auf den Sudarsan Parbat, das "Schwert des Krischna", der eine Höhe von 6507 m erreicht.

Zweiter Tag
von Bhojibash nach Tapovan
Höhenunterschied beim Aufstieg: 800 m
Höhenunterschied beim Abstieg: 150 m
Gehzeit: 6 1/2 Stunden

Ein Tag mit zwei Gesichtern; wer sich besonders für die Quellen des Ganges und die Pilger, die dort hinziehen, interessiert, kann ihn problemlos in zwei Etappen aufteilen und in Gaumukh übernachten. Der erste Teil der Wanderung, der etwa 2 Stunden in Anspruch nimmt, läuft auf einem relativ bequem begehbaren, gut gekennzeichneten Weg ab; die Pilger folgen ihm bis zu der Stelle, wo der Fluß Bhagirati das untere Ende des Gletschers verläßt. Dort läßt sich der Großteil der Pilger mit dem *sadhu* nieder. Auf dem mit Moränenschutt übersäten Gletscher wandert man über einen klar sichtbaren Pfad weiter, der durch Fußspuren und Steinmänner gekennzeichnet ist. Nachdem man den unbequemen, mühsam zu gehenden Gletscherweg hinter sich gelassen hat, gelangt

Inmitten einer strengen Gebirgslandschaft empfängt das alte Heiligtum von Gangotri die Pilger, die aus allen Gebieten Indiens eintreffen; hier ist auch der Ausgangspunkt für Expeditionen und Trekkingtouren in diese Gegend. Foto: Marcello Bertinetti

Die heutige Bauform des Heiligtums von Gangotri geht auf das 18. Jh. zurück. Das Gebäude ist von kleinen Hotels, Geschäften und ashram umgeben. Foto: Marcello Bertinetti

Riesige Granitblöcke und schöne Nadelwälder machen den Weg von Gangotri zu den Gangesquellen ausgesprochen angenehm. Foto: Marco Majrani

Der Weg von Gangotri nach Gaumukh ist an einigen Passagen mit Geländern gesichert. Foto: Marco Majrani

man auf die Wiesenebene von Tapovan (4463 m), wo man das Lager aufschlägt. Das einzige Bauwerk der Gegend ist ein verfallener *ashram*, wo man essen und Tee trinken kann. Von hier hat man einen herrlichen Ausblick auf den Shivling, den Meru, den Bhagirati I, II und III wie auf die anderen Spitzen, die das Tal abschließen. Man kann sich länger als nur eine Nacht in Tapovan aufhalten und seinen Weg bis zum Fuß der herrlichen Berge, die den Gangotri-Gletscher umgeben, fortsetzen.

Dritter Tag
von Tapovan nach Gangotri
Höhenunterschied beim Aufstieg: 250 m
Höhenunterschied beim Abstieg: 1650 m
Gehzeit: 7 Stunden

Nachdem man den Ausblick auf die Spitzen genossen hat, die den Gletscher umgeben, überquert man den Gletscher erneut und geht auf dem Weg, den man gekommen ist, nach Bhojibash und Gangotri zurück. Auch diese Etappe kann man mittels einer Übernachtung in Gaumukh oder in Bhojibash gut auf 2 Tage aufteilen.

Vierter Tag
von Gaurikund nach Kedarnath
Höhenunterschied beim Aufstieg: 1650 m
Höhenunterschied beim Abstieg: 50 m
Gehzeit: 7 Stunden

Der lange und mühsame Weg hinauf nach Kedarnath verläuft über einen von vielen Pilgern zu Fuß, auf Eselsrücken oder in Sänften eingeschlagenen Pfad. Der ziemlich breite und steile Weg führt mit einer

Mit ihren vereisten Hängen und Felswänden ziehen die Gipfel des Bhagirati-Massivs jedes Jahr zahlreiche Bergexpeditionen an.
Foto: Marcello Bertinetti

Links oben: Senkrecht abfallende Granitwände und steile Eisrinnen machen den Gipfel des Shivling - des "Phallus Schiwas" - zu einem der elegantesten Berge der Welt.
Foto: Marcello Bertinetti

Links unten: Der Shivling und der Meru bilden den Hintergrund, wenn man über die Moränen des Gangotri-Gletschers zu den Wiesen von Tapovan aufsteigt.
Foto: Marco Majrani

Fast nackt und ohne Schuhe macht sich ein sadhu *mit schnellem Schritt auf den Weg von Gangotri nach Bhojibash, Gaumukh und zur Gangesquelle.*
Foto: Marcello Bertinetti

langen Reihe von Kurven aufwärts. An mehreren Stellen kann man schöne Wasserfälle bewundern. Nach den wenigen Häusern von Rambara (2700 m) führt die letzte steile Strecke direkt zum Heiligtum und zu den anderen Bauwerken von Kedarnath (3500 m). Das Heiligtum Sri Kedar ist auf jeden Fall eine Besichtigung wert. Hat man noch einen oder zwei Tage mehr Zeit, dann lohnt es sich, den Weg längs des Chorabari Bamak zum Masuri Tal fortzusetzen, einem bezaubernden See am Fuß des Kedarnath Dome.

Fünfter Tag
von Kedarnath nach Gaurikund
Höhenunterschied beim Aufstieg: 50 m
Höhenunterschied beim Abstieg: 1650 m
Gehzeit: 4 1/2 Stunden

Die Rückkehr nach Gaurikund erfolgt über denselben Weg; der steile Abstieg ist äußerst mühsam.

Fotos auf dieser Seite: Die in 4300 m Höhe herrschende Kälte und die plötzlichen, vom Monsun gebrachten Schneefälle können Gebet und Meditation nicht stören. Der sadhu Swami Balavan führt hier bei Gaumukh an den Gangesquellen Yoga-Übungen aus. Foto: Marcello Bertinetti

Großes Bild: Ein Schneefall im Sommer macht das Schauspiel an der Quelle des heiligen Ganges, der hier aus der Stirn des Gangotri-Gletschers austritt, noch zauberhafter. Wir befinden uns hier an einem der heiligsten Orte Indiens. Foto: Marcello Bertinetti

RUNDWANDERUNG UM DEN KAILAS

Eine Pilgerfahrt um den heiligen Berg aller vier Religionen des Himalayagebiets

"Schon lange hatten wir keine Gletscher mehr gesehen, doch als wir uns dem Tasamhaus von Barka näherten, lag eine ganze Kette im Sonnenlicht strahlend da. In der Landschaft dominierend war der 7730 m hohe Gurla Mandhata; viel weniger auffallend, aber um so berühmter war der 6700 m hohe heilige Berg Kailas. Einsam stand er in seiner majestätischen Schönheit vor uns, isoliert von der übrigen Himalayakette. Unsere Tibeter warfen sich bei seinem Anblick zu Boden und sprachen ihre Gebete."

"Sicher ist dies einer der schönsten Plätze der Erde. Auch der Manasarowar-See gilt als heilig, und um ihn herum gibt es viele kleine Klöster, in denen die Pilger Quartier finden und ihre Andacht verrichten können. Der Weg um den See wird von vielen Pilgern kriechend zurückgelegt, und sein Wasser in Gefäßen als segenbringendes Heiligtum heimgetragen." So erzählt Heinrich Harrer im Sommer 1944 seine Begegnung mit dem für die tibetischen Buddhisten wie für die Hindus allerheiligsten Gebiet des Himalayas. Der in Graz geborene Harrer bezwang 1938 als erster die Eigernordwand - ein wahrer Mythos des Alpinismus der 30er Jahre. 1939 nahm er an der Expedition zum Nanga Parbat teil, wurde jedoch bei Ausbruch des Krieges von den Engländern in Haft genommen, aus der er zusammen mit Peter Aufschnaiter flüchtete und sich zu Fuß auf den Weg nach Tibet machte. Als er nach unzähligen Abenteuern Lhasa erreicht hatte, wurde er am Hof des Dalai-Lama empfangen, dessen Berater er bis zur chinesischen Invasion 1951 blieb. Von seinen Reiseerzählungen sind die Seiten, auf denen er über die Begegnung mit dem Kailas berichtet, am stärksten mit Emotionen geladen.

Auch heute erfüllt den Wanderer angesichts des heiligen Berges ein tiefes Gefühl, und wenn man längs des *kora*, des 52 km langen Pilgerwegs, um ihn herumgeht, dann ist das mehr als nur eine einfache Wanderung: Man macht Bekanntschaft mit der Geschichte, der Landschaft und dem Glauben Asiens und erlebt ein faszinierendes Abenteuer. Im Herzen des höchsten Gebirgszugs der Erde, weniger als hundert Kilometer von den Quellen der vier wichtigsten Flüsse des Kontinents entfernt - des Indus, des Brahmaputra, des Karnali und des Sutlej -, erreicht der Kailas eine Höhe von 6714 m, und er gehört zu den schönsten und eindrucksvollsten Gipfeln von Tibet. Für den Reisenden ist dies ein wahrlich traumhaftes Ziel, das bis vor wenigen Jahrzehnten noch unerreichbar war, denn die Straßen waren unpassierbar, politische Probleme erschwerten die Einreise, und Straßenräuber machten das Land unsicher.

Aber kein westlicher Besucher war jemals bei der Umwanderung

Der Kailas (6714 m) bietet mit seinen schneegestreiften Felswänden ein herrliches Naturschauspiel. Für die tibetischen Buddhisten wie auch für die Hindu ist dieser herrliche Berg der Mittelpunkt des Universums. Foto: Galen Rowell/ Mountain Light

Links: So legen die frommen Tibeter ihre Pilgerwanderung um den Kailas zurück: Sie messen die Länge des um den heiligen Berg herumführenden Wegs mit dem Körper. Auf diese Weise brauchen sie mindestens 10 Tage, um die ganze Strecke zurückzulegen. Foto: Galen Rowell/ Mountain Light

des Kailas allein. Für die Gläubigen vier verschiedener Religionen ist dieser Berg das höchste Pilgerziel auf Erden. Für die Hindu ist der Kailas die irdische Offenbarung des *Meru*, des "Pfeilers der Welt", um den herum sich das ganze Universum bewegt. Der Gipfel ist das Reich des Gottes Schiwa, der hier zusammen mit seiner göttlichen Gattin Parwati thront. Ein Bad in dem nicht weit entfernt gelegenen Manasarowar-See genügt, damit der Pilger ein Anrecht auf Brahmas Paradies hat, und ein Schluck aus seinem Wasser befreit hundert Menschen von ihren Sünden. Für die tibetischen Buddhisten ist der Kailas seit Jahrhunderten das *Gang Rimpoche* ("Juwel des Schnees"), und im Gefüge der Welt hat dieser Berg eine ähnliche Funktion wie in der Welt der Hindu. Für die Gläubigen der alten Bön-Religion ist der Kailas sowohl der Mittelpunkt des alten, zum Mythos gewordenen Reichs Shang Shung als auch der Ort, wo Shenrab, der Gründer der Sekte, vom Himmel auf die Erde herabkam. Für die Jainas schließlich, die Angehörigen einer Religion aus der Zeit des Buddhismus, ist dieser Berg der Ort, wo der erste Prophet des Glaubens sich von der Sünde befreite, bevor er auszog, um die Religion zu predigen.

Der im Verhältnis zu anderen Himalayagipfeln nicht sehr hohe Kailas verdankt seinen außerordentlichen Zauber seiner regelmäßigen, pyramidenförmigen Gestalt aus Fels und Eis, mit der er im Herzen einer öden Landschaft konkurrenzlos aufragt. Die schroffen, wilden Täler des Lha Chu und des Dzong Chu, die sich an seiner Ost- und Westseite entlangziehen, sind von hohen, eindrucksvollen Granitwänden und von brüchigen, von der Witterung tief eingeschnittenen Sandsteinwällen gesäumt.

Der erste westliche Besucher, der diesen Berg gesehen hat, war 1715 der Jesuit Ippolito Desideri aus Pistoia. Er erkannte im Kailas die *origo Gangis et Indi*, die "Quelle des Ganges und des Indus", die von Athanasius Kircher beschrieben worden war. 1812, mitten im Wettlauf zwischen Großbritannien und Rußland um die Vorherrschaft in Zentralasien, wanderten die Engländer William Moorcroft und Hyder J. Hearsay am Manasarowar-See vorbei. Eine ausführliche Beschreibung des Gebietes wurde 1907 von dem Schweden Sven Hedin angefertigt.

Tausende von Pilgern aus allen Teilen Tibets, Nepals und Indiens ziehen jeden Sommer zum Kailas. Einige legen die ganze Strecke zu Fuß zurück, für andere beginnt der Wer in Darchan, einem Dorf in 4630 m Höhe, das in den milderen Jahreszeiten ständig von einer riesigen Zeltstadt der Pilger umgeben ist. Viele der Gläubigen setzen ihren Weg der Buße um den Manasarowar-See fort,

Die bescheidenen Bauten des buddhistischen Klosters Chhoku, in 4820 m Höhe, kennzeichnen den Abschluß der ersten Etappe des Rundgangs um den Kailas. Hier befindet der Wanderer sich vor der Nordwand des Bergs.
Foto: Cl. Jaccoux/ Agence Freestyle

Links unten: Dieses eindrucksvolle Porträt zeigt einen Pilger am Fuß des Kailas. Für Tausende von Tibetern ist die Pilgerwanderung zu diesem Berg das wichtigste Ereignis ihres Lebens.
Foto: Lorenzo Musso

in dem sich die regelmäßig geformte Eispyramide des Gurla Mandhata spiegelt. Die kräftigeren unter den Tibetern schaffen den Weg rund um den heiligen Berg in zwanzig Stunden oder wenig mehr, also an einem Tag; die meisten jedoch brauchen zwei oder drei Tage dafür. Für die Gläubigsten, die den kora, den heiligen Weg, mit ihrem Körper messen, dauert der Rundgang um den Kailas einige Wochen.

Von überraschender Vielfalt sind auch die Weihgaben, die man überall antrifft: von den Fahnen, die die Tschorten auf dem Paß zieren, bis hin zu den mani, den Steinen mit Inschriften, die man häufig in Tibet und Nepal findet; darüber hinaus Kleider, Zähne und andere ungewöhnliche Gaben. Auch für den skeptischsten und erfahrensten Reisenden ist die Wanderung um den Kailas mehr ein Abenteuer des Geistes als eine Mühe für die Beine.

NÜTZLICHE INFORMATIONEN

Dauer: 3 Tage
Höhenlage: von 4630 m in Darchan bis 5490 m am Drolma La
Jahreszeit: Ende Mai bis Anfang Oktober
Formalitäten: Ein von den chinesischen Behörden ausgestelltes Visum ist erforderlich, und man muß sich, wie überall in Tibet, an eine autorisierte Agentur wenden.
Schwierigkeitsgrad: Keine technischen Probleme; aber aufgrund der beachtlichen Höhenlage und des eisigen Klimas ist einige Vorsicht erforderlich.
Körperliche Belastung: beachtlich aufgrund der Höhenlage (vor allem am Anfang der Strecke). Bevor man die Wanderung antritt, sollte man auf jeden Fall einige Tage in Darchan verbringen.
Ausrüstung: Trekkingausrüstung; ein Zelt ist erforderlich.
Anreise: Darchan (4630 m), eine kleine Ortschaft am Fuß des Südhangs des Kailas, kann man von Lhasa aus in 5-7 Tagen erreichen, an denen man insgesamt 1800 km zurücklegt. Bequemere Zugänge sind entlang der indisch-nepalesischen Grenze bei Kojinath über Purang (herrlicher Ausblick auf den Gurla Mandhata) oder von Kashgar und über den Karakorum Highway möglich.
Führer und Träger: In Darchan kann man Lasttiere (Pferde oder Yaks) mieten und Träger anheuern.
Varianten und Gipfel: Es gibt zahlreiche kurze Varianten um den Hauptwanderweg herum. Die Umwanderung des Manasarowar-Sees erfordert 4 Tage. Hier trifft man auf viele Pilger. Der Gipfel des Kailas ist heilig und demzufolge unerreichbar!
Karten: Die einzige, die das Gebiet des Kailas genau beschreibt, ist eine amerikanische Karte im Maßstab 1:250 000, Serie L 500 NH 44-7 *Manasarovar*.
Trekkingführer: Der beste für den Wanderer ist *Trekking in Tibet* von Gary McCue (Cordee - The Mountaineers, 1991). Außerdem gibt es noch *Tibet - A travel Survival Kit* von M. Buckley (Lonely Planet, 1986).
Lektüre: Nützliche Informationen über Tibet und seinen Glauben findet man in *The Tibet Guide* von Stephen Batchelor (Wisdom Publications, 1987). *Sieben Jahre in Tibet* von Heinrich Harrer (Ullstein, 3. Auflage 1992) schildert die Flucht des Autors nach Lhasa und seinen Aufenthalt an der Seite des Dalai-Lama. Bezaubernd ist auch *A Mountain in Tibet* von Charles Allan (Futura, 1983).

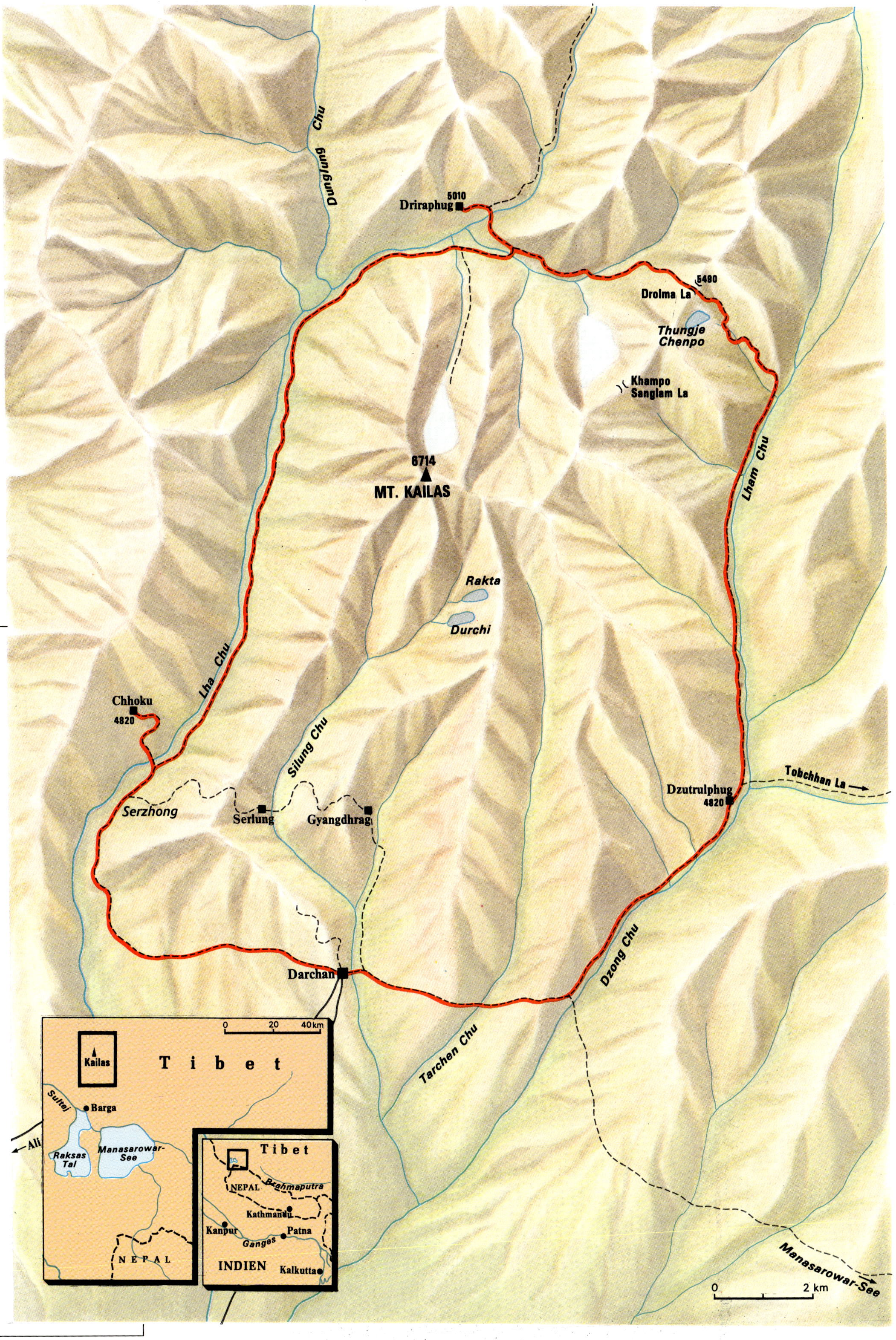

Dunglung Chu
5010
Driraphug
5490
Drolma La
Thungje Chenpo
Khampo Sanglam La
6714
MT. KAILAS
Lham Chu
Rakta
Durchi
Lha Chu
Chhoku
4820
Silung Chu
Tobchhan La
Dzutrulphug
4820
Serzhong
Serlung
Gyangdhrag
Darchan
Dzong Chu
Tarchen Chu
0
20
40 km
Kailas
Tibet
Sutlej
Barga
Ali
Raksas Tal
Manasarowar-See
Tibet
NEPAL
Brahmaputra
Kathmandu
Kanpur
Patna
Ganges
INDIEN
Kalkutta
NEPAL
Manasarowar-See
0
2 km

Ein Tibeter durchquert mit seinem Pony die karge Hochgebirgslandschaft; im Hintergrund die Felswände des Kailas.
Foto: Galen Rowell/ Mountain Light

Erster Tag
von Darchan ins Lha Chu-Tal
Höhenunterschied beim Aufstieg: 480 m
Höhenunterschied beim Abstieg: 200 m
Gehzeit: 4 Stunden

Der *kora*, der heilige Weg um den Kailas, beginnt mit einem breiten, von Steinen eingefaßten Weg durch ein verlassenes Gebiet. Im Süden erscheint nun der Gipfel des Gurla Mandhata. Nach Überwinden eines Moränenkammes - jetzt zeichnet sich der Kailas wieder im Hintergrund ab - befindet man sich über dem engen Lha Chu-Tal, das sich zwischen eindrucksvollen Sandstein- und Konglomeratwänden entlangzieht. Man steigt in das Tal hinab und wandert bis zur Ebene von Serzhong, wo von rechts ein vom Serlung-Kloster kommender Weg einmündet. Jenseits einer langen, von *mani* gebildeten Mauer führt der Weg zu einer Brücke hinab (4710 m) und danach zum Kloster Chhoku hinauf (4820 m). Auf den Hauptweg zurückgekehrt, setzt man seinen Weg in nördlicher Richtung bis zu einer Reihe von

großen Felsen und zu dem ersten Fußabdruck des Buddha fort, der von den Pilgern verehrt wird. Nur wenig später kommt man an ein Lager indischer Pilger, von wo man die Nordwand des Kailas sehen kann. Man sollte sich eine Lagerstelle etwas nördlich von diesem Camp suchen (etwa 4900 m).

S. 87 links: Steinerne Tschorten und Gebetsfahnen in der schroffen Landschaft am Drolma La (oder Tara La), einem 5490 m hohen Paß, dem höchsten Punkt des Treks. Im Hintergrund ragen die vergletscherten Flanken des Kailas auf.
Foto: Lorenzo Musso

S. 87 oben rechts: Eine Trekkinggruppe schlägt das Lager vor der Nordwand des Kailas auf. Aufgrund der großen Höhe ist eine gute Ausrüstung erforderlich, um sich vor der Kälte zu schützen.
Foto: Lorenzo Musso

S. 87 Mitte rechts: Das Kloster Chiu, das von einer Reihe kolossaler Tschorten überragt wird, liegt vor der Südflanke des Kailas, nicht weit von dem Kanal entfernt, der den Manasarowar- mit dem Rakshas-See verbindet.
Foto: Lorenzo Musso

S. 87 unten rechts: Nach dem Rundgang um den Kailas und vor dem Heimweg versorgen sich die Pilger im heiligen Manasarowar-See mit Wasser.
Foto: Cl. Jaccoux/ Agence Freestyle

Mitte: Ein schönes Relief, das in einen glatten Granitblock gehauen ist, verziert einen der recht zahlreichen Tschorten an dem um den Berg herumführenden Weg.
Foto: Lorenzo Musso

Links unten: Dort, wo zwischen den Moränen Felsplatten zu Tage treten, die vom Gletscher glattgehobelt worden sind, haben die Gläubigen Gebetssprüche wie diesen eingeritzt.
Foto: Galen Rowell/ Mountain Light

Zweiter Tag
vom Lha Chu-Tal zum Kloster Dzutrulphug
Höhenunterschied beim Aufstieg: 600 m
Höhenunterschied beim Abstieg: 680 m
Gehzeit: 5 Stunden

Der zweite Tag, der aufgrund der steilen Geröllhänge vor und nach dem Drolma La und aufgrund der Höhenlage des Bergpasses lang und mühsam gerät, bietet die

aufregendsten Momente des gesamten Treks um den Kailas. Man bricht am Hauptweg auf und erreicht an einer Abzweigung das Driraphug-Kloster (5010 m). Man überquert den Bach erneut und steigt mühsam über eine steile Moräne auf, überquert eine letzte Wiesenstufe und erreicht ein von Weihgaben übersätes Gebiet. Jenseits eines Steins, der als Fußabdruck des Milarepa verehrt wird, geht man die letzte, anstrengende Reihe von Kehren an, die dem Drolma La (5490 m) vorausgehen; dort wehen viele bunte Gebetsfahnen. Der Weg führt dann zum Thungje Chenpo-See hinunter und zieht sich zwischen Granitfelsen bis in ein Weidegebiet fort. Dann führt er am Bachufer entlang, überwindet einen Bergkamm und erreicht das Kloster Dzutrulphug (4820 m), in dessen Nähe man das Lager aufschlagen kann.

Dritter Tag
vom Kloster Dzutrulphug nach Darchan
Höhenunterschied beim Aufstieg: 50 m
Höhenunterschied beim Abstieg: 250 m
Gehzeit: 3 Stunden

Der dritte, kurze und angenehme Tag unserer Wanderung am Kailas führt zum großen Teil durch das Dzong Chu-Tal. Man bricht an dem weiten, ebenen, von senkrechten Sandsteinwänden beherrschten Weg auf, durchquert eine enge Schlucht und betritt die Ebene von Barka, wo sich im Hintergrund die Gipfel des indischen Himalaya abheben. Man läßt einen zum Manasarowar-See führenden Pfad links liegen und kehrt über den Hauptweg rechts nach Darchan zurück.

ZUM "ANNAPURNA-HEILIGTUM"

Am Fuß der großartigen
Südwand des ersten vom
Menschen bezwungenen
Achttausenders

Auf dieser Teleaufnahme kann man die vom Eis gestalteten Arabesken und die eindrucksvollen

Schneewächten des Annapurna Süd (7219 m) in allen Details erkennen. Foto: Earl und Nazima Kowall

Kleines Bild: Gleich hinter der Mulde des "Heiligtums" ragt der Annapurna Süd in seiner ganzen Großartigkeit auf.

Hier schlagen Expeditionen an die Südwand ihr Basislager auf. Foto: Marco Majrani

"Der Annapurna steht im Mittelpunkt einer der eindrucksvollsten Bergkulissen der Welt. Der Modi Peak erscheint vom Heiligtum aus betrachtet uneinnehmbar. Steile, runzelige Rillen führen zu den Gipfelhängen, die von Eisvorsprüngen überzogen sind, die die kleinen Menschen, die sich auf die darunterliegenden Hänge wagen, zu erdrücken drohen. Die Wand zwischen den beiden Bergen ist von Eisrinnen überzogen, die harmonisch zwischen Felsenausläufer und scharfe Kanten eingebettet sind. Der turmbewehrte Kamm wird vom *Fang* beherrscht, einer Felsspitze aus schwarzem, bedrohlich und abstoßend aussehendem Gestein, die dem Reißzahn eines Wolfes ähnelt". So beschrieb der britische Bergsteiger Chris Bonington im Zuge der erfolgreichen Expedition von 1970 auf die Südwand des Annapurna das Schauspiel, das sich ihm am "Annapurna-Heiligtum" bot. Jener Aufstieg sollte im Himalaya-Alpinismus neue Zeichen setzen.

Aber der großartige Anblick der gewaltigen Felswand kann auch von dem einfachen Himalaya-Wanderer genossen werden. Das ist einer der Gründe dafür, warum das Trekking an den Fuß des Annapurna in den letzten Jahrzehnten so populär geworden ist. Das "Heiligtum", die Mulde am Fuß des Bergs, ist keine traditionelle Kultstätte, sondern verdankt seinen Namen den ersten Besuchern des Gebietes - so beeindruckt waren sie von dem außerordentlichen Schauspiel des Annapurna I, Annapurna III, des Fang, des Modi Peak und der anderen Gipfel, die diese Mulde in 4000 m Höhe beherrschen. Mit seinen Moränen, Eisfeldern, den unerwartet auftretenden Schneestürmen ist das Heiligtum die Endstation für die Mehrzahl der Trekker in diesem Gebiet; aber man sollte sich hier wenigstens einen oder zwei Tage gönnen, um die Landschaft in sich aufzunehmen - so wie ihre Schönheit es verdient. Gut ausgerüstete und an diese Höhenlagen gewohnte Wanderer können den Aufstieg bis an den Rand der Gletscher wagen. Bergsteigern steht hier der Tent Peak (oder Tharpo Chuli) zur Verfügung, eine elegante, mit Schnee überzogene Spitze mit einer Höhe von 5633 m, die in die Liste der *trekking peaks* aufgenommen wurde und somit ohne bürokratische Probleme erklommen werden kann.

Schon von der Ebene von Pokhara aus zeigt sich die Südwand des Annapurna, flankiert vom Dhaulagiri und vom Machapuchare, in ihrer ganzen, imposanten Eleganz. Aber nicht nur die Felsen und Eisfelder des Hochgebirges machen dieses Gebiet so bezaubernd. Etwas tiefer, etwa auf 3000 m, kennzeichnet die vom Machapuchare und vom Hiunchuli beherrschte enge Felsenschlucht die Grenze zwischen den kargen Weidegebieten und den Hochgebirgsmoränen mit ihrem dichten, üppigen Bewuchs aus Rhododendren, Farnen, Bougainvilleas und Bambus, wo auch Hunderte verschiedener Orchideenarten gedeihen und der den gesamten Südhang des Massivs überzieht. Hier, auf dem von Pokhara und Ghandrung hinaufführenden Weg, kann man im Wald das Geschnatter der Affen hören, im Schlamm die Spuren eines Leoparden entdecken und die unzähligen seltenen und eleganten Vögel beobachten.

Wie in den anderen Gebieten Nepals wurde die Umwelt auch am Fuß des Annapurna vom Menschen verändert: Wälder wurden abgeholzt, um Baumaterial zu gewinnen und Platz für Felder und Dörfer zu schaffen; die steilen Hänge wurden in regelmäßige Terrassenhänge mit Hirse- und Roggenfeldern verwandelt, Wege und Brücken wurden gebaut.

Für die Gurung, die stolzen Hindu-Gebirgsmenschen dieser Täler, sind die eleganten Gipfel ein Pantheon von Schutzgöttern. Der Annapurna trägt den Namen "Göttin der Fülle". Der Machapuchare, der schöne Siebentausender mit seinem unverwechselbaren Doppelgipfel, wird besonders verehrt.

Auf den Wegen aber kann man sehen, welch schwerwiegenden Einfluß der Fremdenverkehr in diesem Gebiet hat. In den 25 Jahren, die seit der Expedition von Bonington vergangen sind, haben sich die Trekker auf den Pfaden zum Annapurna-Heiligtum von wenigen Hunderten auf über 10 000 pro Jahr vermehrt. Das hat Einkommen und Arbeitsplätze für Träger, *sirdar*, Hoteliers und Teehausinhaber geschaffen; es hat aber auch zu Umweltverschmutzung, zur Distanzierung von den traditionellen Werten und der alten Kultur sowie zum Neid unter den Gurung geführt: zwischen denen, die noch nicht von dem Segen des Tourismus profitieren, und denen, die seine Vorzüge bereits genießen.

Um diese Probleme zu lösen, wurde 1986 im Gebiet um den Annapurna das größte Naturschutzgebiet Nepals eingerichtet. Die *Annapurna Conservation Area* schließt auch die Täler des Marsyandi und des Kali Gandaki ein, und man hat sich zum Ziel gesetzt, die Gegenwart des Menschen - die Vielzahl der Trekker und die ständig zunehmende Bevölkerung - mit dem Schutz der außerordentlichen Naturlandschaft dieses Gebietes in Einklang zu bringen. Kleinst-Elektrizitätswerke, Aufforstungsgebiete und periodische Säuberungsaktionen sind nur ein Teil dieser Bemühungen, die von verschiedenen internationalen Stiftungen und von den Abgaben der Trekker und Bergsteiger mitfinanziert werden.

Unten: Am Endes des langen und anstrengenden Aufstiegs von Hinko aus belohnt der Ausblick auf die Südwand des Annapurna den Trekker mit einem der schönsten Naturschauspiele des nepalesischen Himalaya. Foto: Earl und Nazima Kowall

Folgende Doppelseite: Der Machapuchare (6993 m), eine der elegantesten Spitzen des Annapurna-Massivs, ist für die Einwohner der Dörfer in der Gegend ein heiliger Berg. Als Zeichen des Respekts beendete die erste Expedition auf den Berg ihren Aufstieg 50 m unterhalb des Gipfels. Foto: Galen Rowell/ Mountain Light

Es ist wichtig, daß Initiativen wie diese sich immer mehr verbreiten - auch in anderen Gebieten des Himalaya und des Karakorum.

NÜTZLICHE INFORMATIONEN

Dauer: 10 Tage Wanderung auf der Basisroute; es wird aber empfohlen, der Besichtigung des Heiligtums einen oder zwei Tage zu widmen und eventuell den kurzen Abstecher nach Ghorapani mit seinen herrlichen Ausblicken auf den Dhaulagiri hinzuzufügen.
Höhenlage: zwischen 900 m in Pokhara und 4100 m beim Heiligtum
Jahreszeit: von März bis Mai und von Ende September bis Ende November
Formalitäten: Es ist ein *trekking permit* erforderlich, den man in Kathmandu erhält.
Schwierigkeitsgrad: keine Schwierigkeiten. Man beachte lediglich, daß Schneefälle im Gebiet des Heiligtums in jeder Jahreszeit auftreten können. Besondere Vorsicht erfordern die schlammigen Streckenabschnitte sowie die Hänge, die zur Grotte von Hinko hinaufführen: Dort besteht die Gefahr von Erdrutschen.
Körperliche Belastung: zunächst mittel, gegen Ende des Treks hoch aufgrund der Höhenlage.
Ausrüstung: normale Trekking-Ausrüstung. Das Zelt sollte mitgeführt werden für den Fall, daß andere Schlafmöglichkeiten belegt sind (was häufig vorkommt); außerdem kann man so die Schönheiten des Annapurna-Heiligtums optimal genießen.
Anreise: Pokhara erreicht man von Lhasa aus in einer Flugstunde oder in 7-8 Stunden mit dem Geländewagen.
Führer und Träger: Trekkingagenturen gibt es in Kathmandu und Pokhara. Es ist nicht schwer, Träger direkt am Anfang des Weges oder in den Gurung-Dörfern Birethanti, Ghandrung und Chomro anzuheuern.
Varianten und Gipfel: Es wird empfohlen, von Chandrakot aus den Umweg über Ghorapani zu machen, um dann in Ghandrung auf den Hauptweg zurückzukehren (2 Tage mehr). Der Aufstieg zum Tent Peak (5633 m) ist interessant, aber nicht ganz einfach.
Karten: Man kann versuchen, sich ein Exemplar der amerikanischen Karte 1:250 000 NG - 4416 *Pokhara* zu beschaffen; die einfachste Lösung sind die Mandala Maps, die ziemlich primitiv, aber überall in Nepal zu finden sind.
Trekkingführer: Routenbeschreibungen von Touren im Annapurna-Gebiet (die allerdings nicht besonders detailliert sind) finden sich im *Nepal-Handbuch* von T. Wheeler und R. Everist (Verlag Gisela E. Walter, 1992). Informationen zur Region bietet der *APA Guide Nepal*, hrsg. v. L. Choegyal (Reise- und Verkehrsverlag, 1994).
Lektüre: Die Schilderung der Erstdurchsteigung der Steilwand, die sich über das Heiligtum erhebt, findet man in dem Buch *Annapurna South Face* von Chris Bonington (Cassell, 1971).

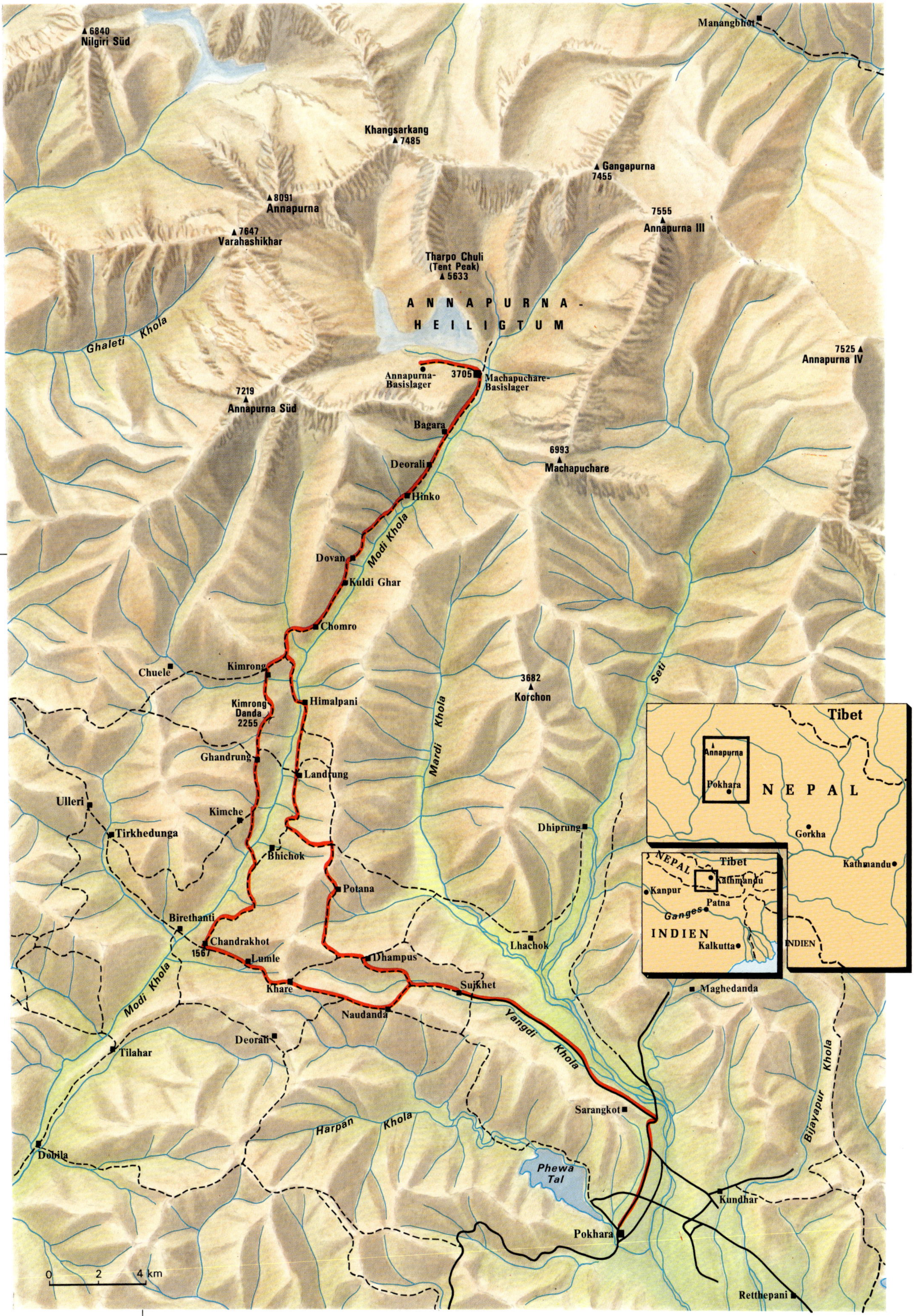

6840
Nilgiri Süd
Manangbhot
Khangsarkang
7485
Gangapurna
7455
8091
Annapurna
7647
Varahashikhar
7555
Annapurna III
Tharpo Chuli
(Tent Peak)
5633
ANNAPURNA-
HEILIGTUM
Ghaleti Khola
7525
Annapurna IV
Annapurna-
Basislager
3705
Machapuchare-
Basislager
7219
Annapurna Süd
Bagara
6993
Machapuchare
Deorali
Hinko
Modi Khola
Dovan
Kuldi Ghar
Chomro
Kimrong
Chuele
3682
Korchon
Seti
Himalpani
Kimrong
Danda
2255
Mardi Khola
Ghandrung
Landrung
Ulleri
Kimche
Tirkhedunga
Dhiprung
Bhichok
Potana
Birethanti
Chandrakhot
1567
Lumle
Dhampus
Lhachok
Khare
Sujkhet
Naudanda
Yangdi Khola
Maghedanda
Modi Khola
Deorali
Tilahar
Sarangkot
Harpan Khola
Bijayapur Khola
Dobila
Phewa
Tal
Kundhar
Pokhara
0
2
4 km
Retthepani
Tibet
Annapurna
Pokhara
NEPAL
Gorkha
Kathmandu
NEPAL
Tibet
Kathmandu
Kanpur
Patna
Ganges
INDIEN
Kalkutta
INDIEN

Erster Tag
von Pokhara nach Chandrakhot
Höhenunterschied beim Aufstieg: 600 bzw. 800 m
Höhenunterschied beim Abstieg: 100 m
Gehzeit: 3 1/2 bzw. 5 1/2 Stunden

Der Sonnenaufgang am Annapurna, von Pokhara und von den Ufern des Phewa Tal, des Sees direkt vor der Stadt, aus gesehen kommt einer Einladung gleich, sich sofort auf den Weg in die Berge zu machen.

Eine normalerweise mit dem Auto befahrbare Piste führt durch das ebene Tal des Yangdi Khola bis zur Ortschaft Suikhet mit ihren Reisfeldern (1100 m, 2 Stunden zu Fuß von Pokhara).

Von hier schlängelt sich ein Pfad durch den Wald zum Kamm hinauf, wo sich die Häuser von Naudanda (1463 m) befinden, ein weiterer herrlicher Aussichtspunkt vor dem Massiv des Annapurna. Auf demselben, leicht ansteigenden Kamm gelangt man zu den Häusern von Khare (1707 m), von wo man zu dem landwirtschaftlichen Forschungszentrum von Lumle und sodann nach Chandrakhot (1567 m) absteigt, einer großen Ortschaft oberhalb des tiefen Tals, in dem der Modi Khola fließt.

Zweiter Tag
von Chandrakhot nach Ghandrung
Höhenunterschied beim Aufstieg: 700 bzw. 1000 m
Höhenunterschied beim Abstieg: 200 bzw. 500 m
Gehzeit: 4 bzw. 5 1/2 Stunden

Die nicht sehr solide Brücke über den Modi Khola in Höhe von Sholebhati, die häufig vom Frühlings-Hochwasser weggerissen wird, zwingt dazu, beide Wege nach Ghandrung in Betracht zu ziehen. Befindet sich die Brücke in gutem Zustand, kann man auf halber Höhe bis nach Phaktiklet (1448 m) wandern und von hier zur Brücke hinuntersteigen, über die man nach Sholebhati gelangt. Ist die Brücke von Sholebhati nicht begehbar, dann schlägt man die breite Piste ein, die von Chandrakhot nach Birethanti (1037 m) führt, einem großen Dorf mit vielen kleinen Hotels und Teehäusern in der Nähe einer Eisenbrücke über den Modi Khola. Der Weg längs des orographisch rechten Ufers führt nach Sholebhati, von wo aus man den Weg in Richtung von Kimche (1646 m) und der großen Ortschaft Ghandrung (2073 m) fortsetzt. Die Ortschaft mit ihren zahlreichen Gurung-Häusern verdient eine aufmerksame Besichtigung.

Dritter Tag
von Ghandrung nach Chomro
Höhenunterschied beim Aufstieg: 300 m
Höhenunterschied beim Abstieg: 350 m
Gehzeit: 4 1/2 Stunden

Eine wahre Berg- und Taltour, auf der man nicht an Höhe gewinnt, führt zu der tiefen Schlucht des Modi Khola und an den Anfang der Steigung zum Annapurna-Heiligtum.

Nachdem man Ghandrung hinter sich gelassen hat, überwindet der Pfad einen Bach und steigt dann zum Kimrong Danda-Paß (2255 m) hinauf, von wo man in das tiefe Tal des Kimrong Khola absteigt. Die gleichnamige Siedlung im Talgrund (1845 m) erreicht man nach der Überquerung eines Baches. Eine weitere Steigung führt zu einer Abzweigung (2185 m), wo man seinen Weg geradeaus fortsetzt. Man steigt noch ein Stück weiter auf und wandert dann über eine nicht sehr abschüssige Strecke bis nach Chomro (Chomrong, 2030 m) hinunter.

Der Flug nach Pokhara bietet einen herrlichen Ausblick auf die Berghänge und den Flickenteppich der Felder. Foto: Earl und Nazima Kowall

Eine primitive Karte an der Wand eines Teehauses zeigt den Weg zum Annapurna-Heiligtum. Foto: Earl und Nazima Kowall

In den Gurung-Dörfern läuft das Leben heute noch genauso ab wie vor Jahrhunderten. Foto: Earl und Nazima Kowall

Vierter Tag
von Chomro nach Kuldi Ghar
Höhenunterschied beim Aufstieg: 500 m
Höhenunterschied beim Abstieg: 170 m
Gehzeit: 3 1/2 Stunden

Nachdem man Chomro durchquert hat, führt der Weg hinunter und über den Chomro Khola (1890 m), dann zu den wenigen Häusern von Kilche (2042 m) hinauf, wo er in ein feuchtes Tal einzieht. Der Pfad führt zu einer kleinen Ortschaft (2325 m), zu den Häusern von Tibesa (2455 m) und dann in einen herrlichen Wald aus Rhododendren, Eichen und Bambusstauden. Eine in den Felsen gehauene Treppe führt zu den wenigen Häusern von Kuldi Ghar (2400 m).

Fünfter Tag
von Kuldi Ghar nach Hinko
Höhenunterschied beim Aufstieg: 800 m
Höhenunterschied beim Abstieg: 50 m
Gehzeit: 5 Stunden

Dieser Tag beginnt auf einem häufig schlammigen Weg, der einen Hang hinaufführt, an dem hier und da plötzliche Erdrutsche auftreten können.

Man bricht an einem schönen, gepflasterten Saumpfad auf, der zu einer Schafzucht führt und dann durch ein feuchtes, sehr häufig schlammiges Gebiet aufsteigt; den Hintergrund bildet der Gipfel des Annapurna III. Durch den dichten Bambuswald erreicht man eine Lichtung mit einem kleinen Gebäude (2345 m), dann das kleine Hotel von Dovan (2605 m). Zwischen Bambuspflanzen und riesigen Rhododendren hindurch steigt man zur kleinen Felsenschlucht von Deorali (2730 m) und zu dem Heiligtum Panchenin Barha hinauf, wo das heilige Gebiet am Fuß des Berges beginnt. Gemäß der Tradition der Gurung darf man oberhalb dieser Stelle weder Hühner-, Büffel oder Schweinefleisch noch Eier zu sich nehmen, um nicht den Zorn der Götter des Berges herauszufordern. Nachdem man eine Lichtung überquert hat, kommt man an einem weiteren, kleinen Hotel vorbei (Himalaya Lodge, 2875 m). Der Wald lichtet sich etwas, und, weiterhin bergauf wandernd, erreicht man den Felsen von Hinko (3140 m), der einen natürlichen Schutz bildet.

Bei Sonnenuntergang hat man von Chomro aus einen herrlichen Ausblick auf den markanten Doppelgipfel des Machapuchare. Foto: Earl und Nazima Kowall

Oben: Das Gurung-Dorf Chomro (2030 m) am Anfang der mühsamsten Strecke des Treks. Im Hintergrund der Annapurna Süd. Foto: Earl und Nazima Kowall

Sechster Tag
von Hinko zum Annapurna-Heiligtum
Höhenunterschied beim Aufstieg: 1100 m

Ein langer Tag, den man zur besseren Akklimatisierung in zwei Etappen aufteilen kann. Man verbringt dann die Nacht am Machapuchare-Basislager. Nach andauernden Regenfällen kann es zu Erdrutschen kommen, die den gesamten Talgrund verwüsten.

Man beginnt die Wanderung an einem Weg, der schon nach kurzer Zeit an den Lauf des Modi Khola führt. Den Steinmännern folgend, geht man flußaufwärts; man kommt an den kleinen Hotels von Deorali (3230 m) und Bagara (3300 m) vorbei. Sehr schön ist von hier der Ausblick auf die Wände des Gangapurna. Eine ziemlich anstrengende Strecke bergauf führt zu dem Plateau, auf dem das Machapuchare-Basislager steht (3705 m), am Eingang zum Heiligtum, wo sich mehrere kleine Hotels befinden. Der Weg führt dann weiter durch ein kleines Moränental und schließlich hinauf zum Moränenkamm (4100 m, kleine Hotels und Teehäuser), wo sich das südliche Basiscamp des Annapurna befindet. Man kann das Zelt in der Nähe aufschlagen, kann seinen Weg

Der Gandhrava Chuli (6248 m) ist einer der niedrigeren Gipfel beim Heiligtum; dennoch wirkt er mit seinen Graten, Rinnen und Eisstufen eindrucksvoll. Foto: Earl und Nazima Kowall

Unten: Der Reisanbau auf Terassenfeldern ist eines der Merkmale dieser Täler. Wir befinden uns hier bei Lakne, in der Nähe von Dhampus. Foto: Earl und Nazima Kowall

aber auch so weit wie möglich auf der Moräne fortsetzen. Herrlich ist der Ausblick auf die Südwand des Annapurna, auf die Felswände des Hiunchuli, des Fang, des Annapurna III und des Machapuchare.

Siebter Tag
vom Annapurna-Heiligtum nach Hinko
Höhenunterschied beim Abstieg: 1100 m

Der Rückweg an den Modi Khola, zu den Gurung-Dörfern und nach Pokhara führt über die abschüssige, schnelle Strecke des Hinwegs. Bei Regen muß man wegen der Bergrutsche, aber auch wegen des glitschigen Schlammwegs vorsichtig sein.

Achter Tag
von Hinko nach Chomro
Höhenunterschied beim Aufstieg: 220 m
Höhenunterschied beim Abstieg: 1300 m
Gehzeit: 6 Stunden

Man setzt die Wanderung auf dem bereits bekannten Weg fort. Bei den Feldern und den soliden Gurung- Häusern von Chomro verläßt man die Schlucht. Ein Anblick des Friedens und der Ruhe nach der strengen Atmosphäre des Heiligtums!

Neunter Tag
von Chomro nach Dhampus
Höhenunterschied beim Aufstieg: 250 m
Höhenunterschied beim Abstieg: 570 m
Gehzeit: 7 Stunden

Eine lange, ziemlich mühsame Etappe, die anfangs der Strecke des Hinwegs folgt und dann über Felder und Dörfer am linken Ufer des Modi Khola entlang bis zu der großen Ortschaft Dhampus führt. An der Kreuzung (2240 m) zweigt man links über einen abschüssigen Kamm ab und gelangt zu der Ortschaft Jinu (1760 m). Der Weg führt weiter bis zu einer Brücke (1600 m) über den Khumnu Khola. Über einen durch den Wald auf- und absteigenden Abschnitt erreicht man Himalkyo (1539 m) und die nahe Hängebrücke über den Modi Khola. Auf der anderen Flußseite setzt man den Weg durch den Wald fort bis nach Chure und dem nicht weit davon entfernten Wasserfall. Jenseits einer weiteren Brücke klettert man bis zu dem Pfad hinauf, der nach Landrung (1768 m) führt. Nach der nicht weit entfernten Ortschaft Medi (1813 m) verläuft der Weg weiterhin auf und ab. Nach Passieren eines großen Bergrutsches betritt man das Tal des Hirsung Khola, wo man bis zu einem Paß (2156 m) hinaufwandert. Der klar sichtbare Weg bergab führt nach Potana (2034 m) und dann nach Dhampus (oder Dhumpus, 1768 m).

Zehnter Tag
von Dhampus nach Pokhara
Höhenunterschied beim Abstieg: 670 bzw. 870 m
Gehzeit: 2 1/2 bzw. 4 1/2 Stunden

Die abschließende Etappe des Treks ist kurz und stellt keine besonderen Anforderungen. Nachdem man Dhampus verlassen hat, gelangt man nach Hyenja, wo sich die Ruinen eines mittelalterlichen Festungsbaus befinden. Man setzt seinen Weg bis zur Ortschaft Astam (1402 m) fort. Eine letzte Strecke bergab führt nach Suikhet, von wo aus man den Weg nach Pokhara zu Fuß (2 Std.) oder mit dem Auto fortsetzt.

Großes Bild: Einige Träger mit schwerem Gepäck vor der Kulisse der Hänge des Annapurna Süd. Foto: Galen Rowell/ Mountain Light

IM ANNAPURNA-GEBIET

Eine herrliche Wanderung durch
Manang, über den Thorong La
und durchs Kali Gandaki-Tal

Ein Trekker überquert, gut gegen den Wind und die Kälte gerüstet, die sanften Hänge in der Gegend des Thorong La, des mit 5416 m höchsten Punkts des Treks. Foto: Galen Rowell/ Mountain Light

Die Stufen scheinen nie enden zu wollen. Stein auf Stein, Schneefeld auf Schneefeld ist der Aufstieg zum Thorong La geradezu eine Übung in Meditation und geduldigem Ausharren. Schließlich wird das Gelände flacher. Die Landschaft öffnet sich plötzlich in Richtung auf den Dhaulagiri und die Berge von Mustang. Die letzten Schritte legen wir auf fast ebenem Boden zurück, bis zu dem großen Tschorten des Passes, wo Hunderte vom Wind zerrissener Gebetsfahnen flattern.

Von den zahlreichen hohen Pässen Nepals ist der Thorong La wohl der einzige, der eine Art Grenze bildet, an der sich zwei Welten berühren. Hinter dem Wanderer, der den klassischen Trekkingpfad eingeschlagen hat, liegt das endlose Tal des Marsyandi Khola, bahnen sich die schroffen Schluchten zwischen Bahundanda und Chame ihren Weg durch die Felsen, zieht sich das weite, herrliche Tal von Pisang und Manang hin, von den Gipfeln des Annapurna überragt. Gegenüber, am Fuß der steilen, mühevoll zu erklimmenden Hänge im Westen, erwarten den Trekker das außerordentlich interessante Juwala Mapa-Heiligtum Muktinath, der von Wasser und Feuer gekennzeichnete "Tempel des wundersamen Feuers", ferner das strenge Kagbeni, wo der alte Weg nach Muktinath beginnt, sowie die schönen Schluchten, wo der Kali Gandaki sich seinen Weg zwischen dem Dhaulagiri und dem Annapurna bahnt.

Die lange, spektakuläre Wanderung am Annapurna wurde bereits in den frühen 80er Jahren in den kleinen Kreis der schönsten und interessantesten Trekkingrouten des Himalaya aufgenommen. Das Manang-Tal war bis zu jenen Jahren nur von einer Handvoll ausländischer Reisender besucht worden. Unter ihnen befand sich 1950 Maurice Herzog, Leiter der französischen Expedition auf den Annapurna. Er war in das Manang-Tal abgestiegen und fand dort nur ein schläfriges Bergdorf, in dem man praktisch keine Lebensmittel kaufen konnte.

Nach der Freigabe dieses Gebiets für die Trekkingfreunde fand eine außerordentliche Wandlung statt. Der Ruhm des Annapurna, die abwechslungsreiche Landschaft, das interessante Muktinath und der Kali Gandaki haben Tausende westlicher Besucher hierher an den Marsyandi gezogen. Angesichts dieses ganz unerwarteten Menschenstroms haben die Einwohner von Manang, Pisang, Braga und der anderen Ortschaften des Tals kleine "lodges", Läden und *tea-shops* eröffnet; ihre Lebensgewohnheiten haben sich grundlegend geändert, ohne jedoch den ursprünglichen Charakter dieser der extremen Schwierigkeiten im Himalaya-Alpinismus, als sie die eindrucksvolle Südwand des Bergs bezwangen, eine 2500 m hoch aufragende Mauer aus Fels.

Aber der Ruhm des Annapurna beruht nicht nur auf den Abenteuern der Bergsteiger. Weiß und würdevoll erhebt sich der Berg in den Himmel und schließt, wie ein Zeichen göttlicher Gunst, die Ebene von Pokhara und die Tiefebenen des westlichen Nepals ab. Im Süden wurde der Berg stets als die "Göttin der Fülle" verehrt, und der Gipfel spielt wirklich eine ausschlaggebende Rolle, denn er bestimmt das Klima aller umliegenden bastion, aber stets aus einer gewissen Entfernung.

Der Annapurna ist nicht die einzige Attraktion dieses Wanderweges. Im Laufe der dreiwöchigen Wanderung treten weitere Akteure auf die großartige Bühne vor den Augen der Betrachter: der Gangapurna, der Annapurna II und der Annapurna IV, und schließlich der Dhaulagiri, dessen erhabene Imposanz den Wanderer auf der Karawanenstraße am Kali Gandaki beeindruckt. Und mehr als auf anderen Wanderrouten des Himalaya fasziniert hier die Vielfalt der verschiedenen Volksstämme, der Kulturen und der Niederlassungen

Die eleganten, schneebedeckten Grate des Dhaulagiri (8167 m) stehen in reizvollem Kontrast zu den steilen Felswänden. Foto: Earl und Nazima Kowall

S. 101: Der Gangapurna mit seinen vom Wind modellierten Eiswänden erstrahlt im ersten Morgenlicht. Foto: Galen Rowell/ Mountain Light

Gegend, die außerhalb der Zeit zu existieren scheint und lange von den nach Tibet ziehenden Karawanen durchzogen wurde, zu verändern.

Der Hauptdarsteller auf der Reise nach Süden ist der Annapurna, die Eispyramide, die dem Mount Everest den Titel des bekanntesten Gipfels im Himalaya streitig macht. Dafür gibt es viele Gründe. Der Annapurna wurde 1950 zum ersten vom Menschen eroberten Achttausender. Die Aufnahmen vom schwierigen Rückzug der erfolgreichen französischen Expedition, als Louis Lachenal und Maurice Herzog aufgrund schwerer Erfrierungen huckepack vom Berg heruntergetragen werden mußten, gingen um die Welt. Zwanzig Jahre später, im Jahre 1970, begann mit der von Chris Bonington angeführten britischen Expedition das Kapitel Täler. Er bildet eine schützende Barriere gegen die feuchten Strömungen der Monsunregen; deshalb herrscht in den Tälern des Kali Gandaki und von Manang ein trockenes Klima - anders als im feuchten, regnerischen Pokhara. Jenseits von Kagbeni weisen die Täler und Anhöhen von Mustang bereits auf die Dürre und Wüstenei Tibets hin.

Wer den Annapurna in seinem vollen Glanz betrachten und sich von seinen Felsen und Gletschern verzaubern lassen möchte, der sollte sich nach Süden begeben und den steilen Pfad gehen, der in die herrliche Mulde des Annapurna-"Heiligtums" am Fuß der schönsten Bergwand führt; diese Tour ist im vorhergehenden Kapitel beschrieben. Unser Rundweg um den Berg öffnet mehrmals den Ausblick auf diese mächtige Felsdes Menschen. Steigt man längs des Marsyandi zwischen Bahundanda und Chyamche auf, dann überschreitet man die klar erkennbare Grenze, die die Welt des Tropenwalds und der Hinduvölker des Hügellandes von der der alpinen Nadelwälder, der Hochtäler, der Dörfer buddhistischer Tibetaner trennt. Auf dem Rückweg überquert man zwischen Ghasa und Tatopani eine ähnliche Grenze.

Nur noch selten trifft man auf Karawanen, die seit Jahrhunderten tibetisches Salz nach Indien und die Drogen der Tropenwelt zu den Hochebenen Oberasiens bringen. Längs des Kali Gandaki werden sie jedoch häufiger. Die heute noch rot gekleideten tibetischen Händler und Eselsführer muten wie eine Erscheinung aus der Vergangenheit des Kontinents an.

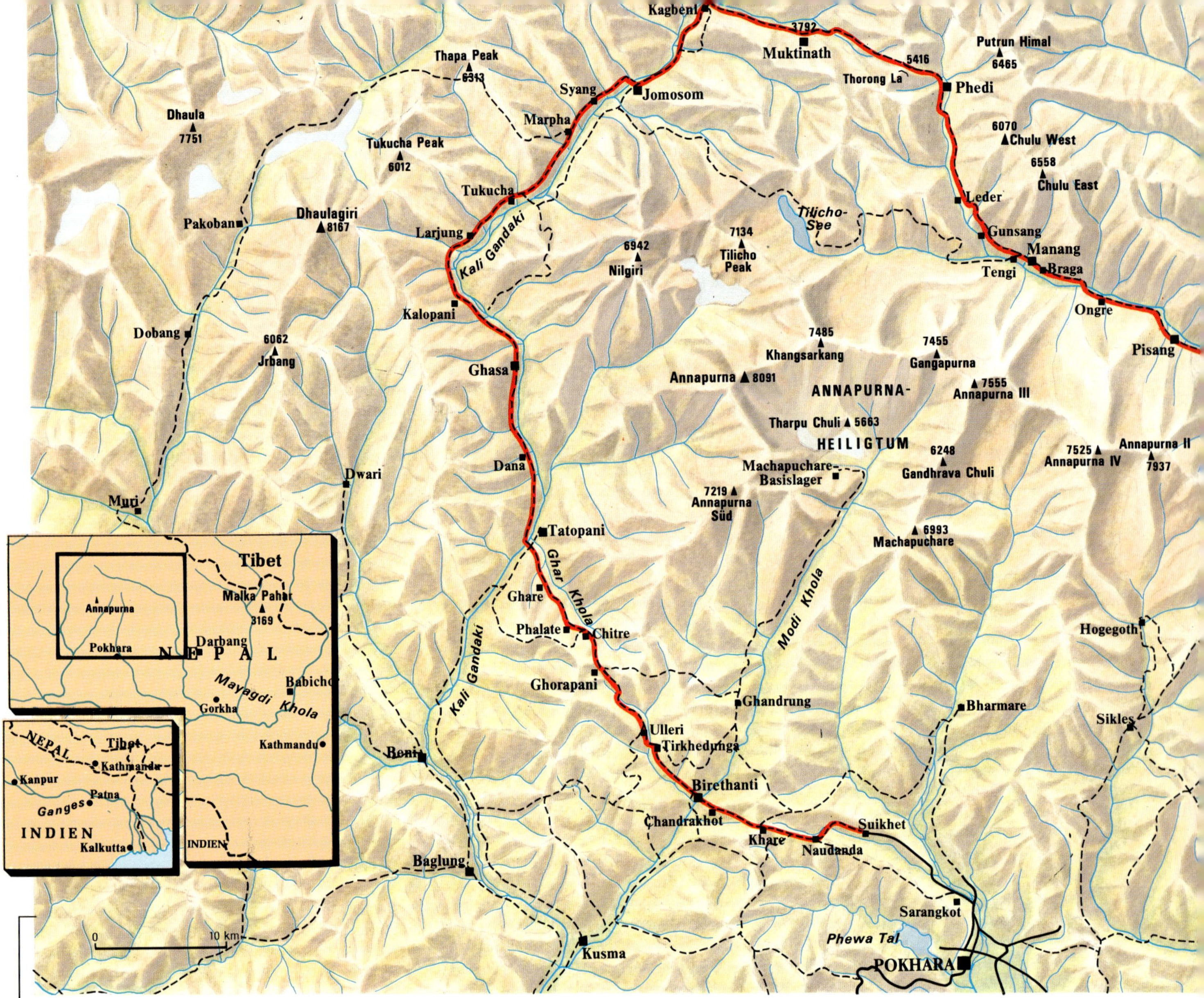

NÜTZLICHE INFORMATIONEN

Dauer: 15 Tage; Manang und Muktinath sollte man einige zusätzliche Tage widmen.
Höhenlage: zwischen 790 m in Khudi und 5416 m am Thorong La
Jahreszeit: Die klassischen Jahreszeiten für Trekkingtouren in Nepal sind März bis Mai sowie Oktober und November. Der Thorong La ist von Dezember bis Februar schneebedeckt und kann bei plötzlichen Schneestürmen in der Monsunzeit unbegehbar sein.
Formalitäten: Es ist ein *trekking permit* erforderlich; man beschafft ihn am besten schon vor der Einreise nach Nepal über eine Trekkingagentur.
Schwierigkeitsgrad: keine Schwierigkeiten alpinistischer Art
Körperliche Belastung: mittel auf dem größten Teil der Strecke. Die Überquerung des Thorong La ist jedoch aufgrund der Höhenlage mühsam und kann im Fall unvorhergesehener Schneefälle sehr schwer werden.
Ausrüstung: Trekkingausrüstung. Campingausrüstung wird empfohlen.
Anreise: Lamjung (Besisahar, 823 m), Ausgangspunkt der Trekkingtour, erreicht man von Kathmandu oder Pokhara aus über Dumre.
Führer und Träger: Man wendet sich an die Trekkingagenturen in Pokhara und Kathmandu; es besteht auch die Möglichkeit, Führer direkt in Lamjung anzuheuern.
Varianten und Gipfel: Vom Thorong La kann man den Aufstieg zum Chulu West (6070 m) wagen, einem ohne übermäßige bürokratische Schwierigkeiten und mit geringem finanziellem Aufwand zugänglichen *trekking peak*.
Von Kagbeni beginnt der alte Weg nach Mustang, das seit einigen

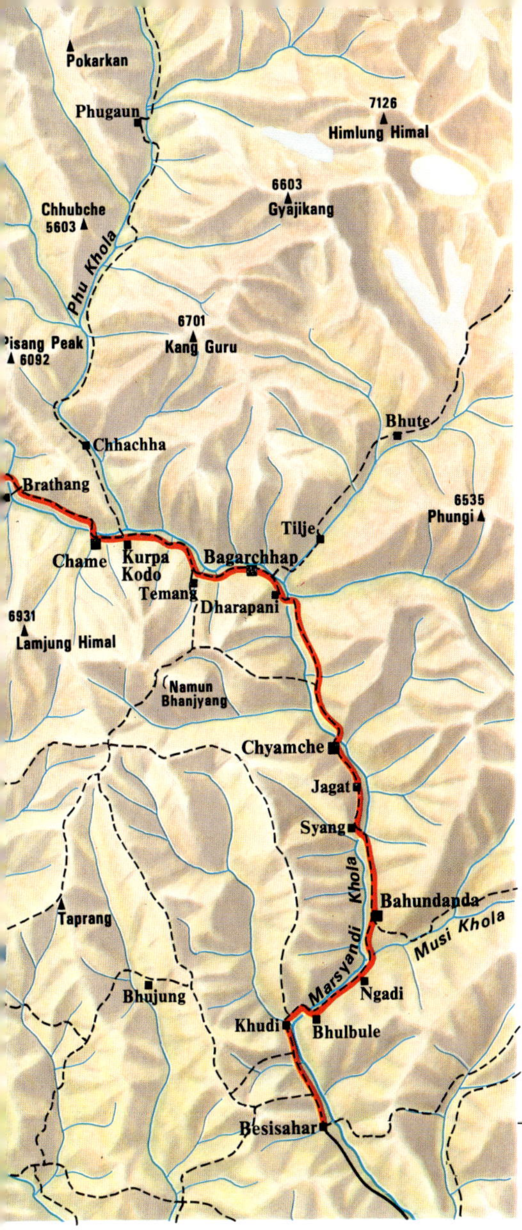

Jahren für Trekkingfreunde wieder freigegeben ist (siehe S. 108-115).
Notfälle: Verletzte oder Kranke können über die Landepisten von Manang und Jomosom nach Kathmandu oder Pokhara geflogen werden. Im Notfall kann man auf der Etappe, die Pisang mit Manang verbindet, die Arztpraxis in Braga aufsuchen.
Landkarten: Man kann versuchen, sich eine Kopie der amerikanischen Karte 1:250 000 NG - 44-16 *Pokhara* zu beschaffen; die übliche Lösung ist jedoch die, sich den Karten der Firma Mandala Maps anzuvertrauen, die ziemlich primitiv, jedoch in ganz Nepal verbreitet sind.
Trekkingführer: Umfangreiche Hinweise zur Annapurna-Rundwanderung finden sich im *APA Guide Nepal*, hrsg. v. L. Choegyal (Reise- und Verkehrsverlag, 1994) sowie im *Nepal-Handbuch* von T. Wheeler und R. Everist (Verlag Gisela E. Walther, 1992).

Erster Tag
von Lamjung (Besisahar) nach Bahundanda
Höhenunterschied beim Aufstieg: 650 m
Höhenunterschied beim Abstieg: 160 m
Gehzeit: 6 1/2 Stunden

Im ersten Abschnitt des Treks führt der nach Chame und Manang aufsteigende Weg durch charakteristische Bambuswälder. Foto: Marco Majrani

S. 102: Am Anfang der Strecke führt der Weg über schöne Felder. Im Hintergrund zeichnet sich bereits hier das Massiv des Annapurna (8091 m) ab. Foto: Ian Whitehouse/ Hedgehog House

Die erste Etappe der Trekkingtour beginnt am Fuß der eindrucksvollen Gebirgsfestung Gaonshahar. Längs des Marsyandi Khola gelangt man nach Tanaute (808 m). Man überquert nacheinander auf zwei Brücken den Balam Khola und dann den Khudi Khola; jenseits dieser Flüsse betritt man Khudi (790 m), das erste Gurung-Dorf des Tals. Man setzt den Weg durch das immer enger werdende Tal fort, wobei sich ein herrlicher Ausblick auf den Himal Chuli bietet. Man betritt nun das Schutzgebiet der *Annapurna Conservation Area* und überquert den Fluß auf einer Hängebrücke, die nach Bhulbule (825 m) führt. Östlich erheben sich im Hintergrund die eindrucksvollen Profile des Manaslu und des Peak 29. Man setzt den Weg fort und durchquert Ngadi (930 m), wo man anschließend das Tal des Musi Khola betritt, den man auf einer Brücke überquert. Darauf wandert man nach Lampata (1135 m) hinauf und anschließend weiter nach Bahundanda (1310 m).

Zweiter Tag
von Bahundanda nach Chyamche
Höhenunterschied beim Aufstieg: 380 m
Höhenunterschied beim Abstieg: 330 m
Gehzeit: 6 Stunden

Ein langer Tag, an dem es vorwiegend durch Waldgebiet auf und ab geht und an dem wir sozusagen die Grenze zwischen zwei Welten überschreiten: Man geht vom Tropenwald in den Gebirgswald, von der Hinduwelt der Hügel in die tibetische und buddhistische Welt der Hochtäler über.

Ein abschüssiger Weg und eine ebene Strecke führen nach Khane (1180 m), wo man die Richtung nach Syang (1136 m) einschlägt. Ein spektakulärer, in die steile Felswand gehauener Weg führt zur alten Zollgrenze von Jagat (1341 m) und dann zu den wenigen Häusern von Chyamche (1400 m).

Dritter Tag
von Chyamche nach Bagarchhap
Höhenunterschied beim Aufstieg: 900 m
Höhenunterschied beim Abstieg: 150 m
Gehzeit: 6 Stunden

Nach einigem Auf und Ab längs des Flusses steigt der Weg in Richtung des Manang-Tals auf. Dort kann man typisch tibetische Bauwerke und Trachten sehen. Der Trek beginnt mit einer nicht sehr steilen Steigung; man durchquert die Terrasse von Tal, wandert an dem gleichnamigen Dorf vorbei (1675 m) und setzt seinen Weg über eine steile und mühsame Treppe hoch über dem Marsyandi Khola fort. Man wandert um einen Gebirgsausläufer herum (1860 m), steigt in einen Mischwald hinab, überquert eine Brücke und steigt nach Dharapani (1943 m) auf. Danach schlägt man nicht den Weg ein, der auf einer Brücke über den Fluß nach Thonche führt, sondern wandert weiter nach Bagarchhap (2160 m), wo sich ein interessantes buddhistisches Dorf befindet.

Vierter Tag
von Bagarchhap nach Chame
Höhenunterschied beim Aufstieg: 580 m
Höhenunterschied beim Abstieg: 80 m
Gehzeit: 5 Stunden

Man befindet sich hier im Bezirk von Manang, wo der Tannenwald teilweise abgeholzt wurde - eine nicht unbedingt sinnvolle Wirtschaftsweise; schon bald öffnet sich der Ausblick auf den Manaslu und den Annapurna II.

Nachdem man die Abzweigung zum Namun-Paß links liegengelassen hat, steigt man durch einen dichten Wald nach Danejung (oder Syal Khola, 2290 m) hinauf, wo sich eine Möbelfabrik befindet. Der Aufstieg wird bis nach Tyahgja fortgesetzt (2454 m) und führt dann nach Kurpa Kodo (2590 m), auf eine von Nadelbäumen umgebene Lichtung. Der letzte, nicht mehr so steile Wegabschnitt führt nach Chame (2685 m), Verwaltungszentrum des Bezirks Manang.

Eine Trekkergruppe auf dem Pfad längs des Marsyandi Khola. Im Hintergrund der Pisang Peak und der Chulu East. Foto: Marco Majrani

Unten: Auf dem ersten Streckenabschnitt müssen die Trekker und Träger die zahlreichen Nebenflüsse des Marsyandi durchwaten. Foto: Marco Majrani

Fünfter Tag
von Chame nach Pisang
Höhenunterschied beim Aufstieg: 600 bzw. 720 m
Höhenunterschied beim Abstieg: 100 m
Gehzeit: 5 bzw. 6 Stunden

Ein ruhiger Tag, an dem man mehrmals den Marsyandi Khola überquert. Die Etappe bietet bei Pisang einen wunderbaren Ausblick auf den Annapurna II. Herrlich ist auch die eindrucksvolle Felswand des Paunga Danda. Man wechselt gleich zu Beginn der Etappe auf die orographisch linke Flußseite, erreicht Talung (2775 m) und setzt seinen Weg bis zu einer weiteren Brücke (2840 m) über den Marsyandi fort, den man in der Nähe eines schönen Wasserfalls nochmals überquert. Man läßt das Dorf Brathang links liegen und wandert weiter durch den Wald, überquert noch zweimal den Fluß (2910 m und 3040 m), bis man das untere Gebiet von Pisang (3185 m) erreicht. Man kann auf die Überquerung der letzten Brücke verzichten und auf dem längeren "oberen Weg", der eine schöne Rundumsicht bietet, das obere Gebiet von Pisang (3300 m) erreichen.

Oben: Eine Gruppe charakteristischer Tschorten in der Nähe des Heiligtums von Muktinath. Im Hintergrund ragt der Dhaulagiri (8167 m) auf.
Foto: Marco Majrani

Mitte: Unterhalb von Muktinath, kurz vor Kagbeni, führt der Weg an den Häusern von Khingar vorbei, einem Dorf in 3200 m Höhe, das an die Ortschaften des nicht weit entfernten Mustang erinnert.
Foto: Marco Majrani

Unten: Die alte Stadt Kagbeni ist ein Musterbeispiel für die traditionelle Bauweise dieser Gegend.
Foto: Galen Rowell/ Mountain Light

Sechster Tag
von Pisang nach Manang
Höhenunterschied beim Aufstieg: 330 bzw. 450 m
Höhenunterschied beim Abstieg: 100 m
Gehzeit: 5 Stunden

Der Weg führt über Weiden, wo Yaks, Pferde und Rinder grasen, und bietet herrliche Ausblicke auf die Gipfel der Annapurna-Berggruppe mit dem Tilicho Peak, dem Annapurna II und IV, dem Gangapurna und dem Glacier Dome. Die Etappe endet bei den Häusern von Manang, das sich seit 1977, als das Tal dem Trekking-Tourismus geöffnet wurde, eine ähnliche Wandlung durchgemacht hat wie Namche Bazar.

Der Hauptweg steigt mit einem steilen Abschnitt an, führt an der Landepiste von Ongre (3325 m) und an der Alpinismusschule der Nepal Mountaineering Association vorbei. Man überquert den Fluß noch einmal in der Nähe von Mungji (3482 m); dort mündet der "obere Weg" ein, der am Dorf Ghyaru (3673 m) vorbeiführt. Dann gelangt man zu der malerischen Ortschaft Braga (3510 m), deren Häuser vor einer Felswand eng aneinandergebaut sind. Man durchquert ein ödes Gebiet und erreicht schließlich Manang (3535 m), wo man zwei Nächte verbringen sollte, um sich an die Höhe zu gewöhnen.

Siebter Tag
von Manang nach Phedi
Höhenunterschied beim Aufstieg: 850 m
Gehzeit: 4 1/2 Stunden

Ein langer, mühsamer Tag führt an den Fuß des Thorong La.

Nach kurzer Zeit erreicht man Tengi (3660 m), die letzte Ortschaft des Tals. Der Weg schlängelt sich zwischen den Weiden am Jarsang Khola empor. Nach Passieren der ärmlichen Häuser von Gunsang (3960 m) betritt man eine große Wiesenfläche. Man wandert an dem alleinstehenden Gebäude von Leder (4250 m) vorbei hinauf zu einer Brücke über den Bach und erreicht die Hochfläche von Phedi (4420 m). Dort hat man die Wahl zwischen einigen bescheidenen Schutzhütten und dem Lager auf einer großen Wiese.

Achter Tag
von Phedi nach Muktinath
Höhenunterschied beim Aufstieg: 1000 m
Höhenunterschied beim Abstieg: 1630 m
Gehzeit: 9 Stunden

Der Tag, den man dem Thorong La widmet, ist gewiß der eindrucks- und anspruchsvollste des gesamten Treks. Man schlägt den bequemen Weg ein, der mit großen Kurven zwischen den Moränenhügeln hindurchführt und ziemlich eintönig und mühevoll bis zu den gut sichtbaren Tschorten des Thorong La (5416 m) verläuft, eines herrlichen Aussichtspunkts mit Blick auf Gangapurna und Dhaulagiri. Man steigt über Schnee- und Geröllhänge auf der anderen Seite ab (sehr

Ein kleiner Hindutempel in der Nähe des Juwala Mapa, des "Tempels des wundersamen Feuers", von Muktinath.
Foto: Colin Monteath/ Hedgehog House

nützlich sind hier Skistöcke). Dann wird das Tal flacher, und man setzt den Weg über kurze und sehr mühsame Strecken bergauf und bergab fort. Durch das Jhong Khola-Tal gelangt man schließlich nach Muktinath (3792 m). Versäumen Sie auf keinen Fall die Besichtigung des Heiligtums Juwala Mapa ("Tempel des Heiligen Feuers"), das sowohl von den Buddhisten als auch von den Hindu verehrt wird. Der Tempel wurde an einer Stelle erbaut, wo Erdgas, das ständig brennt, und eine heilige Quelle aus dem Boden treten, die 108 Brunnen versorgt. Das große Fest dieses Heiligtums im August und September zieht eine Vielzahl von Pilgern und Händlern an.

Neunter Tag
von Muktinath nach Jomosom
Höhenunterschied beim Abstieg: 1050 m
Gehzeit: 5 Stunden

Die Etappe beginnt im Jhong Khola-Tal, wo man an Pharkot (3500 m), Khingar (3200 m) und anderen kleinen Ortschaften vorbeiwandert. Am Ende des Abstiegs erreicht man Kagbeni (2810 m), ein bezauberndes Dorf mit eng aneinanderstehenden Lehmhäusern und dem verfallenen Kloster Sakyapa. Eine lange, fast ebene Strecke durch eine trostlose, karge Landschaft führt nach Jomosom (2743 m), dem Verwaltungszentrum des Kali Gandaki-Tals.

Oben: Die Einwohner der Bergdörfer am Kali Gandaki bauen Kartoffeln, Mais und Getreide auf den mühsam an den Berghängen angelegten Terrassen an. Foto: Ian Whitehouse/ Hedgehog House

Mitte: Die letzten Sonnenstrahlen treffen die eindrucksvollen Felswände des Annapurna und des Fang. Foto: Nick Groves/ Hedgehog House

Unten: Der Dhaulagiri beherrscht einen Großteil der Wegstrecke im Kali Gandaki-Tal. Foto: Marco Majrani

Zehnter Tag
von Jomosom nach Ghasa
Höhenunterschied beim Aufstieg: 50 m
Höhenunterschied beim Abstieg: 800 m
Gehzeit: 6 1/2 Stunden

Eine ziemlich lange Etappe, die man auf zwei Tage aufteilen kann, wenn man die Nacht in Tukucha verbringt. Sie führt durch den schroffsten, wildesten und spektakulärsten Teil des Kali Gandaki-Tals. Herrlich sind die Ausblicke auf den Dhaulagiri und auf den Annapurna.

Der Pfad führt am Flughafen vorbei, überquert bei Syang (2715 m) mehrere Nebenflüsse und erreicht schließlich die Ortschaft Marpha (2668 m) mit ihrem Kloster. Über Chhairo (2628 m) gelangt man nach Tukucha (Tukche, 2592 m), der freundlichsten Ortschaft des Tals. Man kann hier das Kloster Rani besichtigen und seinen Weg nach Larjung und Kalopani (2560 m) fortsetzen. Nachdem man die Ebene verlassen hat, führt ein Weg durch den Wald hinunter nach Ghasa (2012 m.)

Elfter Tag
von Ghasa nach Tatopani
Höhenunterschied beim Aufstieg: 100 m
Höhenunterschied beim Abstieg: 950 m
Gehzeit: 4 Stunden

Eine relativ kurze Etappe vor dem steilen Ausgang des Tals in Richtung Ghorapani.

Man überquert den Fluß auf einer Brücke (der alte Pfad führte am westlichen Ufer entlang) und setzt den Weg in ständigem Auf und Ab am linken Ufer fort. Dann geht es erneut über den Fluß zu den Rupse Chhara-Wasserfällen, an Titre (1524 m) und Dana (1463 m) vorbei, wo man dann die steile, wilde Schlucht des Kali Gandaki oberhalb von Tatopani (1189 m) angeht. In der Nähe befinden sich warme Quellen, wo man ein angenehmes Bad nehmen kann.

Zwölfter Tag
von Tatopani nach Ghorapani
Höhenunterschied beim Aufstieg: 1650 m
Gehzeit: 6 1/2 Stunden

Die letzten Mühen dieses Treks erwarten den Wanderer beim Aufstieg von der tropischen Welt des Kali Gandaki zu den Anhöhen von Ghorapani, wo das außerordentliche Panorama am Poon Hill den Höhepunkt der Etappe darstellt.

Man überquert den Kali Gandaki über eine Metallbrücke und den Ghar Khola über eine Holzbrücke und steigt steil bis nach Ghare (1786 m) hinauf. Dort setzt man seinen Weg in einer Landschaft fort, die von Erdrutschen gekennzeichnet ist. Man erreicht nacheinander Sikha (2012 m), Phalate (2286 m) und Chitre (2348 m). Jenseits des Passes von Ghorapani gelangt man sofort zu der kleinen, gleichnamigen Ortschaft (2853 m). In einer Stunde kann man den herrlichen Aussichtspunkt Poon Hill (3199 m) erreichen, wohin man sich bei Sonnenaufgang oder -untergang begeben sollte.

Im warmen Licht des Sonnenuntergangs zeigt sich das eindrucksvolle Massiv des Nilgiri Süd vom Kali Gandaki-Tal aus in seiner ganzen Schönheit. Foto: Galen Rowell/Mountain Light

Dreizehnter Tag
von Ghorapani nach Birethanti
Höhenunterschied beim Aufstieg: 100 m
Höhenunterschied beim Abstieg: 1900 m
Gehzeit: 6 1/2 Stunden

Man geht an Nayathanti (2606 m) vorbei, steil nach Ulleri (2073 m) hinunter und setzt den Weg von hier über eine schier unendliche Treppe (3767 Stufen!) zum *tea shop* von Tirkhedunga (1498 m) fort. Ein etwas weniger steil ansteigender Weg führt nach Hille, Suhami und schließlich nach Birethanti (1037 m) am Ufer des Modi Khola.

Vierzehnter Tag
von Birethanti nach Pokhara
Höhenunterschied beim Aufstieg: 650 m
Höhenunterschied beim Abstieg: 600 bzw. 800 m
Gehzeit: 4 1/2 bzw. 6 1/2 Stunden

Der letzte Trekkingtag beginnt mit einem steilen, aber nicht allzu langen Aufstieg nach Chandrakhot (1567 m), wo die Steigung etwas sanfter wird. Dann geht es über einen Grat in Richtung Khare (1707 m) und Naudanda (1463 m). Der letzte Abstieg durch den Wald führt zu den Reisfeldern der Ortschaft Suikhet (1100 m). Von dort aus kann man entweder zu Fuß (etwa zwei Stunden) oder mit einem Fahrzeug Pokhara (900 m) erreichen.

MUSTANG: DIE ENTDECKUNG DES VERBOTENEN REICHS

Am Kali Gandaki entlang zur Festungsstadt Lo Manthang

Die eindrucksvolle Bergkette der Nilgiri, die den nördlichen Abschluß des Annapurna-Massivs bilden, begleitet den Trekker auf dem Weg nach Lo Mantang im Kali Gandaki-Tal. Foto: Galen Rowell/ Mountain Light

Wüstenhafte Landstriche und reich verzierte Klöster, breite Flüsse und ausgedehnte Felder, die von der geduldigen Arbeit des Menschen geschaffen wurden, die Hochebene, die sich gen Norden bis ins Unendliche erstreckt, und die weißen Gipfel des Annapurna und des Nilgiri, die den Horizont im Süden einnehmen: Nur wenige Gebiete des Himalaya sind so bezaubernd wie Mustang und noch weniger - vielleicht Hunza, Bhutan, Leh - waren so von Rätseln und Geheimnissen umhüllt. Das "Reich der Wolken", heute so aufregend zu entdecken, interessierte, verwunderte, ja rührte so manchen der wenigen westlichen Besucher, die das Land vor 1991 bereisen durften. Im nördlichsten Teil Nepals, wo bereits die Landschaft und die Kultur Tibets vorherrschen, war das wilde Königreich Mustang (Manthang für die Einheimischen) jahrhundertelang einer der geheimnisvollsten Orte des gesamten Himalaya. Es hatte zwischen dem Mittelalter und dem Ende des 18. Jahrhunderts großen Reichtum erworben, dank seiner Monopolstellung im Salzhandel zwischen Indien und Tibet, und wurde 1951 von der chinesischen Invasion Tibets schwer erschüttert. In seinen Grenzen haben die Khampa, das kriegerische tibetische Gebirgsvolk, jahrzehntelang Zuflucht gesucht, als sie von hier zu ihren Angriffen gegen die chinesischen Truppen auszogen. Aufgrund der Spannungen zu China hat der König von Nepal Mustang bereits in den frühen 60er Jahren hermetisch vom Rest der Welt abgeschlossen. Erst 1991 wurde diese vollständige Isolierung wieder aufgehoben. Dieses "Tibet außerhalb der Grenzen Tibets", das, wie Bhutan und Ladakh, von den Verwüstungen der chinesischen Invasion verschont geblieben war, zeigt dem Reisenden heute die wahre, alte und großartige Kultur des tibetischen Gebirgsvolkes.

Nur wenigen Fremden war es in der Vergangenheit vergönnt, diese Grenzen zu überschreiten. Unter ihnen war der Schweizer Geologe Toni Hagen, der italienische Orientalist Giuseppe Tucci, der Engländer David Snellgrove und der Österreicher Herbert Tichy, die allesamt leidenschaftliche Reiseberichte schrieben.

Heute genügt ein *special trekking permit* - der relativ problemlos von der Regierung in Kathmandu ausgestellt wird -, um dieses "Land des Mittelalters" zwischen dem Annapurna und den großen Steppen Tibets zu erreichen. Eine halbtägige Wanderung vom Flughafen Jomosom, der fast täglich mit Pokhara und Kathmandu verbunden ist, führt nach Kagbeni, jener zauberhaften Stadt, wo der Weg nach Mustang von der nach Muktinath führenden Pilgerstraße und von der Trekking-Straße zum Thorong La und in Richtung Manang abzweigt.

Schöner, interessanter und abwechslungsreicher - und auch empfohlen, um sich problemlos an die dünne Luft dieser Höhenlagen zu gewöhnen - ist die Wanderung von der Ebene von Pokhara über einen steilen Pfad, der vorwiegend durch Tropenwald über den Ghorapani-Paß führt, um dann das schroffe und zunehmend kahler werdende Tal des Kali Gandaki hinaufzuwandern, über das sich die vereisten Wände des Dhaulagiri, des Annapurna und vieler anderer herrlicher Berge hoch erheben. Man kommt von den monsungeplagten Hügeln und der Hindu-Zivilisation zu der wüstenhaften

Rechts: Am breiten Flußufer des Kali Gandaki, in der Nähe der Ortschaft Chusang. Im Hintergrund, gegen Süden, erhebt sich das Nilgiri-Massiv. Foto: Galen Rowell/ Mountain Light

Umgebung, den Tempeln und den Trachten der tibetischen Hochebene und nähert sich Schritt für Schritt dem Reich Mustang. Pilger, Trekker aus vielen Ländern und Pferdekarawanen, voll beladen mit Salz, Tee und Gewürzen, verleihen diesem Weg längs des Flusses das Flair der großen Karawanenstraßen eines nunmehr vergangenen Asiens. In Kagbeni lichtet sich die Menschenmenge, und man betritt Mustang über eine ruhigere Karawanenstraße, die einem den Eindruck vermittelt, direkt in ein Königreich der Vergangenheit versetzt worden zu sein. Befestigte Dörfer, von grünen Feldern umgeben, hohe Bergstraßen, an denen zahlreiche Gebetsfahnen flattern, und Klöster begleiten den Wanderer vier Tage lang bis ins Herz von Mustang hinein.

Lo Manthang schließlich bietet den Anblick einer wirklich mittelalterlichen Stadt. Es ist von Mauern aus hartgestampfter Erde und sich im Winde wiegenden Gerstenfeldern umgeben. Wie in den pakistanischen Tälern, so ist auch hier jeder grüne Fleck das Ergebnis der von den Menschen im Laufe der Jahrhunderte geleisteten, geduldigen Arbeit. Ein kompliziertes Bewässerungssystem sammelt das Wasser der Bäche, leitet es auf die bebauten Bergterrassen und ermöglicht so das Überleben dieser Menschen in einer kargen, fast lebensfeindlichen Umgebung.

Im Mittelpunkt des Ortes gelangt man über einen großen Hof zum Palast des Königs Jigme Palbar Bishta, des derzeitigen Herrschers des Landes. Hier - aber wer weiß, wie lange noch - kann der Trekker sich wie ein Reisender vergangener Jahrhunderte fühlen.

Ein lächelndes Mädchen zwischen den Häusern von Trenkar. Isoliert im Grenzgebiet zwischen Tibet und Nepal, haben die Einwohner Mustangs ihre alten Traditionen beibehalten. Foto: Galen Rowell/ Mountain Light

Die soliden und eleganten Bauwerke des gompa (Klosters) von Tsarang, des letzten auf dem Trek, bevor man die Hauptstadt Lo Manthang erreicht. Foto: Galen Rowell/ Mountain Light

Kagbeni wacht mit seinen eng aneinandergebauten Häusern an der alten Grenze zwischen Nepal und Mustang. Hier zweigt der Weg nach Lo Manthang von der nach Muktinath führenden Straße ab. Foto: Marco Majrani

NÜTZLICHE INFORMATIONEN

Dauer: 14 Tage reine Gehzeit, aus denen 18 Tage werden können, wenn man zu Fuß von Jomosom nach Pokhara wandern muß.
Höhenlage: zwischen 1037 m in Birethanti und 3950 m am Yangda La.
Jahreszeit: von April bis November. Die Monsunregen erreichen Mustang nicht.
Formalitäten: Ein *special trekking permit* ist erforderlich; er kostet 500 Dollar für eine Woche Aufenthalt (Stand: 1995). Führer und Träger sind dabei inbegriffen. Die beste Lösung besteht darin, sich diese Genehmigung vor der Einreise nach Nepal bei einer Trekkingagentur zu beschaffen.
Schwierigkeitsgrad: keine technischen Probleme.
Körperliche Belastung: durchschnittlich.
Ausrüstung: die normale Trekking-Ausrüstung; außerdem ist ein Zelt erforderlich.
Anreise: Pokhara (900 m) erreicht man von Kathmandu in einer Flugstunde oder in 7-8 Stunden mit dem Geländewagen. Von Jomosom gibt es praktisch täglich Flugverbindungen mit Pokhara.
Führer und Träger: Man muß sich an eine Trekkingagentur wenden, die *sirdar* und Träger beschafft.
Varianten und Gipfel: Das Trekking in Mustang erfolgt entlang vorgegebener Routen.
Notfälle: Kranke oder Verletzte können vom Flughafen von Jomosom ausgeflogen werden.
Karten: Ein Teil der Strecke ist auf den Mandala Maps eingezeichnet, die man leicht in Pokhara oder Kathmandu erstehen kann.
Trekkingführer: Es sind keine Veröffentlichungen im Handel, die diese Route detailgenau beschreiben.

Die nebenstehende Karte zeigt nur den sechsten bis vierzehnten Tag des Treks; für den ersten bis fünften Tag siehe Karte auf S. 102

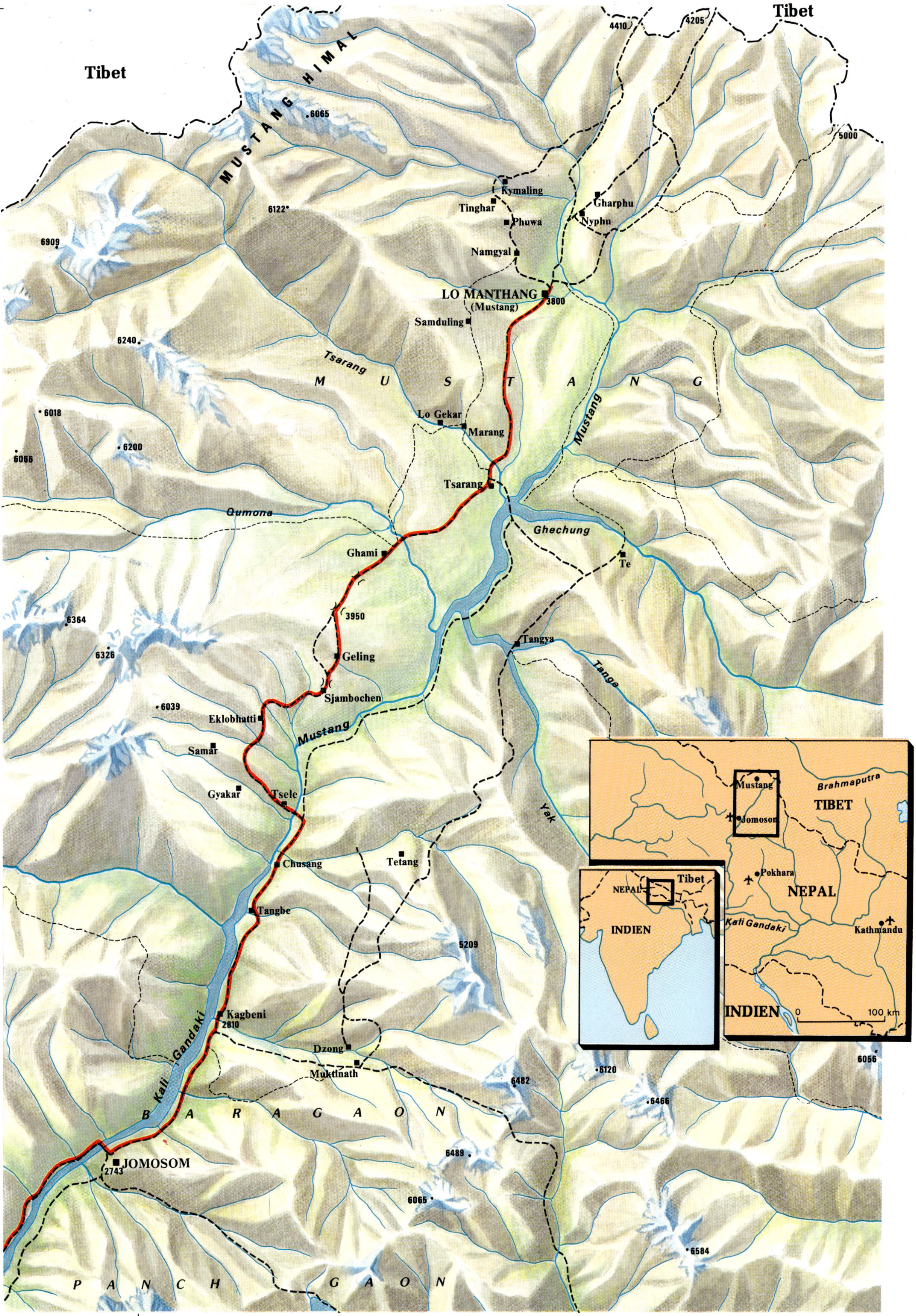
Tibet
Tibet
MUSTANG HIMAL
Kymaling
Tinghar
Phuwa
Namgyal
Gharphu
Nyphu
LO MANTHANG
(Mustang)
3800
Samduling
Tsarang
M U S T A N G
Lo Gekar
Marang
Mustang
Tsarang
Qumona
Ghechung
Te
Ghami
3950
Geling
Sjambochen
Tangya
Tange
Eklobhatti
Samar
Gyakar
Tsele
Mustang
Yak
Chusang
Tetang
Tangbe
Kagbeni
2810
Kali Gandaki
Dzong
Muktinath
B A R A G A O N
JOMOSOM
2743
P A N C H G A O N
Mustang
Jomoson
Brahmaputra
TIBET
Pokhara
NEPAL
Kali Gandaki
Kathmandu
INDIEN
0
100 km
NEPAL
Tibet
INDIEN

Erster Tag
von Pokhara nach Birethanti
Höhenunterschied beim Aufstieg: 600 m
Höhenunterschied beim Abstieg: 650 m
Gehzeit: 6 Stunden

Am ersten Trekkingtag, der über die gleiche Straße wie der Rundgang um den Annapurna und der Trek zum Annapurna-Heiligtum verläuft, fährt man mit dem Auto bis nach Suikhet (1100 m, 2 Stunden zu Fuß von Pokhara). Von dort führt ein kurvenreicher Weg durch den Wald zu einem Kamm mit wunderbarer Rundsicht hinauf, wo sich die Häuser von Naudanda (1463 m) befinden, vor der herrlichen Kulisse des Annapurna. Man setzt den Weg über einen Kamm bis nach Khare (1707 m) und nach Chandrakhot (1567 m) fort, wo es dann steil nach Birethanti (1037 m) hinuntergeht.

Zweiter Tag
von Birethanti nach Ghorapani
Höhenunterschied beim Aufstieg: 1900 m
Höhenunterschied beim Abstieg: 100 m
Gehzeit: 8 Stunden

Ein langer, anstrengender Tag, der über eine kurze, aber sehr steile Strecke zum Paß von Ghorapani führt, einem herrlichen Aussichtspunkt vor dem Dhaulagiri. Der Weg führt an Suhami, Hille, Tirkhedunga (1498 m) vorbei und klettert dann über eine nicht enden wollende Treppe (3767 Stufen!) bis nach Ulleri (2073 m) hinauf. Durch den Wald erreicht man die Ortschaft Nayathanti (2606 m) und schließlich Ghorapani (2853 m).

Dritter Tag
von Ghorapani nach Tatopani
Höhenunterschied beim Abstieg: 1650 m
Gehzeit: 4 1/2 Stunden

Nach dem mühsamen Aufstieg vom Vortag führt an diesem Tag eine lange Strecke in das Tal des Kali Gandaki hinunter, das hier von Tropenwald bedeckt ist. Man kann den Tag im Morgengrauen mit dem Aufstieg zum Poon Hill (3199 m) beginnen, wo sich ein wunderbarer Blick auf den Dhaulagiri bietet. Dann überwindet man den Paß von Ghorapani. Anschließend geht der Weg durch ein von großen Erdrutschen gekennzeichnetes Gebiet nach Chitre (2348 m), Phalate (2286 m) und Sikha (2012 m). Hinter Ghare (1786 m) überquert man den Ghar Khola auf einer Holzbrücke, während über den Kali Gandaki eine Metallbrücke führt - nach Tatopani (1189 m), das von Thermalquellen umgeben ist und von dem Massiv des Nilgiri beherrscht wird.

Vierter Tag
von Tatopani nach Ghasa
Höhenunterschied beim Aufstieg: 950 m
Höhenunterschied beim Abstieg: 100 m
Gehzeit: 5 1/2 Stunden

Die kurze Etappe führt in ständigem Auf und Ab durch die wilde, steile Schlucht des Kali Gandaki und dann bergauf, fast bis an den Rand des Waldes. Der Weg führt durch die Schlucht, an den Dörfern Dana (1463 m) und Titre (1542 m) und an den Rupse Chhara-Wasserfällen vorbei, überquert den Fluß auf einer Brücke (der alte Weg blieb am westlichen Ufer) und bringt dann eine weitere Strecke mit ständigem Auf und Ab.

Man überquert den Fluß noch einmal und gelangt schließlich nach Ghasa (2012 m).

Die großartige Ostflanke des Dhaulagiri (8167 m) beherrscht das tiefe Kali Gandaki-Tal. Der Berg wurde 1960 von einer internationalen Expedition zum ersten Mal bezwungen.
Foto: Marco Majrani

Unten: Vom Poon Hill hat man einen außerordentlichen Panoramablick. Der Sonnenuntergang taucht den Gipfel des Annapurna Süd in ein rotgoldenes Licht.
Foto: Nick Groves/ Hedgehog House

Fünfter Tag
von Ghasa nach Jomosom
Höhenunterschied beim Aufstieg: 800 m
Höhenunterschied beim Abstieg: 50 m
Gehzeit: 7 1/2 Stunden

Eine lange Etappe führt nach Jomosom. Man durchquert den großartigsten Abschnitt des Kali Gandaki-Tals; das Flußbett verläuft hier in einer abgrundtiefen Schlucht, die den Dhaulagiri vom Annapurna trennt.

Man beginnt mit einem steilen Abschnitt durch den Wald, der über Kalopani (2560 m) und Larjung zu der freundlichen Ortschaft Tukucha (Tukche, 2592 m) führt. Von hier geht der Weg weiter durch die Ortschaft Chhairo (2628 m), an dem Dorf Marpha (2668 m) und seinem Kloster vorbei bis nach Syang (2715 m), dann an der Landepiste vorbei zu dem Städtchen Jomosom (2743 m).

Sechster Tag
von Jomosom nach Kagbeni
Höhenunterschied beim Aufstieg: 100 m
Höhenunterschied beim Abstieg: 50 m
Gehzeit: 3 1/2 Stunden

Eine kurze Etappe, die fast eben bis nach Kagbeni verläuft, dem Tor zum Reich Mustang. Die interessante traditionelle Architektur von Kagbeni und die sich entschieden verändernde Landschaft verdienen einen guten halben Tag Rast. Der Weg führt weiterhin durch ein ödes Gebiet, und man trifft ohne Probleme in Kagbeni (2810 m) ein.

Siebter Tag
von Kagbeni nach Tsele
Höhenunterschied beim Aufstieg: 750 m
Höhenunterschied beim Abstieg: 150 m
Gehzeit: 6 Stunden

An diesem Tag betreten wir Mustang. Nachdem man Kagbeni verlassen, die Pilgerstraße nach Muktinath und die Route der Trekker, die den Annapurna umrunden, hinter sich gelassen hat, setzt man seinen Weg am rechten Ufer des Kali Gandaki fort, wo man stets zu dem eindrucksvollen Nilgiri aufblicken muß. Jenseits eines schönen, wüsten, hier und da von einigen Dornbüschen gesprenkelten Gebietes gelangt man nach Tangbe, einem malerischen tibetischen Dorf. Entlang des Flußbettes wandert man an Chusang (3100 m) vorbei, einem von hohen Felswänden mit Höhlenwohnungen überragten Dorf. Jenseits einer Brücke führt der Weg steil zu dem Dorf Tsele (3400 m) hinauf.

Achter Tag
von Tsele nach Geling
Höhenunterschied beim Aufstieg: 600 m
Höhenunterschied beim Abstieg: 300 m
Gehzeit: 6 Stunden

Eine lange, interessante Etappe, durch Canyons mit großartigen verwitterten Felsen und eindrucksvollen Farben. Ein steiler Abschnitt führt zu einem Plateau mit herrlicher Aussicht, wo der Weg hoch oben in einer natürlichen

Oben: Im Laufe der langen Etappe zwischen Tsele und Geling wandert man durch Canyons und Schluchten, wo die Landschaft mit kräftigen Farben beeindruckt; der Pfad überwindet diese Abschnitte über eindrucksvolle, oft etwas luftige Passagen. Foto: Galen Rowell/ Mountain Light

Mitte: Das Nilgiri-Massiv, von der Ebene von Chusang mit dem Teleobjektiv aufgenommen. Die höchste Spitze mit ihren fast 7000 m Höhe wurde 1962 von einer französischen Expedition erstbestiegen. Foto: Galen Rowell/ Mountain Light

Unten: In Mustang, wo es weder Flughäfen noch Straßen gibt, erfolgt der Transport heute noch mit Karawanen tibetischer Ponypferde. Hier eine Gruppe Lasttiere zwischen spektakulären Erosionsformationen im Kali Gandaki-Tal. Foto: Galen Rowell/ Mountain Light

Spalte weiter bis nach Samar führt. Eine ziemlich mühsame Berg- und Talwanderung bringt uns schließlich zu den wenigen Häusern von Eklobhatti, von wo man zu einem Paß (3900 m) hinaufsteigt. Bei der Ortschaft Sjambochen erklimmt man einen letzten Paß, dahinter befinden sich die Häuser von Geling.

Neunter Tag
von Geling nach Tsarang
Höhenunterschied beim Aufstieg: 700 m
Höhenunterschied beim Abstieg: 750 m
Gehzeit: 5 Stunden

Ein interessanter Tag, der nun endlich mitten nach Mustang hineinführt. Man überwindet den höchsten Paß des Treks. Der Weg führt anfangs an einem Tschorten vorbei. Dort beginnt der Aufstieg zum Yangda La (3950 m). Danach geht es hinunter nach Ghami. Man begibt sich an das Flußbett und wandert an der längsten *mani*-Mauer von ganz Nepal vorbei, die von drei verfallenen Tschorten gefolgt wird. In einer farbenprächtigen Landschaft steigt man zu einem weiteren Paß auf, von dem die Straße nach Tsarang (3650 m) hinunterführt.

Zehnter Tag
von Tsarang nach Lo Manthang
Höhenunterschied beim Aufstieg: 300 m
Höhenunterschied beim Abstieg: 150 m
Gehzeit: 3 1/2 Stunden

Der Weg führt zu Anfang durch einen tiefen, eindrucksvollen

Zwei Kinder betrachten neugierig den Fotografen vor einigen Tschorten in diesem schroffen Gebiet des Königreiches Mustang.
Foto: Claude Jaccoux/ Agence Freestyle

Oben: Im Laufe des neunten Tags trifft man jenseits einer mani-Mauer auf diese drei alten, verwahrlosten Tschorten.
Foto: Claude Jaccoux/ Agence Freestyle

Rechts: Eine eindrucksvolle Felswand mit zahlreichen Höhlen über dem Flußlauf des Kali Gandaki bei Tramar; vom Weg aus hat man einen hervorragenden Blick auf diese herrliche Naturkulisse.
Foto: Galen Rowell/ Mountain Light

Canyon; man steigt zu einem Paß empor, der wiederum eine herrliche Aussicht bietet. Dann setzt man den Weg durch ein breites Sandtal fort, das von hohen Steilwänden eingefaßt ist. Ein Spalt im Felsen, eine Art Fenster, weist auf den letzten Paß hin, der dem Weg nach Lo Manthang (3800 m) vorausgeht.

Elfter Tag
von Lo Manthang nach Tsarang
Höhenunterschied beim Aufstieg: 150 m
Höhenunterschied beim Abstieg: 300 m
Gehzeit: 3 1/2 Stunden

Die Rückkehr nach Jomosom erfolgt über denselben, bereits bekannten Weg.

Dreizehnter Tag
von Geling nach Tsele
Höhenunterschied beim Aufstieg: 300 m
Höhenunterschied beim Abstieg: 600 m
Gehzeit: 5 Stunden

Wir befinden uns nun wieder außerhalb der traditionellen Grenzen Mustangs, jedoch weiterhin in einem öden, trockenen und zauberhaften Gebiet, und setzen unseren Weg nach Samar und Tsele fort.

Vierzehnter Tag
von Tsele nach Jomosom
Höhenunterschied beim Aufstieg: 200 m
Höhenunterschied beim Abstieg: 850 m
Gehzeit: 7 1/2 Stunden

Zwölfter Tag
von Tsarang nach Geling
Höhenunterschied beim Aufstieg: 750 m
Höhenunterschied beim Abstieg: 700 m
Gehzeit: 5 Stunden

Man bleibt auf der Straße, die man auf dem Hinweg eingeschlagen hat, überquert den Yangda La und wandert nach Geling. Man sollte dem wichtigsten Ortsteil, der etwas abseits liegt, einen Besuch abstatten.

Von dem charakteristischen Dorf und den bewässerten Feldern führt ein langer Wandertag direkt nach Jomosom. Man kann die Nacht selbstverständlich auch in Kagbeni verbringen. Von Jomosom kehrt man am nächsten Tag mit dem Flugzeug nach Pokhara und Kathmandu zurück.

Von öden Hängen umgeben und von einem soliden Mauerring geschützt, empfängt Lo Manthang die Trekker mit einem Anblick wie aus längst vergangenen Zeiten.
Foto: Galen Rowell/ Mountain Light

Oben: Mustang, das sich lange Zeit dem Tourismus verschlossen hatte, empfängt die Besucher heute mit einem Lächeln. Auf dem Foto eine Frau aus Samar am Fenster ihres Hauses.
Foto: Galen Rowell/ Mountain Light

IN DEN TÄLERN VON LANGTANG UND HELAMBU

Klöster, vereiste Gipfel und heilige Seen nördlich von Kathmandu

"Das obere Langtang ist ein schönes, offenes, fruchtbares Tal mit vielen Blumen und schönen Weideflächen, drumherum von hohen Gipfeln gekrönt. Das gesamte Gebiet kann man zu Recht als ein Paradies für Viehzüchter bezeichnen. In einer Höhe von 3300 m erwartet man normalerweise nur einige ärmliche, lediglich im Sommer bewohnte Schutzhütten. In Langtang dagegen lebt eine von etwa 30 Familien gebildete Gemeinschaft mit großem Viehbestand: Kühen, Yaks und Schafen. Die Einwohner des Dorfes sind reiche Landeigentümer; sie bauen Getreide, Kartoffeln, Mais und Gerste an." Der Engländer Harold W. Tilman, ein leidenschaftlicher Himalayaforscher und der erste Europäer, der die nepalesischen Berge besuchen durfte, beschrieb 1949 mit diesen Worten das vom Langtang Lirung beherrschte Tal. Statt zum Südhang des Gaurisankar und des Everest hatte die kleine Expedition von Tilman Zutritt zum Trisuli-Tal und zum Langtang Himal erhalten, dem Kathmandu am nächsten liegenden Gebirgszug.

"Das nepalesische Himalayagebiet ist den Europäern zum großen Teil unbekannt. Daher ist die Erforschung irgendeines Abschnitts dieser riesigen Gebirgskette auf jeden Fall interessant", war die Meinung von Tilman, wie er selber in seiner Schilderung *Nepal Himalaya* erzählt.

Die "Notlösung" der Expedition Tilmans erwies sich jedoch als eines der interessantesten und abwechslungsreichsten Gebiete im gesamten Himalaya. Heute, fast ein halbes Jahrhundert nach den ersten Forschungen Tilmans, ist das Langtang-Tal eines der bei den Trekkern beliebtesten Täler. Der Grund dafür ist zum Teil die Nähe von Kathmandu und der bequemen Straße, die die Hauptstadt mit Trisuli Bazar und mit Dhunche verbindet. Aber das Langtang und die Täler von Helambu im Süden sind auch landschaftlich alles andere als "Notlösungen". Obwohl man hier niemals die 8000 m-Grenze überschreitet, gehören der Langtang Lirung (7220 m), der Ganesh Himal (7406 m) und der Dorje Lhakpa (6990 m) zu den elegantesten Spitzen von Nepal. Zu ihren Füßen findet man im unteren und mittleren Tal die Tamang-Niederlassungen mit Dörfern, in denen zweistöckige Häuser eng aneinandergebaut sind; die Straßen sind zum großen Teil gepflastert, und die Traditionen der Vergangenheit sind hier noch wichtige Elemente des täglichen Lebens. Im oberen Abschnitt des Langtang-Tales leben die Bothia, ein weiterer buddhistischer Tibeterstamm. In den Tälern von Helambu leben viele Sherpas, deren Sprache und Bräuche sich jedoch eindeutig von denen der Völker des Khumbu unterscheiden.

Sehr interessant sind auch die drei heiligen Seen von Gosainkund, die allesamt über 4000 m liegen. Jedes Jahr im Juli und August begeben sich viele Hindu-Pilger dorthin, trotz des Wütens der Monsunregenfälle. Die dem Gott Schiwa heiligen Seen stehen im Mittelpunkt zahlreicher Legenden. Nach der Überlieferung wurden sie von dem Gott mit einem einzigen Schlag seines *trisul*, des heiligen Dreizacks, geschaffen. Auch die Naturlandschaft ist außerordentlich. Mit den tiefen Felsenschluchten, den Hochtälern, wo man nur wenigen Trekkern oder Viehzüchtern begegnet, den dichten, abwechslungsreichen Wäldern, den Wasserläufen und Seen ist die Region Langtang besonders reich an seltenen Tier- und Pflanzenarten. Hier hat der Wanderer gute Möglichkeiten, auf einen Adler,

An der Grenze zwischen Nepal und China liegt das Massiv des Langtang Lirung (7220 m), der höchste Gebirgsstock, den man auf dem Trek bewundern kann. Foto: Marco Majrani

Großes Bild: Gebetsfahnen begleiten den Trekker auf seinem Weg durch die buddhistischen Täler Nepals und Tibets. Hier befinden wir uns oberhalb von Kyangjin; im Hintergrund beherrscht der Langtang Lirung den Horizont. Foto: Marco Majrani

NÜTZLICHE INFORMATIONEN

Dauer: 15 Tage.
Höhenlage: zwischen 785 m in Talabasi und 5520 m am Yala Peak
Jahreszeit: vorzugsweise vor und nach dem Monsun. Häufig findet man auch im Hochsommer Trekker in diesem Gebiet. In den Helambu-Tälern kann man auch im Winter gut Wanderungen unternehmen.
Formalitäten: Es ist ein *trekking permit* erforderlich.
Schwierigkeitsgrad: keine technischen Probleme, was die Trekkingtour anbelangt; für die Besteigung des Yala Peak sind Seil, Pickel und Steigeisen erforderlich.
Körperliche Belastung: durchschnittlich; jedoch ist der Aufstieg zum Yala Peak und zum Tsergo Ri aufgrund der Höhenlage ziemlich anstrengend.
Ausrüstung: Die normale Trekking-Ausrüstung genügt; ein Zelt ist erforderlich.
Anreise: Dhunche (1980 m) erreicht man von Kathmandu aus mit Bus oder Geländewagen über die Kakani-Paßstraße, Ranipauwa, Trisuli Bazar und Betrawati. Von Talabasi erreicht man Kathmandu in 2 Stunden.
Führer und Träger: Man kann in Dhunche Träger anheuern oder sich an die zahlreichen Trekking-agenturen in Kathmandu wenden.
Varianten und Gipfel: Alternativ zum Yala Peak kann man den Tsergo Ri (5023 m) besteigen. Von den Seen von Gosainkund erreicht man nach zwei auf steilen Hängen verbrachten Tagen Dhunche. Von Thare Pati gibt es zahlreiche Varianten, über die man das Kathmandu-Tal erreicht.
Notfälle: Über die Landepiste knapp oberhalb des Kyangjin Gompa können gegebenenfalls Kranke oder Verletzte ausgeflogen werden. Man kann auch bei den in Ghora Tabela stationierten Militärs um Hilfe anfragen.
Karten: Recht genau sind die Alpenvereinskarten 1:50 000 Nr. 0/10 *Langthang Himal West* und 0/11 *Langthang Himal Ost* des Deutschen Alpenvereins. Sie zeigen allerdings nur einen Teil des Gebiets, in dem sich der Trek bewegt (1.-11. Tag). Der Nelles Verlag in München bietet eine Karte im Maßstab 1:100 000 *Helambu-Langtang* an, die ebenfalls einigermaßen genau ist.
Trekkingführer: Hinweise zu Treks in der Region finden sich im *APA Guide Nepal*, hrsg. v. L. Choegyal (Reise- und Verkehrsverlag, 1994) sowie im *Nepal-Handbuch* von T. Wheeler und R. Everist (Verlag Gisela E. Walter, 1992).
Lektüre: Die Schilderung der ersten Erforschung des Tals findet sich in dem Buch *Nepal Himalaya* von H.W. Tilman.

Eine typische mani-Mauer mit zahlreichen Gebetsfahnen in der Nähe des Kyangjin-Klosters. Foto: Marco Majrani

Oben: Am malerischen Gosainkund-See - hier vom Suria Kund-Paß (oder Laurebina-Paß) aus gesehen - beginnt der lange Abstieg nach Helambu hinunter. Foto: Marco Majrani

Geier oder sogar - mit viel Glück - einen Bären zu treffen. Im Tal wurden 160 Vogelarten und über dreißig Säugetierarten gezählt, darunter der seltene Schneeleopard, von dem es heute im gesamten Himalayagebiet nur noch wenige Exemplare gibt.

Um diese außerordentliche Fauna und Flora und das gesamte Gebiet vor übermäßigen Eingriffen des Menschen zu schützen, wurde 1976 der Langtang-Nationalpark eingerichtet, der zweite in Nepal nach dem Sagarmatha-Nationalpark am Everest. Auf den 170 000 ha des Schutzgebietes ist die Jagd verboten (leider ist noch nicht gelungen, der Wilderei ein Ende zu bereiten), ebenso sind alle Holzvorkommen tabu. Auch hier muß man also hinsichtlich des Brennstoffs unabhängig sein, da man nicht auf die örtlichen Holzbestände zurückgreifen kann. Für den Trekker gilt das überall im Himalaya und im Karakorum.

Die von Kathmandu aus leicht erreichbaren Täler von Langtang und Helambu (letzteres Gebiet kann man von den Vorstädten der Hauptstadt aus sogar zu Fuß erreichen) kann man zu jeder Jahreszeit besuchen. Während die günstigste Periode für Wanderungen durch das obere Langtang-Tal die klassische, auch für alle anderen Gebiete von Nepal gültige Jahreszeit ist - von März bis Mai und von Oktober bis November - können die Pfade von Langtang und Gosainkund auch in der Zeit der Monsunregen bewandert werden. Trotz der unvorhersehbaren schweren Regenfälle findet in dieser Periode die große Pilgerwanderung zu den heiligen Seen des Schiwa statt.

Die in der Nähe der Hauptstadt liegenden Täler von Helambu können dagegen auch in der kalten Jahreszeit begangen werden, wenn die schönen Wege durch das Malemchi-Tal hinauf nach Tharke Gyang und Thare Pati immer noch angenehm und einigermaßen sonnig und warm sind. Die Route, die wir hier beschreiben und die praktisch zwei Treks zusammenfaßt, verbindet den Besuch des oberen Langtang-Tals und den Aufstieg zum 5500 m hohen Yala Peak mit der bezaubernden Tour zu den Gosainkund-Seen. Der lange und mühsame, aber durch eine herrliche Landschaft führende Abstieg bringt uns direkt in das Helambu-Gebiet, wo man die Straße im Talgrund erreichen und ihr bis Talabasi folgen kann.

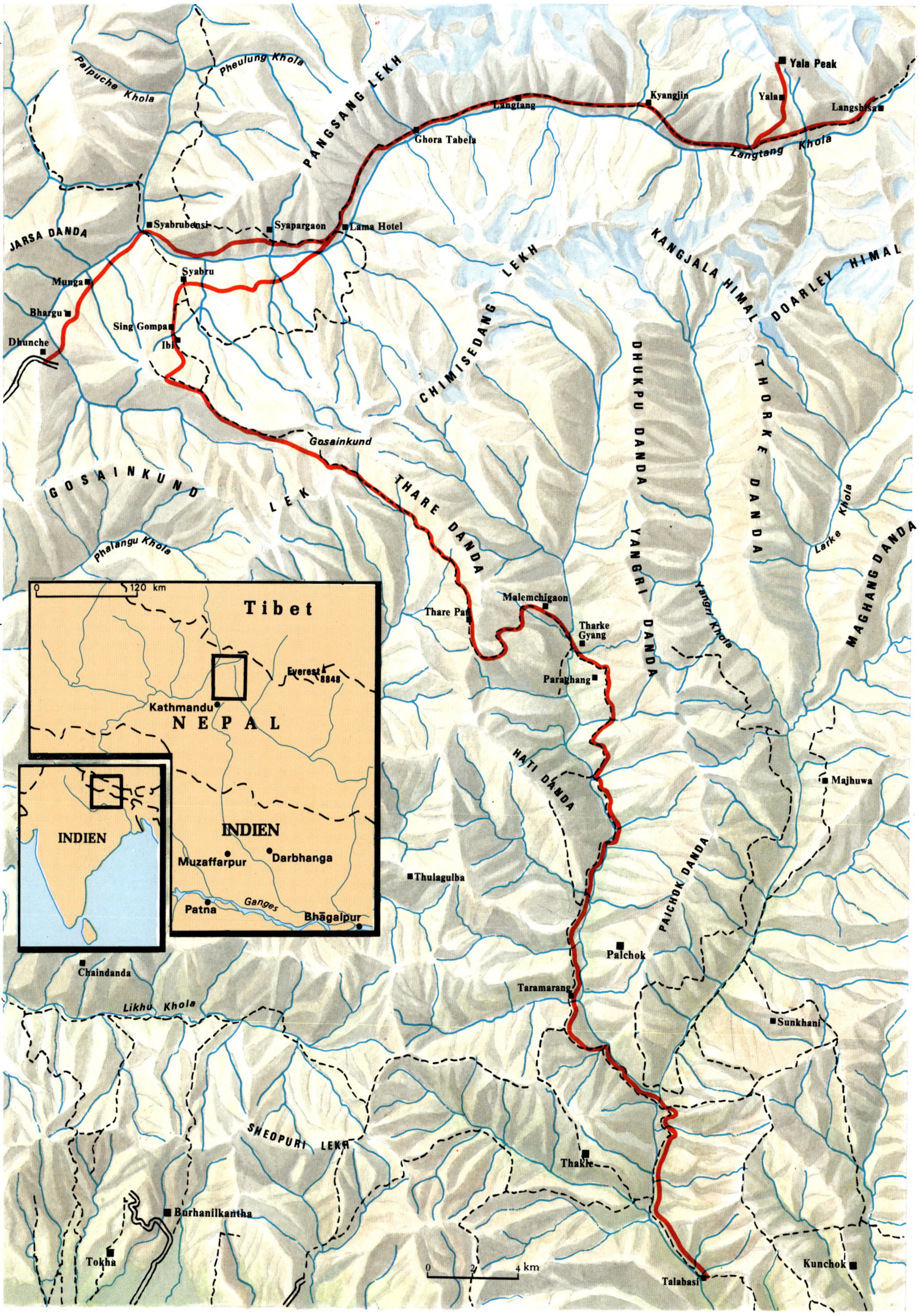
Yala Peak
Yala
Langshisa
Kyangjin
Langtang
Langtang Khola
Ghora Tabela
PANGSANG LEKH
Pheulung Khola
Palpuche Khola
JARSA DANDA
Syabrubensi
Syapargaon
Lama Hotel
Syabru
Munga
Bhargu
Dhunche
Sing Gompa
Ibi
KANGJALA HIMAL
DOARLEY HIMAL
CHIMISEDANG LEKH
DHUKPU DANDA
THORKE DANDA
Gosainkund
GOSAINKUND LEK
THARE DANDA
Phalangu Khola
Larke Khola
MAGHANG DANDA
YANGRI DANDA
Yangri Khola
Malemchigaon
Thare Pati
Tharke Gyang
Paraghang
HATI DANDA
Majhuwa
PAICHOK DANDA
Thulagulba
Palchok
Chaindanda
Likhu Khola
Taramarang
Sunkhani
SHEOPURI LEKH
Thakle
Burhanilkantha
Tokha
0 2 4 km
Talabasi
Kunchok
0 120 km
Tibet
Everest 8848
Kathmandu
NEPAL
INDIEN
Muzaffarpur
Darbhanga
Patna
Ganges
Bhāgalpur

Zweiter Tag
von Syabrubensi nach Syapargaon
Höhenunterschied beim Aufstieg: 1070 m
Gehzeit: 6 1/2 Stunden

Die Etappe beginnt mit einem ziemlich mühsamen Streckenabschnitt; die Wanderung wird dann allmählich bequemer, je weiter man in das Langtang-Tal vordringt. Man erreicht die Ortschaft Mandal, wo man einen steilen Hang zwischen Feldern und über Terrassen hinaufsteigen muß. Nachdem man einen Höhenunterschied von 700 m überwunden hat, gelangt man nach Khangjong (2218 m). Eine andere Lösung besteht darin, Khangjong auf dem längeren und weniger mühsamen Weg über Birdim zu erreichen.

Dann steigt man hinauf bis nach Bhanyangaon, wo die letzten Reispflanzungen bald den Gerste- und Maispflanzungen weichen; man setzt seinen Weg durch das strenge Langtang-Tal bis zu dem kleinen Dorf Syapargaon (2593 m) fort. Wer nicht über ein Zelt verfügt, muß seinen Weg bis zum Lama Hotel fortsetzen (der Weg verlängert sich um 1 1/2 Std.).

Erster Tag
von Dhunche nach Syabrubensi
Höhenunterschied beim Aufstieg: 150 m
Höhenunterschied beim Abstieg: 600 m
Gehzeit: 5 Stunden

Die erste Etappe des Treks zieht sich über eine lange Strecke und häufig in einer großartigen und wilden Umgebung durch das Tal des Trisuli Khola. Die Wanderung beginnt auf einem schönen, gepflasterten Pfad, der zu der bäuerlichen Ortschaft Rasuwa führt. Nicht weit entfernt wird der Fluß auf einer Brücke (1670 m) überquert. Eine Strecke auf halber Höhe führt nach Bharku (1860 m). Man läßt den steilen Pfad, der in einer wilden Landschaft zu dem Tamang-Dorf Syabru führt, rechts liegen und setzt den Weg über eine sich noch im Bau befindliche Straße fort, die man verläßt, um steil nach Munga herunterzuwandern. Die Landschaft wird bis zum Zusammenfluß des Trisuli Khola und des Langtang Khola immer wilder, das Gelände unwegsamer. Man wandert an einer Seilbahn über den ersten Fluß vorbei und erreicht eine Brücke über den Langtang Khola, die nach Syabrubensi (1523 m) führt.

Oben: In den Hochtälern von Helambu begegnet man hier und da Schafherden. Foto: Marco Majrani

Mitte: Die Ortschaft Syabru auf einem Hügelkamm in 2300 m Höhe, eine der bezauberndsten und typischsten dieser Gegend. Foto: Marco Majrani

Unten: Überall in den Tälern Nepals hat die Arbeit zahlreicher Generationen die steilen Hänge der Berge in eine regelmäßige Aufeinanderfolge bebauter Bodenterrassen verwandelt. Hier befinden wir uns in der Nähe von Syabru. Foto: Marco Majrani

Dritter Tag
von Syapargaon nach Ghora Tabela
Höhenunterschied beim Aufstieg: 600 m
Höhenunterschied beim Abstieg: 100 m
Gehzeit: 5 Stunden

Diese im Vergleich zur vorhergehenden nicht so steile Etappe bringt uns in das Hochtal. Der Weg führt auf halber Höhe leicht abschüssig weiter bis zu den ärmlichen Teehäusern des Lama Hotels. Man läßt den Weg nach Syabru (den man auf dem Rückweg einschlagen wird) rechts liegen und steigt über eine lange Steintreppe und eine felsige Erhebung bis zu den Häusern von Gumnacha auf. Dort betritt man einen schönen Wald und wandert längs eines Baches bis nach Ghora Tabela (3048 m), wo man an einem militärischen Kontrollpunkt den *trekking permit* vorzeigen muß. Hier gibt es eine angenehme Lodge.

Alle Tamang-Dörfer besitzen sehr schöne Holzhäuser. Hier ein Detail aus Syabru. Foto: Marco Majrani

Unten links: Eine mani-Mauer im Langtang-Tal. Traditionsgemäß müssen Wanderer um diese Denkmäler stets im Uhrzeigersinn herumgehen; dasselbe gilt für die Tschorten. Foto: Marco Majrani

Unten rechts: Ein Haus der Ortschaft Syabru am Weg vom Langtang-ins Helambu-Tal. Schöne Schnitzereien zieren die hölzerne Wand. Foto: Marco Majrani

Vierter Tag
von Ghora Tabela nach Kyangjin
Höhenunterschied beim Aufstieg: 850 m
Höhenunterschied beim Abstieg: 100 m
Gehzeit: 6 1/2 Stunden

Ein langer Tag, den man inmitten von Feldern und verlassenen Tamang-Dörfern verbringt und der ins Herz des Tals führt, wo man die Ortschaft Langtang und das buddhistische Kyangjin-Kloster erreicht. Eine Augenweide sind die wechselnden Ausblicke auf die nun nicht mehr so weit entfernten Gipfel und auf die herrlichen, dichten Wälder des gegenüberliegenden Talhangs. Der lange Weg führt den Talgrund entlang, vorbei an Terrassenpflanzungen und verlassenen Häusern und Dörfern. Man erreicht schließlich die freundliche Ortschaft Langtang (3502 m). Dann setzt man den Weg längs einer endlosen Reihe von Tschorten und *mani*-Mauern vorbei fort und steigt bis zur Brücke hinauf, die zum Eingang des Kyangjin-Klosters (3840 m) führt, in dessen Nähe sich eine Käserei und eine Schutzhütte befinden.

Fünfter Tag
von Kyangjin nach Langshisa und zurück
Höhenunterschied: 500 m
Gehzeit: 5 Stunden

Das Kloster und die Häuser von Kyangjin sind der Ausgangspunkt

Das eindrucksvolle Massiv des Langtang Lirung (7220 m) beherrscht den oberen Abschnitt des Tals. Das Bild wurde vom Rande des Langtang-Gletschers aus in etwa 4100 m Höhe aufgenommen. Foto: Marco Majrani

für zahlreiche Wanderungen. Eine der interessantesten und beliebtesten ist die zum Langtang-Gletscher.

Man kann sich an demselben Tag ebenfalls nach Yala begeben, aber zwei aufeinanderfolgende Nächte in Kyangjin sind nützlich, um sich an das Klima zu gewöhnen.

Nach etwa einer Stunde erreicht man die Landepiste, wo man in südlicher Richtung bis zum Fluß wandert. Längs des Flusses steigt man bis zu einer ersten Gruppe von Berghäusern auf (3810 m), in denen sich die Hirten der Gegend aufhalten. Nach einer zweiten, nicht ganzjährig bewohnten Niederlassung am Fuß der Gletschermoränen erreicht man die Hütte von Langshisa (4048 m) am Fuß der schönen Gipfel des Morimoto Peak, direkt unterhalb des Hauptstroms des Langtang-Gletschers. In der Nähe kann man einen rötlichen Felsen sehen, der im Mittelpunkt zahlreicher örtlicher Legenden steht. Man kehrt auf demselben Weg zurück.

Oben: Pferde auf den Weiden beim Kyangjin-Kloster. In diesen Tälern findet man Siedlungen bis in 4000 m Höhe. Foto: Marco Majrani

Rechts: Das kleine Gebäude des buddhistischen Kyangjin-Klosters (3840 m) empfängt den Wanderer am Ende eines langen, mühsamen Aufstiegs von Syabrubensi und Ghora Tabela. Foto: Marco Majrani

Sechster Tag
von Kyangjin nach Yala
Höhenunterschied beim Aufstieg: 850 m
Höhenunterschied beim Abstieg: 50 m
Gehzeit: 3 1/2 Stunden

Eine ruhige, angenehme Etappe, die in die weite Wiesenmulde des oberen Talabschnitts führt, vor der Kulisse des Langtang Lirung und der anderen das Tal überragenden Spitzen. Man kehrt zur Landepiste zurück und erreicht die Häuser von Changlu. Dort setzt man den Weg auf einem Pfad fort, der über eine Erhebung und an einer Ortschaft vorbei die Hütten von Thigyapsa erreicht. Eine etwas steilere Wegstrecke führt zu den Almen von Yala (4630 m), die von einer kargen Hochgebirgslandschaft umgeben sind.

Siebter Tag
von Yala zum Yala Peak und zurück
Höhenunterschied: 950 m
Gehzeit: 7 Stunden

Den Trekker erwartet ein ziemlich anstrengender Tag, den man durch den Abstieg nach Kyangjin noch etwas verlängern kann; dadurch vermeidet man eine zweite kalte Übernachtung auf den Weiden von Yala. Das Eis des Yala Peak bereitet dem Wanderer keine besonderen Schwierigkeiten.

Man beginnt mit einer flotten Wanderung über ebene Weiden. Dann erklimmt man einen breiten, steinigen Kamm, auf dem Gebetsfahnen wehen (5200 m, 2 Std.). Von dort gelangt man an den

Eine Gruppe von Trägern rastet am größten der heiligen Gosainkund-Seen (4502 m), der jedes Jahr von Tausenden hinduistischer Pilger besucht wird. Foto: Marco Majrani

Rand des Gletschers (etwa 5300 m). Nach einer anfänglich steilen Strecke (etwa eine Seillänge) setzt man den Weg über einen von einigen Spalten durchschnittenen Eishang fort bis zu den Felsen der Spitze (5520 m, 2 Std.). Man kann den Gletscher umgehen, indem man rechts über eine Felsenrippe mit einigen Kletterpassagen 2. Grades aufsteigt.

Achter Tag
von Yala zum Lama Hotel
Höhenunterschied beim Aufstieg: 100 m
Höhenunterschied beim Abstieg: 2000 m
Gehzeit: 8 Stunden

Ein langer Abstieg, der ziemlich in die Beine geht, führt uns in die bewaldete Zone zurück. Der Weg verläuft über die auf dem Hinweg benutzte Strecke.

Neunter Tag
vom Lama Hotel nach Syabru
Höhenunterschied beim Aufstieg: 1000 m
Höhenunterschied beim Abstieg: 1450 m
Gehzeit: 5 1/2 Stunden

Noch ein ziemlich mühevoller Tag, der jedoch durch dichte Wälder führt, die zu den schönsten und unberührtesten von Nepal zählen. Am Lama Hotel schlägt man den Weg nach Syapargaon ein, von dem man links abzweigt und auf einer neuen Metallbrücke den Langtang Khola (1950 m) überquert. Dann steigt man durch dichten Wald ab; später führt der Weg in dauerndem Auf und Ab bis zum Anfang (etwa 1650 m) des steilen Hangs Richtung Syabru. Dessen erster Abschnitt ist ziemlich mühsam, dann wird die Steigung etwas sanfter. Über Wiesen gelangt man nach Syabru (2300 m), einer hübschen Ortschaft auf einem Bergkamm, die über mehrere Hotels verfügt.

Zehnter Tag
von Syabru nach Sing Gompa
Höhenunterschied beim Aufstieg: 1300 m
Höhenunterschied beim Abstieg: 50 m
Gehzeit: 4 Stunden

Ein nicht sehr langer, aber aufgrund des zu bewältigenden gewaltigen Höhenunterschieds doch ziemlich mühsamer Tag. Der Weg beginnt bei den letzten Häusern von Syabru und steigt steil bis zu einem Tschorten auf. Von dort führt er durch einen dichten, schönen Wald, den man für eine Strecke am Hang vorübergehend verläßt. Jenseits eines modernen Hauses erreicht man nach kurzer Zeit die kleine Ortschaft Sing Gompa (Phalang Gyang, 3550 m), die von wunderbaren Nadelwäldern umgeben ist. Das Kloster des Ortes ist verlassen und verfallen.

Das tosende Wasser des Flusses Langtang fließt durch einen schönen Wald von Nadelbäumen und Rhododendren. Foto: Marco Majrani

Elfter Tag
von Sing Gompa zu den Gosainkund-Seen
Höhenunterschied beim Aufstieg: 1100 m
Höhenunterschied beim Abstieg: 150 m
Gehzeit: 6 Stunden

Eine letzte schwere Steigung führt zu den heiligen Gosainkund-Seen, die in einem schroffen, wilden eindrucksvollen Becken liegen. Der Weg beginnt auf halber Höhe zwischen Rhododendren und erreicht die Ruinen von Dungal Pati (3877 m), die einen schönen Ausblick auf den Langtang Lirung und den Ganesh Himal bieten. Hier steigt der Pfad wieder steil an und führt über sonnige Berghänge zu einem Paß (4309 m) mit seinen großen Tschorten. In einer großartigen Landschaft wandert man bis zu einer Reihe von kleinen Seen und steigt wiederum bis zum Hauptsee von Gosainkund (4502 m) auf, in dessen Nähe sich ein kleiner, dem Gott Schiwa geweihter Tempel, einige bescheidene Steinbauten und zahlreiche zum Lagern hervorragend geeignete Plätze befinden.

Zwölfter Tag
von den Gosainkund-Seen nach Thare Pati
Höhenunterschied beim Aufstieg: 450 m
Höhenunterschied beim Abstieg: 1350 m
Gehzeit: 8 Stunden

Eine lange, interessante Etappe mit einem anstrengenden Endspurt, bei dem noch einmal 300 steile Höhenmeter überwunden werden müssen.

Die Wanderung nach Kathmandu hinunter beginnt am Suria Kund-Paß (4602 m), wo es zwischen Geröllhängen und Weiden bergab geht. Jenseits eines kleinen Wasserfalles betritt man einen von Rhododendren gebildeten Buschwald und wandert in angenehmer Umgebung bis zur Terrasse von Gopte (3536 m), einem möglichen Platz für das Lager. Man setzt den Weg in den Talgrund (3250 m) fort und steigt dann mühsam wieder bis zum Paß und zur Ortschaft Thare Pati auf (3597 m), wo es verschiedene Unterkunftsmöglichkeiten gibt.

Der elegante Gipfel des Kimshun (6745 m), von einem Standpunkt in der Nähe des Kyangjin-Klosters aufgenommen. Foto: Marco Majrani

Dreizehnter Tag
von Thare Pati nach Tharke Gyang
Höhenunterschied beim Aufstieg: 300 m
Höhenunterschied beim Abstieg: 1100 m
Gehzeit: 6 Stunden

Eine ziemlich lange Etappe mit sehr schönen Strecken durch den Wald, über den Fluß - und mit der schönen Sherpa-Ortschaft Malemchigaon. Sobald man den Paß hinter sich gelassen hat, geht es in zahlreichen Kehren steil bergab, zunächst zwischen Büschen hindurch und dann durch einen Nadelwald. Man erreicht schließlich die Häuser von Malemchigaon (2532 m), einer Sherpa-Ortschaft mit einem sehr interessanten Kloster und verschiedenen Übernachtungsmöglichkeiten. Der Weg, der herrliche Blicke auf das Helambu-Tal bietet, führt noch weiter hinunter bis zu einer Brücke (2500 m) und dann über Nakota nach Tharke Gyang (2743 m) hinauf.

Vierzehnter Tag
von Tharke Gyang nach Taramarang
Höhenunterschied beim Aufstieg: 200 m
Höhenunterschied beim Abstieg: 2000 m
Gehzeit: 7 Stunden

Nachdem man das Hochgebirge nun endgültig hinter sich gelassen hat, geht es rasch hinunter bis unter 1000 m Höhe, an den Rand des Kathmandu-Tals, das am nächsten Tag erreicht wird.

Der Weg führt in ein tiefes Tal hinein zu den Häusern von Tassithang (2593 m). Man durchquert einen Einschnitt im Schrofen und erreicht jenseits einer Schlucht das schöne buddhistische Kloster Ghayin Ghang und kurz danach die Sherpa-Ortschaft Kakani (2278 m). Von hier führt der Weg rasch nach Thimbu (1568 m) und längs des Flusses Malemchi zu den kleinen Ortschaften Kiul (1463 m) und Mahankal (1158 m); danach erreicht man endlich Taramarang (920 m).

Fünfzehnter Tag
von Taramarang nach Talabasi
Höhenunterschied beim Aufstieg: 100 m
Höhenunterschied beim Abstieg: 250 m
Gehzeit: 3 Stunden

Diese kurze Etappe führt zur Straße nach Kathmandu. Man wandert durch einen schönen Wald bis nach Malemchi Phul Bazar (846 m); dann setzt man den Weg in Richtung von Bahunepati und Talabasi (785 m) fort, wo die Straße beginnt.

Im unteren Helambu-Tal bestehen die Dörfer aus charakteristischen runden Häusern.
Foto: Marco Majrani

Oben: Der Wald, den der Pfad im oberen Helambu-Tal durchquert, verwandelt sich, vom Nebel eingehüllt, in einen magischen, geheimnisvollen Ort.
Foto: Marco Majrani

IN DEN TÄLERN DES KHUMBU

Dörfer, Pfade und Landschaften in der Heimat der Sherpas vor dem Mount Everest

"Die Hänge des Berges wurden immer steiler und schroffer, die Felder immer spärlicher, die Hütten verstreuter. Die Landschaft erinnert zunächst an die Alpen, verwandelt sich aber dann in ein typisches Himalayagebiet. Auch das Aussehen der Menschen verändert sich: Wir erkannten die breiten, sanften mongolischen Gesichtszüge, die schwere, reicher verzierte Kleidung. Wir befanden uns im Land der Sherpas!" Mit diesen Worten schilderte John Hunt 1953 sein Eintreffen im Dudh Kosi-Tal und in der Khumbu-Region, die vom Everest und seinen Nachbargipfeln, dem Ama Dablam, dem Kangtega und dem Cho Oyu, beherrscht wird. Die englische Expedition, die als erste die Spitze des Everest erobern sollte und an der Hunt teilnahm, kam aus dem Westen. Die Teilnehmer waren zu Fuß von Kathmandu aufgebrochen und hatten im Laufe von zwei Wochen eine bezaubernde, jedoch endlose Reihe von Gebirgsausläufern überwunden - ein mühsamer Weg, der aber eine gute Akklimatisierung bewirkte. Er führte hier und dort durch dichten Wald und durch Gebiete von großem naturwissenschaftlichem und anthropologischem Interesse.

Auch heute noch kann der Wanderer Schritt für Schritt den Übergang von der hinduistischen Welt der Hügel um Kathmandu zu den buddhistischen Traditionen der Sherpas des Khumbu verfolgen. Aber der Weg, der in der Hauptstadt Nepals beginnt und an wenigen Stellen durch eine Autostraße ersetzt wurde, ist nicht der am häufigsten eingeschlagene Weg ins Land der Sherpas. Ein Großteil der Besucher kommt mit dem Flugzeug von Kathmandu und landet auf der kleinen Graspiste von Lukla, 2850 m hoch auf einer Terrasse über dem Tal des Dudh Kosi, des "Milchflusses", der das Wasser aus den Seitentälern des Sherpa-Gebiets aufnimmt. Aus dem Fenster der *Twin Otter* kann man bereits einen ersten Blick auf die Berge werfen.

In das feurige Licht des Sonnenuntergangs getaucht, erscheint die Südwestwand des Everest hinter den eisüberzogenen Felsen des Nuptse (7879 m). Foto: Marco Majrani

Von Lukla führt der Weg in den Talgrund und mündet dort in den den traditionellen Weg aus Kathmandu; er steigt dann nach Phakding, Jorsale und Namche Bazar an, der kleinen, stolzen "Hauptstadt" der Sherpas, die auf einer herrliche Bergterrasse in über 3400 m Höhe verschanzt liegt. Die nächsten Stationen auf dem "klassischen Weg zum Everest" sind die buddhistischen *gompas* von Tengboche und von Pangboche, wo die angeblichen Reste eines Yeti aufbewahrt werden. Dann führt er über die herrlichen Wiesen von Pheriche, steigt zu den Seitenmoränen des Khumbu-Gletschers und zu den mageren Weiden von Lobuche und Gorak Shep auf. Hier teilt sich der Pfad. Setzt man den Weg geradeaus fort, so gelang man auf die vereiste Hochebene, wo sich die Basislager der Expeditionen auf den Everest befinden. Links gelangt man in ein paar mühsamen Stunden über einen Wiesen- und Steinhang auf den 5545 m hohen Kala Pattar, einen der schönsten Aussichtspunkte des Himalaya.

Hier fand 1951 ein Wandel in der Geschichte des Alpinismus statt: "Von dort sahen wir, daß es einen problemlosen Weg gab: durch das westliche Kar und dann über die Steilwand des Lhotse bis über 7500 m hinaus, von wo die Überquerung zum Südpaß kein Problem darstellen dürfte", schrieb Eric Shipton, nachdem er zusammen mit Edmund Hillary den Kala Pattar erreicht hatte. Shipton hatte vor dem Krieg und der chinesischen Invasion von Tibet einige Male versucht, den Mount Everest von Norden her zu besteigen. Jetzt, am Fuß des Pumori, im geheimnisvollen, den Ausländern nun endlich wieder zugänglichen Nepal, machte er die Feststellung, daß die Geschichte der Eroberung des höchsten Bergs der Erde doch noch geschrieben werden konnte. Der von Shipton und Hillary geöffnete Weg wurde rasch sehr beliebt, und wenn nun bald das erste Tausend Bergsteiger erreicht ist, die den Gipfel des Everest über den Südweg erobert haben, dann sind es noch viel mehr Trekker, die sich an den Fuß dieses Bergs begeben.

Das Panorama, die dramatische Geschichte der Erstbesteigung und des Alpinismus, die bezaubernde tibetische Kultur der Sherpas (*Shar-Pa*, das "Volk des Ostens", das vor einigen Jahrhunderten die Hochebene von Tibet verließ) - all das trägt dazu bei, dieses Gebiet zusammen mit dem Kali Gandaki-Tal zu einem der beliebtesten Ziele an den Hängen der großen Berge Asiens zu machen. Aus diesem Grund wollen wir dem Besucher raten, sich nicht nur auf das Wesentliche zu beschränken und sich nicht schon bei der Ankunft am Basislager und auf dem Kali Pattar am Ziel seiner Wünsche zu fühlen. Das von vielen anderen außerordentlichen Bergen - dem Lhotse, dem Baruntse, dem Cho Oyu und dem Gyachung Kang, dem Ama Dablam und dem Kangtega - umgebene Khumbu wartet mit noch anderen Tälern und Abenteuern für diejenigen auf, die ihre Reise fortsetzen wollen. Von den Weiden von Chukhung schweift der Blick über die Südwand des Lhotse, eine der höchsten und tückischsten der Welt, die 1990 von dem slowenischen Top-Bergsteiger Tomo Cesen zum ersten Mal bezwungen wurde. Bei der Wanderung über Wiesen und Moränen reicht der Blick bis zu der regelmäßigen Pyramide des Makalu, des dritthöchsten Berges der Welt. Im Westen des Everest liegt das lange, einsame Gokyo-Tal mit seinen schönen, unberührten Dörfern, den Yak-Herden auf den Weiden, den herrlichen Ausblicken vom Gokyo Kang, einem weiteren, nicht sehr hohen "Hügel", von dem aus man vier der 14 Achttausender der Erde sehen kann. Noch weiter im Westen war die Ortschaft Thami mit ihrem Kloster für lange Zeit der Ausgangspunkt des Wegs nach Tibet, der den 5716 m hohen Nangpa La überwindet. Sie ist es - allen politischen Schwierigkeiten zum Trotz - bis heute geblieben. Weiter unten, vor den Toren von Namche, kann man in den Ortschaften Khumjung und Khumde einen Blick auf die wahre Zivilisation der Sherpas erhaschen. Der in diesem Kapitel beschriebene Trekkingweg ist, mehr noch als die anderen, nur eine Leitlinie, um die herum der Trekker seine eigene Route gestalten und dabei Wandertage mit Ruhetagen und Erkundungen außerhalb der frequentierten Pfade abwechseln lassen kann.

Die Trekkingtouren in diesem Gebiet verlaufen durch den Sagarmatha-Nationalpark, der 1975 gegründet wurde, um den von einer derartigen Vielzahl von Bergsteigern und Trekkern verursachten Eingriffen und Umweltschäden entgegenzuwirken. Dem aufmerksamen Besucher werden die Maßnahmen der Parkbehörden und anderer Organisationen (darunter des von Sir Edmund Hillary gegründeten Himalayan Trust und des nepalesischen King Mahendra Trust) nicht entgehen, denn es wurden Krankenhäuser,

Brücken und kleine Wasserkraftwerke gebaut und das Gebiet wieder aufgeforstet. Eine weitere Maßnahme, um die Wälder des Khumbu zu schützen, ist das Verbot, Holzfeuer zu entfachen; anstatt dessen sind Gas- oder Benzinkocher zu verwenden.

Zwei Trekker blicken hinunter in das tiefe Tal des Dudh Kosi, das vom Everest (links) und dem Schneegipfel des Ama Dablam beherrscht wird. Foto: Marco Majrani

Der "nur" 6856 m hohe Ama Dablam beherrscht das Khumbu-Tal zwischen Namche Bazar und Pheriche; besonders eindrucksvoll erscheint er, wenn man ihn vom Tengboche-Kloster aus betrachtet.
Foto: Marco Majrani

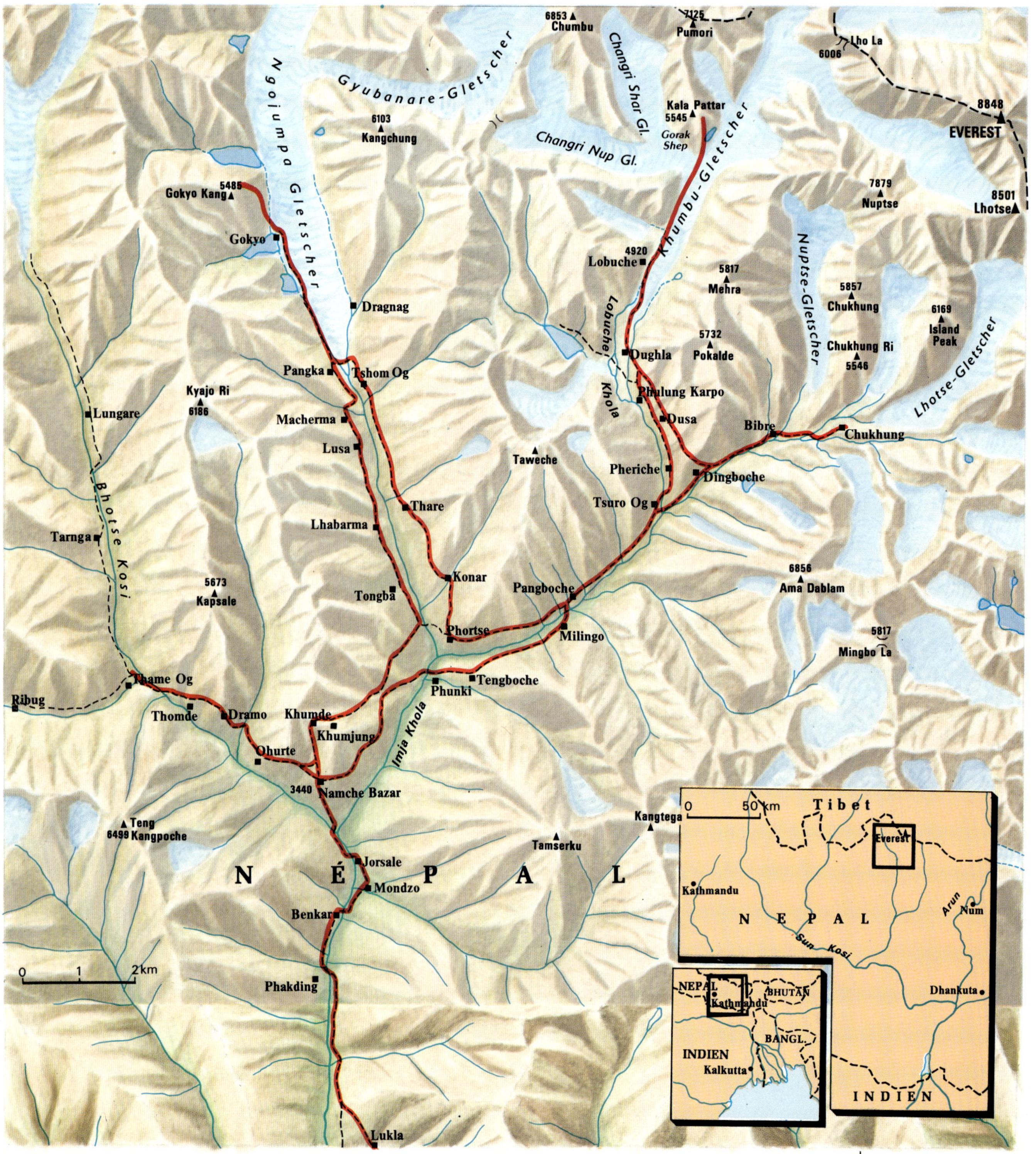

NÜTZLICHE INFORMATIONEN

Dauer: 13 Tage Basistrek, aus denen 18-20 Tage werden können, wenn man Rasttage einlegt oder Varianten geht.
Höhenlage: zwischen 2545 m in Ghat und 5545 m am Kala Pattar
Jahreszeit: von März bis Mai und von Ende September bis Ende November
Formalitäten: Es ist ein *trekking permit* erforderlich, den man in Kathmandu beim *Department of Immigration* (Tel. 00977-1-412337) erhält.
Schwierigkeitsgrad: keine technischen Probleme.
Körperliche Belastung: durchschnittlich, mit nicht sehr langen Etappen, aber Abstechern bis in beachtliche Höhenlagen.
Ausrüstung: die normale Trekking-Ausrüstung; Alpinausrüstung ist nicht erforderlich. Abgesehen von der Nacht in Chukhung kann man auf dem gesamten Trek in Hotels übernachten.
Anreise: Der kleine Flughafen von Lukla ist mit Kathmandu mehrmals täglich durch Flüge der Royal Nepal Airlines verbunden. Die *Twin Otter* der Fluggesellschaft haben 20 Plätze und fliegen nur bei schönem Wetter; bei schlechten Wetterbedingungen kann es somit vorkommen, daß man schon einmal länger warten muß. Wer sich zu Fuß auf den Weg machen will, schlägt den klassischen Weg von Jiri zum Dudh Kosi ein, für den 10 Tage erforderlich sind.
Führer und Träger: Es gibt Trekkingagenturen Büros in Kathmandu, Lukla und Namche Bazar. Es ist im Khumbu selbst in der Hochsaison nicht schwer, Träger zu finden.
Varianten und Gipfel: Der beschriebene Rundgang bildet einen großen Ring durch die Täler des Khumbu, der zahlreiche Abstecher in alle Richtungen ermöglicht. Der nur für Alpinisten geeignete und am meisten besuchte Gipfel des Gebietes ist Island Peak (Imja Tse, 6189 m), den man in zwei Tagen von Chukhung aus bezwingen kann. Seil, Pickel und Steigeisen sind erforderlich; der Aufstieg kann als PD/AD klassifiziert werden. In der Nähe befindet sich der leicht zu ersteigende Chukhung Ri (5546 m). Bei Thami beginnt der spektakuläre Weg Richtung Rolwaling- Tal über den Trashi Labtsa-Paß (5752 m).
Notfälle: In Pheriche und Khumjung gibt es Krankenhäuser und Erste Hilfe-Stationen der Himalayan Rescue Association.
Karten: Die beste ist die Karte *Khumbu Himal* im Maßstab 1:50 000 des Erwin Schneider-Verlags aus dem Jahre 1965, die bis 1993 aktualisiert ist und vom Nelles Verlag in München herausgegeben wird. In derselben Serie gibt es die Karte *Mount Everest* im Maßstab 1:25 000. Billig, leicht zu finden, aber nicht sehr detailgenau sind die in Kathmandu veröffentlichten Mandala Maps.
Trekkingführer: Informationen zu Trekkingrouten in der Region finden sich im *Nepal-Handbuch* von T. Wheeler und R. Everist (Verlag Gisela E. Walter, 1992) sowie im *APA Guide Nepal*, herausgegeben von L. Choegyal (Reise-und Verkehrsverlag, 1994).
Lektüre: Zusammen mit dem Baltoro und dem zum K2 führenden Weg wurde der "Pfad zum Everest" über Namche Bazar und durch die herrlichen Täler des Khumbu von zahlreichen Reisenden und Bergsteigern beschrieben und geschildert. Wir wollen *Nepal Himalaya* von H. W. Tilman, *The Ascent of Everest* von John Hunt (Hodder & Stoughton, 1953) und *Everest, South West Face* von Chris Bonington (Hodder & Stoughton, 1973) erwähnen. Unter den zahlreichen von Reinhold Messner verfaßten Büchern betreffen *Everest. Expedition zum Endpunkt* und *Überlebt - Meine 14 Achttausender* (beide erschienen bei BLV) sowie *Die Göttin des Türkis* (Rother, 1984) ganz oder teilweise den Khumbu.

Bei den Sherpas arbeiten auch die Frauen häufig für Expeditionen und Trekkinggruppen. Auf dem Foto eine Gruppe von Sherpani auf dem steilen Weg, der nach Pheriche hinaufführt. Foto: Stefano Ardito

Erster Tag
von Lukla nach Phakding
Höhenunterschied beim Aufstieg: 150 m
Höhenunterschied beim Abstieg: 400 m
Gehzeit: 2 1/2 Stunden

Die kurze Etappe, die vorwiegend bergab verläuft, bietet die Möglichkeit, sich nach dem Flug von Kathmandu nach Lukla etwas mit dem Gebiet des Khumbu vertraut zu machen. Es ist davon abzuraten, sich sofort nach Namche Bazar zu begeben, wenn man nicht an diese Höhenlagen gewöhnt ist. Der Tag beginnt mit dem Flug von Kathmandu nach dem in 2850 m Höhe liegenden Lukla. Man verläßt den Flughafen und geht durch die Hänge bergab. Der Weg quert einen Nebenfluß und erreicht den Talgrund am Dudh Kosi bei Choplung. Kurz danach stößt man auf die Brücke und die Häuser von Ghat (2545 m). Man steigt am östlichen Ufer des Flusses wieder zur Ortschaft Phakding (2650 m) auf.

Diese 2850 m hoch gelegene Piste aus festgestampfter Erde ist für viele Trekker der erste Eindruck vom Land der Sherpas. Landungen und Starts in Lukla sind jedesmal ein aufregendes Abenteuer. Foto: Lorenzo Musso

Das klare, schäumende Wasser des Dudh Kosi ("Milchfluß"), in den sich die Wasserläufe der Südflanke des Everest, des Cho Oyu und des Lhotse ergießen. Foto: Marco Majrani

In 3440 m Höhe liegt an den Hängen einer charakteristischen Mulde Namche Bazar, die "Hauptstadt" der Sherpas. Dort findet man heute eine Vielzahl von kleinen Hotels, Geschäften und Teehäusern. Foto: Marco Milani/K3

Zweiter Tag
von Phakding nach Namche Bazar
Höhenunterschied beim Aufstieg: 780 m
Gehzeit: 4 1/2 Stunden

Der Trekkingtag, der zu der "Hauptstadt" der Sherpas führt, hat zwei Gesichter: Der erste Abschnitt ist nicht sehr anstrengend, der zweite klettert über eine scharfe Steigung in Serpentinen nach Namche hinauf. Hier verspüren die meisten Trekker die ersten Auswirkungen der Höhenlage.

Sobald man Phakding verlassen hat, steigt der Pfad zwischen Fichten und Rhododendren auf bis zu den Häusern von Benkar (2900 m) und zieht sich am Hang einer steilen Felsenschlucht weiter, an dem große Bienenwaben hängen. Jenseits eines Baches wandert man empor bis nach Mondzo (2835 m), von wo man zu einer Brücke und dem Dorf Jorsale (Thumbung, 2775 m) absteigt; hier betritt man den Nationalpark Sagarmatha. Der Weg führt nun durch den Wald am orographisch rechten Ufer des Flusses entlang bis zum Zusammenfluß des Bhote Kosi und des Dudh Kosi. Jenseits der Brücke

(2850 m) beginnt die lange Steigung durch der Sonne ausgesetztes Gelände nach Namche Bazar (3440 m). Bei klarer Sicht kann man am Anfang der Strecke den Gipfel des Everest sehen. Wir empfehlen zur Akklimatisierung einen Ruhetag in Namche. Man kann das Dorf, den Sitz der Nationalparkverwaltung und das Museum besuchen. Herrlich ist das Panorama mit den eleganten Gletschergipfeln des Thamserku und des Kangtega.

Dritter Tag
von Namche Bazar nach Tengboche
Höhenunterschied beim Aufstieg: 600 m
Höhenunterschied beim Abstieg: 200 m
Gehzeit: 4 Stunden

Nachdem man Namche verlassen hat, führt der Weg zum Kloster Tengboche und der herrlichen Wiesenebene vor dem Mount Everest und dem Ama Dablam. Das 1923 gegründete und gegen Ende der 80er Jahre von einem Brand zerstörte Kloster ist wiederaufgebaut worden.

Man macht sich auf einem am Hang verlaufenden Pfad auf den Weg und gelangt zwischen großen Felsen an die Abzweigung nach Khumjung und Khumde. Von dort geht es zu einer Brücke und den wenigen Häusern von Phunki (3250 m), malerisch mit den zahlreichen wassergetriebenen Gebetsmühlen. Man setzt den Weg bergauf durch einen Nadel- und Rhododendrenwald fort bis auf das Plateau von Tengboche (3867 m). Die Besichtigung des Klosters ist sehr interessant. Von hier hat man einen herrlichen Ausblick auf den Mount Everest und den Gletschergipfel des Ama Dablam.

Vor dem steilen Aufstieg nach Namche Bazar überquert man den Dudh Kosi zwischen Ghat und Jorsale auf einer besonders kühnen Brücke.
Foto: Marco Majrani

Das vor der Kulisse einiger der schönsten Gipfel des Himalaya liegende Kloster Tengboche wurde in den 80er Jahren von einem Brand zerstört und unverändert wiederaufgebaut.
Foto: Marco Majrani

Von Namche Bazar erreicht man über Phunki das Plateau mit dem Kloster Tengboche; in der Nähe stehen die abgebildeten Tschorten.
Foto: Marco Majrani

Die Wiese vor dem Kloster Tengboche bietet den Trekkern ebenso wie den Bergexpeditionen einen der malerischsten Lagerplätze des Treks; im Hintergrund erhebt sich der Kongde Ri.
Foto: Marco Majrani

Vierter Tag
von Tengboche nach Pheriche
Höhenunterschied beim Aufstieg: 500 m
Höhenunterschied beim Abstieg: 120 m
Gehzeit: 4 1/2 Stunden

Nachdem man den Wald hinter sich gelassen hat, steigt der Pfad zwischen Yakweiden auf über 4000 m Höhe auf. Im Hintergrund erscheint der imposante Gipfel des Everest.
In Pangboche sollte man nicht versäumen, sich den Skalp und die Hand anzusehen, die nach der örtlichen Überlieferung von einem Yeti stammen sollen. Man bricht in der Nähe eines Brunnens auf und steigt leicht bis zum *gompa* von Deboche (3757 m) ab, geht dann weiter zu den Häusern von Milingo (3820 m) und zu einer Brücke (3780 m) über den Imja Khola. Eine kurze Steigung führt nach Pangboche (3985 m). Nach der Besichtigung macht man sich wieder auf den Weg, überquert einen Sattel und wandert fast eben bis zu den Wiesen von Tsuro Og (4135 m), nicht weit von dem Zusammenfluß des Imja Khola und des Lobuche Khola. Der Pfad steigt am Hang entlang auf, überquert das Tal des Lobuche Khola und mündet auf die ebene Fläche bei der Ortschaft Pheriche (4243 m).

Der großbartige Gipfel des Ama Dablam ragt in den blauen Himmel des Himalaya auf. Foto: Marco Milani/K3

In den Tälern des Khumbu wird das Gepäck der Trekker von Yaks getragen, den typischen Rindern, die seit Jahrhunderten die Arbeit der Sherpas und Tibeter begleiten. Foto: Marco Majrani

Die Sherpahäuser und Trockenmauern von Pangboche mit dem Ama Dablam (6856 m) im Hintergrund. Im Kloster des knapp 4000 m hoch liegenden Dorfs wird ein "Yeti-Skalp" aufbewahrt. Foto: Marco Majrani

Fünfter Tag
von Pheriche nach Lobuche
Höhenunterschied beim Aufstieg: 680 m
Gehzeit: 3 1/2 Stunden

Ein nicht besonders langer Tag, an dem man jedoch einen beachtlichen Höhenunterschied überwinden muß und der bis in die Welt der Gletscher und Gipfel aufsteigt. Man beginnt mit einer nur sehr leichten Steigung durch Wiesengelände und an den Hütten von Phulung Karpo (4343 m) vorbei; ab hier steigt man auf einer Moräne aufwärts bis zu einem Kamm, von wo man zu den wenigen Häusern von Dughla (4620 m) hinunterwandert. Dann geht es wieder bergauf und links zum Zungenende des Khumbu-Gletschers. Man geht an den Grabsteinen vorbei, die der sechs Sherpas gedenken, die 1974 auf dem Westkamm des Everest ihr Leben lassen mußten, und betritt ein Moränental am linken - orographisch rechten - Rand des Gletschers. Man steigt bis zu den Weiden und den wenigen Häusern von Lobuche (4920 m) auf.

Ein Felsen mit Gebetsinschriften ist eine gute Gelegenheit, um hier eine Rast einzulegen. Im Hintergrund der schöne Gipfel des Thamserku. Foto: Colin Monteath/ Hedgehog House

Der Pumori (7125 m) ist einer der schönsten und bei den Bergsteigern beliebtesten Berge des Khumbu. Foto: Stefano Ardito

Sechster Tag
von Lobuche zum Kala Pattar und zurück
Höhenunterschied: 650 m
Gehzeit: 6 1/2 Stunden

Nur ein bescheidener Grashügel mit einigen Granitblöcken, bietet der Kala Pattar einen herrlichen Ausblick auf die Südwestflanke des Everest und die Eisbrüche des Khumbu-Gletschers.

Man folgt zunächst dem Verlauf des Tals, auf einem auf- und absteigenden Weg, der mit Steinmännern markiert ist. Jenseits der Moränen der Gletscher Changri Nup und Changri Shar erreicht man die Sandterrasse Gorak Shep (5185 m) mit einem See. Das Gebiet wird von

Eine Gruppe von Trägern auf einem steilen Pfad, der über die Moränen des Khumbu-Gletschers nach Lobuche und Gorak Shep führt. Foto: Marco Majrani

Im letzten Abschnitt führt der Weg auf den Kala Pattar (5545 m) über große, schwarze Granitblöcke. Im Hintergrund erkennt man den Everest und den Nuptse.
Foto: Marco Majrani

Unten: Der Khumbu Tse erhebt sich über den Lho La, zwischen Rongbuk- und Khumbu-Gletscher.
Foto: Marco Majrani

dem herrlichen Schneegipfel des Pumori überragt. Hier befand sich 1953 das "Seelager" der Engländer, und viele Denkmäler erinnern an die auf dem Everest umgekommenen Bergsteiger. Von Steinmännern angezeigte Pfadspuren steigen am Südhang des Kala Pattar hinauf. Im letzten Abschnitt steigt man ohne große Schwierigkeiten zwischen großen Steinblöcken bis zum breiten Gipfelplateau (5545 m) auf, wo man auf dem Grat den Weg in Richtung Pumori fortsetzen kann. Der Ausblick ist herrlich, und der Abstieg erfolgt über denselben Weg. Anstatt zum Kala Pattar hinaufzuwandern (oder zusätzlich, wenn man einen Tag mehr einplant), kann man das Everest-Basislager besuchen (etwa 5400 m, 4 Std. hin und zurück von Gorak Shep).

Siebter Tag
von Lobuche nach Chukhung
Höhenunterschied beim Aufstieg: 550 m
Höhenunterschied beim Abstieg: 750 m
Gehzeit: 6 Stunden

Eine ziemlich lange Überführungsetappe, die vom Fuß des Mount Everest an den Fuß der Südwand des Lhotse führt, der eindrucksvollsten Fels- und Eiswand von ganz Khumbu. Man geht über die schon auf dem Hinweg benutzte Strecke nach Dughla zurück. Von dort wandert man auf halber Höhe teils durch Wiesen, teils durch steiniges Gelände bis zu einem Pfad, der leicht abschüssig zu den Almen von Dusa (4503 m) hinunterführt. Man sieht tief unter sich die Häuser von Pheriche liegen und umrundet (4412 m) den Kamm, hinter dem sich die Ortschaft Dingboche (4350 m) befindet. Eine sanfte Steigung im Talgrund führt zu den Almen von Chukhung (4780 m), an den Fuß der Südwand des Lhotse. Hier kann man einen eintägigen Abstecher zum Chukhung Ri (5546 m) unternehmen oder zwei Tage dem anspruchsvolleren Aufstieg zum Island Peak (Imja Tse, 6189 m) widmen.

Achter Tag
von Chukhung nach Phortse
Höhenunterschied beim Aufstieg: 150 m
Höhenunterschied beim Abstieg: 900 m
Gehzeit: 6 Stunden

Ein ziemlich langer Tag - wer Ruhe braucht, kann eine Rast in Pangboche einlegen -, an dem die Umgebung völlig wechselt. Man gelangt an den Anfang des langen, wilden Gokyo-Tals, vielleicht des ursprünglichsten von Khumbu.

Man wandert zunächst durch Wiesengelände bis nach Dingboche und trifft nach einer kurzen Strecke bergauf bei Tsuro Og (4135 m) wieder auf die beim Hinweg benutzte Route. Man folgt ihr bis nach Pangboche und zur Brücke über den Imja Khola. Dort hält man sich am nördlichen Hang des Tals auf dem nicht immer klar erkennbaren, auf halber Höhe weiterführenden Pfad, steigt ein Stück lang auf und geht dann nach Phortse (3840 m) hinunter. Man kann auch nach Tengboche zurückkehren, den Imja Khola auf einer Brücke (3100 m) überqueren und mühsam nach Phortse aufsteigen. In diesem Fall muß man mindestens eine Stunde mehr rechnen.

Neunter Tag
von Phortse nach Gokyo
Höhenunterschied beim Aufstieg: 1050 m
Höhenunterschied beim Abstieg: 150 m
Gehzeit: 7 Stunden

Ein weiterer langer Trekkingtag führt am Osthang des tiefen Gokyo-Tals entlang. Zum ersten Mal rücken nicht die hohen Gipfel in den Vordergrund, sondern die Weiden, Almen und die steilen Wiesen, wo man mit etwas Glück kleine Herden von *thar* (oder *goral*), der wilden Bergziegen des Himalaya, sehen kann.

Der Pfad führt in das Tal hinein, wo sich die Häuser von Konar (4090 m) befinden, und am Hang weiter bis nach Thare (4340 m). Dann nähert er sich den Weiden von Tshom Og, nicht weit vom Ngojumpa-Gletscher und den eindrucksvollen Südhängen des Cho Oyu und des Gyachung Kang entfernt. Man durchquert das Tal und gelangt in der Nähe von Pangka (4540 m) auf den Weg von Khumjung. Man folgt ihm bis jenseits der ersten beiden Seebecken; danach erreicht man endlich den dritten und größten der Seen von Gokyo (4750 m). In diesem Gebiet sollte man einen Tag Rast einlegen.

Oben: In fast 5000 m Höhe glitzert das Wasser des oberen Sees von Gokyo im Sonnenlicht. Links im Hintergrund der Taweche.
Foto: Marco Majrani

Mitte: Auf dem letzten Abschnitt zum Basislager des Everest schlängelt sich der Weg an Spalten, Gletscherbrüchen und Eistürmen vorbei.
Foto: Marco Majrani

Unten: Der 1961 von einer britischen Expedition bezwungene Nuptse hat den Bergsteigern noch viele unerobertе Felspfeiler und Eiswände höchsten Schwierigkeitsgrades zu bieten.
Foto: Marco Majrani

Zehnter Tag
von Gokyo zum Gokyo Kang und nach Macherma
Höhenunterschied beim Aufstieg: 690 m
Höhenunterschied beim Abstieg: 1050 m
Gehzeit: 6 1/2 Stunden

Von den Gokyo-Seen führt eine lange, aber nicht sehr steile Steigung nordwestlich über Wiesengelände zum Gipfel des Gokyo Kang (5485 m), eines herrlichen Aussichtspunkts, der noch schöner als der berühmte Kala Pattar ist. Der Everest erscheint von hier aus noch eindrucksvoller.

Zum Lager zurückgekehrt, setzt man seinen Weg nach Süden am rechten Talrand fort; in Pangka läßt man den auf dem Hinweg eingeschlagenen Pfad links liegen und man wandert weiter bis zu der herrlichen Lichtung von Macherma (4410 m).

Elfter Tag
von Macherma nach Khumjung
Höhenunterschied beim Aufstieg: 350 m
Höhenunterschied beim Abstieg: 950 m
Gehzeit: 6 Stunden

Über eine weitere schöne Strecke am Hang verabschiedet man sich von Gokyo und seinen romantischen Seen und kehrt ins Herz des Landes der Sherpas zurück. Man kann in Namche übernachten, aber Khumjung ist doch etwas ursprünglicher und ruhiger.

Der Weg führt zu den Häusern von Lusa (4390 m) und zieht sich auf halber Höhe bis zu den Weiden von Lhabarma (4330 m), wo er bergab nach Tongba (4015 m) zu einer Weggabelung (3645 m) in der Nähe des Talgrundes führt. Hier läßt man den Weg nach Phortse links liegen und steigt zu einer Bergschulter (3973 m) mit wunderbarer Aussicht auf, wo sich ein gut sichtbarer *stupa* befindet; danach geht der Weg auf halber Höhe wieder hinunter bis zur Terrasse und den verstreut liegenden Häusern von Khumjung (3790 m). In dem *gompa* des Dorfs befindet sich ein ähnlicher Yeti-Skalp wie in Pangboche, und nicht weit entfernt kann man das luxuriöse Everest View Hotel (3870 m) bewundern, das sich in der Nähe der Landepiste von Syangboche befindet.

Zwölfter Tag
von Khumjung nach Thami und Namche Bazar
Höhenunterschied beim Aufstieg: 200 m
Höhenunterschied beim Abstieg: 550 m
Gehzeit: 6 Stunden

Ein kurzer Abstecher, den man selbstverständlich nach Belieben verlängern kann, führt von Khumjung in das schöne Tal von Thami, wo man die Besichtigung eines der zauberhaftesten Klöster des Khumbu nicht versäumen sollte. Der Weg durchquert einen Fichtenwald bis zu der Landepiste von Syangboche und mündet in den von Namche kommenden Weg; dann zieht er das Tal hinauf, an Ohurte, Dramo und Thomde vorbei, bis zu der letzten Steigung, die nach Thami Og (3800 m) und zum Kloster führt, das besonders während der Feierlichkeiten des *Mani Rimdu* (April/Mai) interessant ist. Die Rückkehr erfolgt auf demselben Weg; jedoch zweigt man an der Weggabelung nach Namche Bazar ab.

Dreizehnter Tag
von Namche Bazar nach Lukla
Höhenunterschied beim Aufstieg: 300 m
Höhenunterschied beim Abstieg: 900 m
Gehzeit: 5 1/2 Stunden

Die letzte Etappe des Trekking führt über denselben, auf dem Hinweg eingeschlagenen Pfad nach Lukla zurück. Es geht sofort steil hinunter, dann in ständigem Auf und Ab weiter und schließlich über eine Steigung, die für diejenigen, die zwei Wochen hoch im Himalaya-Gebirge verbracht haben, ein Kinderspiel sein sollte, nach Lukla. Dort übernachtet man, bevor man mit dem ersten Flug am Morgen nach Kathmandu zurückkehrt.

Links: Die schroffe Felswand des Everest erhebt sich über die wilde, von Schnee und Eis gestaltete Landschaft; der Gipfel ist von den immer gegenwärtigen Wolken umgeben. Foto: Marco Majrani

Großes Bild: Der Nuptse bei Vollmond, vom Lager bei Lobuche aus gesehen. Der Anblick seiner eisüberzogenen Flanken begleitet den Wanderer vor der Rückkehr nach Namche Bazar. Foto: Colin Monteath/ Hedgehog House

Rechts: Die letzten Sonnenstrahlen beleuchten den Gipfel des Chola Tse (oder Tsola Tse), der sich im Osten über das Khumbu-Gebiet erhebt.
Foto: Galen Rowell/ Mountain Light

AM FUSS DES MOUNT EVEREST

Zwei Treks auf den Spuren der ersten Expeditionen zum höchsten Berg der Erde

"Beeindruckt blieben wir stehen. Der Anblick des Everest ließ jeden anderen Gedanken zunichte werden. Die Felsenwüsten und die Sehnsucht nach anderen Naturschönheiten waren vergessen. Wir stellten keine Fragen und kommentierten das, was wir sahen, in keiner Weise; wir standen nur da und starrten." So schrieb George Leigh Mallory am 25. Juni 1921 am Eingang des Rongbuk-Tals. Und weiter schrieb er:"Das Rongbuk-Tal scheint nur zu existieren, um den Gipfel des Everest in seiner Großartigkeit erscheinen zu lassen. Es ist nicht so sehr seine Spitze, die beeindruckt, sondern die gewaltige Gebirgsmasse. Es scheint, als bedürfe es nur einer einzigen, majestätischen Geste, damit der höchste Berg der Welt, riesig in seiner einsamen, unangefochtenen Übermacht, der anerkannte König aller Gipfel wird".

Auf jenem "König aller Gipfel" sollte Mallory im Laufe der dritten britischen Expedition von 1924 für immer verschwinden. Noel Odell will ihn gesehen haben, wie er zusammen mit Andrew Irvine über den Nordostgrad zu der 8848 m hohen Spitze aufstieg. Keine der nachfolgenden Expeditionen konnte das Rätsel der verschwundenen Seilschaft lösen. Gelang es ihnen, die Spitze zu erreichen? Sind sie vorher abgestürzt?

Das außerordentliche Schauspiel, das die mächtige Eismasse des Everest bietet, der zusammen mit dem Makalu, dem Lhotse, dem Shisha Pangma und dem Cho Oyu die wüstenhafte tibetische Hochebene beherrscht, bezaubert auch heute noch jeden Besucher genauso wie damals Mallory. Nach sieben britischen Expeditionen (die "offiziell" maximal erreichte Höhe waren die 8580 m, die 1924 von Norton und 1933 von Wyn Harris, Wager und Smythe erklommen worden waren) war die Nordflanke des Bergs für die Bergsteiger zunächst durch den Krieg und dann durch die chinesische Invasion Tibets unzugänglich. 1960 erreichte eine chinesische Expedition den Gipfel über diesen Nordweg, 1975 ließ eine zweite Expedition einen Dreifuß auf dem Gipfel zurück, was selbst die skeptischsten unter den europäischen Kommentatoren überzeugte, und 1979 wurden die Grenzen Tibets wieder für die Ausländer geöffnet. Im darauffolgenden Jahr unternahm Reinhold Messner seinen ersten Alleinaufstieg ohne Sauerstoffflaschen. Seitdem war die Tibet zugewandte Flanke des Bergs Schauplatz weiterer alpinistischer Glanzleistungen, darunter der Erstdurchsteigung der Kangshung-Wand (1983) durch eine amerikanische Expedition, des Aufstiegs einer australischen Seilschaft durch den Grand Couloir in der Nordwand (1984) und der Öffnung einer neuen Route durch die Ostwand (1988), die von dem Engländer Stephen Venables erstbegangen wurde, nachdem seine Kameraden einige hundert Meter tiefer bereits aufgegeben hatten. 1982 ereilte zwei der besten britischen Bergsteiger aller Zeiten, Peter Boardman und Joe Tasker, das Schicksal von Mallory und Irvine: Sie verschwanden in 8000 m Höhe zwischen den Felsspitzen des bisher noch nicht eroberten Nordostgrats. Heute unternimmt, trotz der immensen Kosten auf chinesischem Gebiet, jedes Jahr eine Expedition nach der anderen den Aufstieg über den technisch leichteren Weg, um den höchsten Punkt der Erde zu erreichen. Einigen gelingt es, vielen anderen wird es durch die bitterkalten Nordwinde, die tückischen Schneebretter auf dem Kamm, die unvorhersehbaren Ausbrüche des Monsuns vereitelt.

Aber die Nordflanke des Everest fasziniert nicht nur die Bergsteiger. Wer sich dem Berg von der nepalesischen Seite nähert, dem bietet der Everest Landschaften und

Mit einem starken Teleobjektiv kann man den Gipfel des Everest, den oberen Teil der Nordwand und den zunehmenden Mond auf ein Bild bannen. Foto: Colin Monteath/ Hedgehog House

Die Wolken über dem Rongbuk-Gletscher und das Licht der sinkenden Sonne lassen die Nordflanke des Everest noch zauberhafter erscheinen. Englische Bergsteiger waren 1921 die ersten westlichen Besucher, die den Berg aus der Nähe betrachten konnten.
Foto: René Robert/ Agence Freestyle

Eindrücke, die an die europäischen Alpen erinnern - der Wald, die von Berghütten übersäten Almweiden, die Ausblicke auf die Bergspitzen. Im Norden laufen die großen Berge des Himalaya direkt in eine öde Hochebene aus, wo man nur selten auf Menschen trifft. Mehr als im Süden überrascht hier das Vorhandensein einer hochstehenden Zivilisation.

Verwundert waren als erstes die englischen Bergsteiger, die 1921 das Rongbuk-Kloster besichtigten, eine Oase des Friedens in einem Tal, wo die wild lebenden Tiere keine Scheu vor dem Menschen kannten. Ihre Beschreibungen des Tals inspirierten vermutlich das sagenhafte *Shangri-La* von James Hilton.

Später ist all das ganz anders geworden. Die chinesische Invasion Tibets, die Flucht des Dalai-Lama nach Indien, dann die grausame Unterdrückung der Gläubigen in den Jahren der Kulturrevolution haben einschneidende Spuren in der Landschaft und Kultur des Landes hinterlassen. Bei der Besichtigung der Ruinen des Rongbuk-Klosters verspürt der Besucher auf jeden Fall ein Gefühl der Melancholie und Traurigkeit. Reinhold Messner

erzählt von einem Gefühl der Bedrückung, das ihn beim Anblick des zerstörten Klosters, das sich in einen Müllabladeplatz verwandelt habe, überkam. In Lhasa wie in Shigatse, Shegar und Gyantse, wo sich die formvollendete Kuppel des Kumbum gegen den Himmel abzeichnet - überall sind die Spuren der chinesischen Besetzung unübersehbar.

Und doch lädt die großartige Landschaft dieser Seite des Everest zu einem Besuch ein. "Es ist richtig, Tibet zu besuchen, denn die vielen Besucher zeigen den Tibetern, daß man sie nicht vergessen hat", sagte mir in einem Gespräch der Dalai-Lama höchstpersönlich, meine Zweifel beschwichtigend.

Hier, in einer Steinwüste, können auch Wanderer mit weniger Alpinerfahrung Höhen von 6000 m erreichen und sich den steilen, eisüberzogenen Hängen der Nordwand und des Nordgrats des Everest nähern. Riesige Moränen, schneebedeckte Gipfel und die eigenartigen Umrisse der Eistürme der Rongbuk-Zwillingsgletscher begleiten den Reisenden.

Unser zweiter Trek, den wir hier vorschlagen, führt von Osten über die Zwillingspässe Sao La und Langma La in das Hochtal von Kangshung, in eine der wildesten Gegenden des Himalaya.

Eine vorzügliche Ausrüstung und eine angemessene Vorbereitung sind selbstverständlich für alle beide Wege erforderlich. Es ist unvorstellbar, sich auf Hochtour zu begeben, ohne vorher einige Tage zwischen 4000 und 5000 m verbracht zu haben. Hier, mehr als an anderen Orten, lauert stets die Gefahr der Höhenkrankheit, und hier, mehr als für die anderen Routen dieses Buches, bezieht sich die angegebene Dauer des Treks nur auf die tatsächlich auf der Wanderung verbrachten Tage. Um sich ohne Gefahr in Höhenlagen über 6000 m begeben zu können, sind mindestens 4-5 Tage Aufenthalt in der Umgebung des Basislagers erforderlich, und eventuell auch ebensoviele Tage für die Anreise über den Landweg von Lhasa. Kombiniert man die beiden Routen, ist es wohl am günstigsten, den Trek in Kharta zu beginnen und nach Kangshung zu wandern. In diesem Fall stellt der Aufstieg auf den Rongbuk-Gletscher kein Risiko dar.

Ein klassischer Anblick des Everest (8848 m) vom Kloster Rongbuk aus. Der Normalweg zum Gipfel über die nach Tibet gerichtete Flanke führt über den Nordostgrat links im Bild. Foto: Lorenzo Musso

NÜTZLICHE INFORMATIONEN

Dauer: 9 Tage für die Wanderung nach Kangshung, 5 Tage bis auf die Rongbuk-Gletscher. Es müssen jedoch einige Tage für die Akklimatisierung und zum Ausruhen vorgesehen werden.
Höhenlage: auf der ersten Route zwischen 5150 m beim Rongbuk-Kloster und 6350 m beim Lager III, auf der zweiten Route zwischen 3950 m in Kharta und 5500 m am Langma-La.
Jahreszeit: von Ende Juni bis Anfang Oktober für die Wanderung am Rongbuk. Aufgrund des Monsuns ist der Trek von Kharta nach Kangshung erst ab Mitte September möglich.
Formalitäten: In Tibet sind ein Visum und eine Genehmigung *(Alien Travel Permit)* mit Angabe der vorgesehenen Route und die Organisation durch eine spezialisierte Trekkingagentur erforderlich.
Schwierigkeitsgrad: keine technischen Probleme; bei den Furten und auf den Gletscherstrecken muß man jedoch höchst vorsichtig sein.
Körperliche Belastung: sehr hoch aufgrund der außerordentlichen Höhenlage. Eine gute Akklimatisierung und höchste Vorsicht sind erforderlich, wenn man sich auf Hochtour begibt.
Ausrüstung: Aufgrund der Höhenlage und der auf dem Gletscher zu verbringenden Nächte müssen Kleidung und Schlafsack von bester Qualität sein. Eispickel und Steigeisen sind nicht erforderlich, auf den Moränen erweisen sich jedoch Skistöcke als sehr nützlich.
Anreise: Das Rongbuk-Tal erreicht man von Lhasa aus in 3 Tagen über Gyantse, Shigatse, Shegar und den Pang La; danach, in Phadruchi, trennen sich die Wege nach Kharta und Rongbuk. Der Weg von Kathmandu über Khasa und den Thang La ist schneller (2 Tage), bringt jedoch einen sehr starken Höhenunterschied mit sich und ist häufig durch Erdrutsche blockiert. Von Phadruchi braucht man einen halben Tag bis Kharta (3950 m); genausolang dauert die Fahrt zum Rongbuk-Kloster in der Sandebene, wo die Expeditionen normalerweise ihr Basislager aufschlagen.
Führer und Träger: Derzeit lassen die chinesischen Behörden nur organisierte Trekkingtouren zu. In Lhasa gibt es zahlreiche Trekkingagenturen, und Trekkingwanderungen in Tibet werden auch von einigen Agenturen in Kathmandu angeboten. Es ist nicht leicht, in den verlassenen Tälern rings um den Everest Yaks und Führer zu finden.
Varianten und Gipfel: Man kann sich dem Rongbuk-Tal zu Fuß über den Pang La nähern (3-4 Tage von Shegar bis zum Basislager) oder von Tingri aus über den anderen Paß gleichen Namens oder den Langma La (4 Tage). Bei Kharta beginnen die Routen über den Sao La und den Langma La zum Kangshung-Gletscher. In dem Gebiet gibt es keine für den Trekker erreichbaren Gipfel.
Trekkingführer: Der beste (in englischer Sprache) ist *Trekking in Tibet* von Gary McCue (Cordee - The Mountaineers, 1991). Nützliche allgemeine Informationen kann man auch dem Buch *Tibet - A*

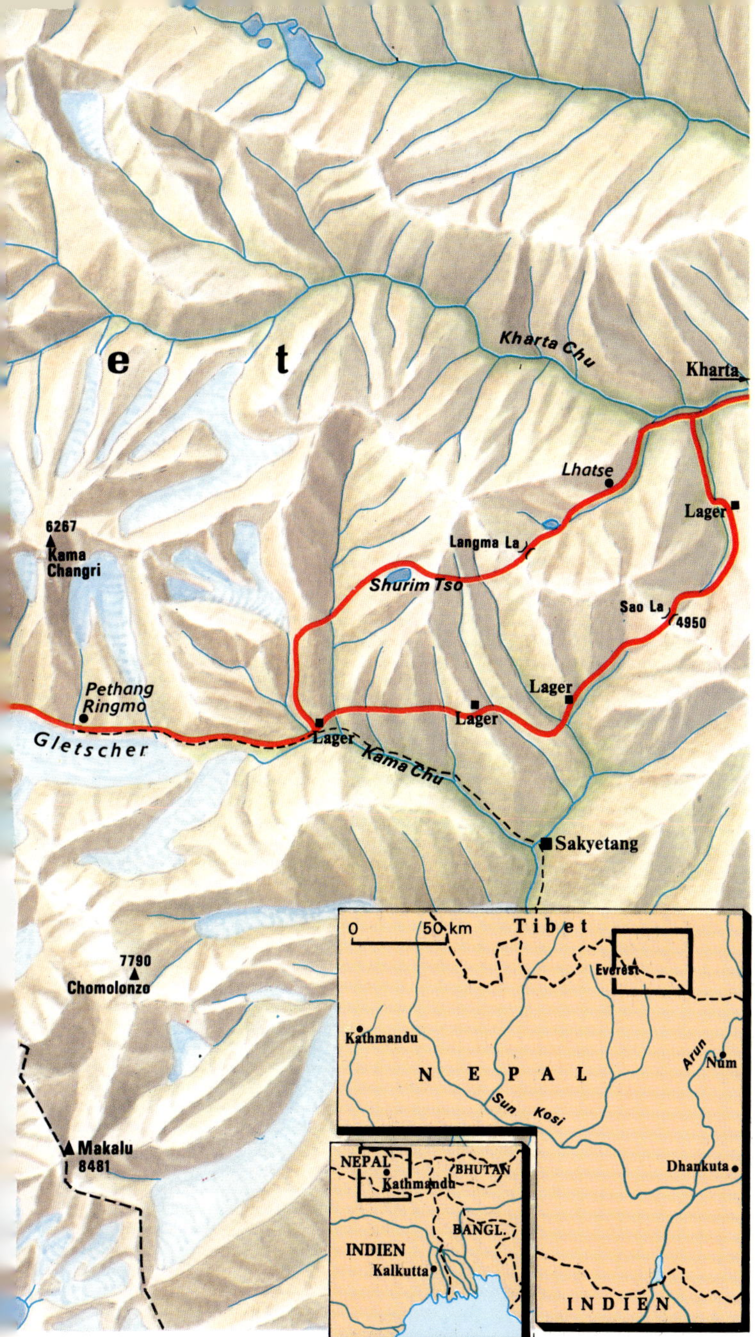

Travel Survival Kit von M. Buckley (Lonely Planet, 1986) entnehmen. **Lektüre:** Interessant ist insbesondere *Der gläserne Horizont* von Reinhold Messner (BLV, 1982), in dem er den ersten Alleingang zur Eroberung des Everest schildert. Wer einen Blick auf das Tibet der Vergangenheit werfen will, sollte *Sieben Jahre in Tibet* von Heinrich Harrer (Ullstein, 3. Auflage 1992) lesen. Unter den Büchern in englischer Sprache empfehlen wir *The Everest* von Sir Francis Younghusband (aus dem Jahre 1926, derzeit ist ein indischer Nachdruck der Cosmo Publications aus dem Jahre 1986 erhältlich), *Mountains of the Middle Kingdom* von Galen Rowell (Sierra Club Books, 1983) und *The Tibet Guide* von Stephen Batchelor (Wisdom Publications, 1987).

Einst reich und blühend, von der chinesischen Invasion und der Kulturrevolution Mao Tse-tungs verwüstet, ist das Kloster Rongbuk heute fast vollständig verfallen. Foto: Lorenzo Musso

Unten: Nur dank der mühevollen Arbeit des Menschen konnten die wilden Täler Tibets urbar gemacht werden. Von Steinmauern eingefaßte Getreidefelder dehnen sich entlang der alten Straße zwischen Shegar und Rongbuk aus. Foto: René Robert/ Agence Freestyle

ÜBER DIE GLETSCHER VON RONGBUK

Erster Tag
vom Basislager zum vorgeschobenen Nordlager
Höhenunterschied beim Aufstieg: 450 m
Gehzeit: 4 Stunden

Das vorgeschobene Lager auf dem Weg zur Nordwand und zum Lho La nimmt eine angenehme Grasterrasse in 5600 m Höhe ein, vor dem Zusammenfluß des westlichen Rongbuk- Gletschers (Rongbuk Nup Glacier) mit dem Hauptstrom des Gletschers. Vom Basislager führt ein eintöniger, aber gut sichtbarer Pfad in die kleine Moränenschlucht östlich des Rongbuk- Gletschers. Jenseits der kargen Weiden von Sharlungnama überquert man (etwa 5300 m) den Gletscherbach des östlichen Rongbuk-Gletschers (es wird geraten, an dieser Passage ein Führungsseil zu spannen). Dann setzt man den Weg auf dem Pfad fort; am Ende führt ein steiler Streckenabschnitt zum Lager (5600 m).

Zweiter Tag
vom vorgeschobenen Nordlager zum Fuß der Nordwand und zurück zum Basislager
Höhenunterschied beim Aufstieg: 350 m
Höhenunterschied beim Abstieg: 800 m
Gehzeit: 8 1/2 Stunden

Die Annäherung an den Fuß der Everest-Nordwand (eine Wanderung von fast 20 km!) wird auf einem ähnlichen Gelände wie am Vortag und dann über leicht zu begehende Schneefelder fortgesetzt. Man folgt dem Pfad, verläßt später (steile Strecke, Steinmänner) den Gletscherrand und steigt über den mit Moränenschutt bedeckten Gletscherstrom eine lange Strecke hinab. Schließlich nähert man sich den Felsen und den Schneerinnen des Changtse, der Nordspitze des Everest. Nachdem man den Westgrat dieser Spitze (etwa 6000 m, auf einem Plateau auf den letzten Moränen kann man das Lager aufschlagen) umrundet hat, befindet man sich oberhalb der Gletschermulde, die von den Rinnen und den Felsen der Nordspitze beherrscht wird. Von hier kann man bei guten Wetterbedingungen den Weg zu dem Eissattel des Lho La (6006 m, 2 Std. hin und zurück) an der Grenze zu Nepal antreten. Der Abstieg zum Basislager kann in zwei Etappen geteilt werden, mit Übernachtung im vorgeschobenen Lager.

Nach Tagen mühevoller Reise über die von Kathmandu und Lhasa zum Everest führenden Straßen kann man den Berg der Berge schließlich von der Piste aus sehen, die in das Rongbuk-Tal führt. Foto: Claude Jaccoux/ Agence Freestyle

Das eindrucksvolle Massiv des Cho Oyu (8125 m) beherrscht die tibetische Hochebene östlich von Shegar. Foto: Lorenzo Musso

Von grundlegender Bedeutung für die tibetische Gebirgslandwirtschaft, erweisen sich die Yaks auch für Expeditionen und Trekking-gruppen als nützlich. Auf dem Bild eine Yak-Karawane auf dem östlichen Gletscher von Rongbuk, in fast 6000 m Höhe. Foto: Stefano Ardito

Dritter Tag
vom Basislager zum östlichen Zwischenlager
Höhenunterschied beim Aufstieg: 650 m
Höhenunterschied beim Abstieg: 50 m
Gehzeit: 4 Stunden

Die von den Expeditionen am häufigsten benutzte Route dringt auf den östlichen Rongbuk-Gletscher bis an die Ausläufer der Everest-Nordspitze vor. Es sind keine besonderen Schwierigkeiten zu überwinden, und längs der Strecke stößt man häufig auf Yak-Karawanen. Man darf nie vergessen, in welcher Höhe man sich befindet; fühlt man sich unwohl oder schlägt das Wetter um, dann sollte man nicht zögern, sich auf den Rückweg zu begeben.

In Sharlungnama zweigt man auf den linken Pfad ab, der sich einen steilen Hang hinaufschlängelt, eine kleine Hochfläche überquert und den Gletscherrand (5460 m) in der Nähe des Lagers I der ersten Expeditionen erreicht. Dann führt der Pfad auf den Gletscher. Bergauf und bergab und über eine steilere Strecke neben einem Plateau mit Eistürmen erreicht man den Zwischenlagerplatz (5750 m) gegenüber dem Zusammenfluß des Far East Rongbuk Glacier mit dem Hauptstrom.

Vierter Tag
vom östlichen Zwischenlager zum Lager III
Höhenunterschied beim Aufstieg: 650 m
Höhenunterschied beim Abstieg: 50 m
Gehzeit: 4 1/2 Stunden

Ein weiterer Aufstieg, der aufgrund der Höhenlage wiederum sehr mühsam ausfällt, führt die Trekker an den Fuß der nordöstlichen Wand des Everest und an die einfachen, jedoch lawinengefährdeten Hänge seiner Nordspitze. Der Aufstieg beginnt mit einigen steilen Abschnitten zum mittleren Grat des Gletschers hinauf, der noch von Moränenschutt bedeckt ist. Nach einigen Stunden zwischen Felsspitzen und Eistürmen - einige Bergsteiger haben dieses Gebiet sehr zutreffend *Serac Highway* genannt - gelangt man an den Zusammenfluß mit dem Changtse-Gletscher, der von rechts einmündet. Man überquert ihn, bis man zum alten Camp II (5970 m) gelangt. Von hier kehrt man zur Mitte des Gletschers zurück, der sich seinen Weg um die Hänge des Changtse bahnt, und wandert dann über eine enge Geröllzunge an den Gletscherbrüchen vorbei, die nach einigen weiteren kleinen Plätzen verschwinden; hier wird der Hang etwas flacher. Ein die Hochfläche und dann einen steinigen Kamm durchziehender Pfad führt zum Lager III (6340 m). Man kann den Weg danach noch etwas fortsetzen, bis an den Rand des schneebedeckten Gletschers (6450 m, 1 Std. hin und zurück).

Gletscherbrüche und Eistürme begleiten den mühsamen, jedoch spektakulären Aufstieg zum etwa 5800 m hoch gelegenen Lager an der Nordwand des Everest.
Foto: Cl. Jaccoux/ Agence Freestyle

Mitte: Eine von der Natur geschaffene Straße, von merkwürdigen Eisgebilden gesäumt, führt ohne allzuviel Mühe zum Lager an der Nordwand.
Foto: Cl. Jaccoux/ Agence Freestyle

Unten: In 6400 m Höhe müssen selbst die Yaks haltmachen. Wir befinden uns an der Nordwand des Everest, die nicht sehr steil ist, jedoch von Lawinen unglaublichen Ausmaßes heimgesucht wird; der ins Khumbu führende Lho La-Paß ist nicht mehr weit entfernt.
Foto: Cl. Jaccoux/ Agence Freestyle

Folgende Doppelseite: Eine spektakuläre Aufnahme der Nordwand des Everest, vom Basislager von Rongbuk aus fotografiert, ein Standpunkt, den man sogar mit Fahrzeugen erreichen kann.
Foto: René Robert/ Agence Freestyle

Fünfter Tag
vom Lager III zum Basislager
Höhenunterschied beim Aufstieg: 100 m
Höhenunterschied beim Abstieg: 1300 m
Gehzeit: 6 Stunden

Der Rückweg auf der gleichen Strecke wie der Aufstieg, an Gletscherbrüchen und Geröllfeldern vorbei, führt in die relativ zivilisierte Umgebung des Basislagers von Rongbuk zurück. Auch in diesem Fall kann man den Trek in zwei Etappen aufteilen.

VON KHARTA INS KANGSHUNG-TAL

Erster Tag
von Kharta zum Lager unterhalb des Sao La
Höhenunterschied beim Aufstieg: 350 m
Gehzeit: 4 Stunden

Jenseits der Brücke über den Bach Kharta Chu (3950 m) geht man die sanfte Steigung des Kharta-Tals auf einem breiten, angenehm zu begehenden Weg an. Nach etwa einer Stunde verläßt man an einer nicht sehr gut sichtbaren Weggabelung den Pfad und steigt links am Berghang empor. Man gelangt auf einen kleinen Hügel mit Gebetsfahnen, von wo man sich in das Tal begibt, das zum Sao La führt. Das blühende Tal ist mit Rhododendrenbüschen gesprenkelt; in seiner Mitte fließt ein schöner Bach, der Abfluß eines Sees, an dessen Ufer man das Lager aufschlägt (4300 m).

Zweiter Tag
vom Lager unterhalb des Sao La zum Lager am Fluß
Höhenunterschied beim Aufstieg: 650 m
Höhenunterschied beim Abstieg: 850 m
Gehzeit: 6 Stunden

Der leicht ansteigende Weg führt an zahlreichen Gletscherseen vorbei an den Fuß des Steilhangs des Sao La. Viele enge, steile Kehren führen zu dem breiten Geröllsattel des Passes (4950 m), von wo man einen ersten, großartigen Ausblick auf die Gipfel dieses Gebietes, vom Makalu bis zum Chomolonzo, genießt. Von der Paßhöhe geht es zunächst leicht bergab über große Wiesen, dann etwas steiler durch einen Geröllhang bis zum Ufer eines Nebenflusses des Kama Chu, wo man das Lager aufschlägt (4100 m).

Oben: Eine Trekkergruppe schlägt das Lager in der Nähe des Dorfs Kharta auf, Ausgangsbasis für die Wanderung ins Kangshung-Tal und an die Ostwand des Everest. Foto: Lorenzo Musso

Südlich der Wasserscheide empfängt das von dem Fluß Arun durchzogene Tal von Kharta die Besucher mit seiner schönen Vegetation: Wacholderbüsche und riesige Rhododendren. Foto: Lorenzo Musso

Dritter Tag
vom Lager am Fluß zum Lager am See
Höhenunterschied beim Aufstieg: 400 m
Gehzeit: 5 Stunden

Man hält sich längs des Baches bis zu einer großen Wiesenfläche, wo man auf die ersten der typischen Wacholderwälder des Kama-Tals trifft. Der ziemlich schlecht zu erkennende Pfad führt in östlicher Richtung mit engen Kehren den Wald hinauf, bis zu einem hohen, kleinen Paß, von dem aus man in der Ferne zum ersten Mal den Osthang des Everest erkennen kann. Über große Wiesen führt der Weg tiefer ins Kama-Tal hinein, immer leicht auf und ab, bis man jenseits einer der vielen Rippen zu einem kleinen grünen See in einem Seitental absteigt. Man schlägt das Lager am Seeufer auf, in einer wahrhaft idyllischen Lage (4500 m).

Vierter Tag
vom Lager am See zum Lager am Bach Rabkar
Höhenunterschied beim Aufstieg: 400 m
Höhenunterschied beim Abstieg: 200 m
Gehzeit: 5 Stunden

Ein ruhiger Tag mit nicht besonders ausgeprägten Höhenunterschieden führt über weitläufige Wiesenflächen, wo im Sommer die Yaks der Einwohner von Kharta grasen, in das Kama-Hochtal. Der Ausblick auf die Berge am gegenüberliegenden Hang des Tals ist ebenso großartig wie der auf den Lhotse und den Everest, den man immer besser erkennt, je mehr man sich ihm nähert.

Eine lange Ebene endet abrupt an der Mündung eines tiefen Seitentals; hier teilt der Weg sich in zwei Richtungen. Wir gehen geradeaus (östlich) Richtung Pethang Ringmo. Auf dem rechten (nördlichen) Weg werden wir am Ende unseres Treks über den Langma La nach Kharta zurückkehren. Ein steiler Hang führt hinunter an das grüne Ufer des Gletscherbaches; man schlägt das Lager am Bachufer auf (4700 m).

Oben: Das klare Wasser des Baches Kharta Chu, an dem man im Laufe der ersten Etappe des Treks entlangwandert. Foto: Lorenzo Musso

Rechts: Die Bergbewohner Tibets bringen die Besucher auch heute noch mit ihrem stolzen Aussehen, den langen Zöpfen und dem traditionellen Schmuck ins Staunen. Foto: René Robert/ Agence Freestyle

Fünfter Tag
vom Lager am Bach Rabkar nach Pethang Ringmo
Höhenunterschied beim Aufstieg: 400 m
Gehzeit: 5 Stunden

Jenseits des Baches, den man auf einer primitiven Brücke aus zwei einfachen Baumstämmen überquert, geht man durch weite Wiesengebiete und kleine Rhododendrenwälder das Kama-Hochtal aufwärts bis zum Kangshung-Gletscher, dessen Front den Zugang zum oberen Teil des Tals vollkommen versperrt. Man biegt dann rechts auf einen kaum sichtbaren Pfad ab, geht an einem riesigen Geröll- und Felshang entlang und ist in Kürze hoch über dem Tal. Der lange, mühsame Aufstieg (man befindet sich hier bereits über 5000 m) endet etwa 300 m weiter oben, wo der nun wieder gut sichtbare Pfad in leichtem Auf und Ab bis zur großen Hochfläche von Pethang Ringmo (5100 m) führt.
Das Lager wird am Rande der Wiesen über dem zerklüfteten Kangshung-Gletscher aufgeschlagen, in der Mitte des großen, von den Gipfeln des Makalu, des Lhotse und des Everest gebildeten Amphitheaters. Mit seiner gewaltigen, eindrucksvollen Ostwand, die vollständig von Schnee überzogen und mit hängenden Eisbrüchen gespickt ist, beherrscht der Everest den ganzen Horizont.

Sechster Tag
von Pethang Ringmo zum Lager am Bach Rabkar
Höhenunterschied beim Abstieg: 400 m
Gehzeit: 4 Stunden

Bevor man den Rückweg antritt, sollte man die weiten Grashänge jenseits von Pethang Ringmo hinaufsteigen, um die vereisten Wände des Lhotse und des Everest aus noch größerer Nähe zu betrachten. Die Rückkehr an den Bach Rabkar ist problemlos, und der Weg kann in kurzer Zeit zurückgelegt werden.

Siebter Tag
vom Lager am Bach Rabkar zum Shurim Tso-See
Höhenunterschied beim Aufstieg: 500 m
Gehzeit: 6 Stunden

Diese Etappe ist sicher eine der anstrengendsten des gesamten Treks. Man steigt sofort zu Anfang

Das Gebirgs-amphitheater, das vom Makalu (links) bis zu der weißen Pyramide des Everest reicht, ist eines der großartigsten Schauspiele unserer Erde. Foto: Lorenzo Musso

Oben: Die eindrucksvollen Gipfel des Makalu (8481 m) und des Chomolonzo (7790 m) beherrschen im Osten des Everest den Kangshung-Gletscher und den Trekkingweg. Foto: Lorenzo Musso

den steilen Hang hinter dem Lager hinauf bis zu der Weggabelung, die man bereits vom Hinweg her kennt. Hier biegt man links ab und legt eine lange Strecke über weite Grashügel zurück, wobei man hoch über dem Tal am Zungenende des Rabkar-Gletschers vorbeikommt. Bei dem ersten See biegt der Pfad allmählich nach rechts und führt einen kleinen Bach entlang über eintönige, steile Grashöcker bergauf und bergab an das märchenhafte Ufer des blauen Shurim Tso-Sees, wo man das Lager aufschlägt (5200 m). Der See nimmt eine weite Geröllmulde ein und bietet ein herrliches Panorama sämtlicher Berge des Massivs, vom Makalu bis zum Chomolonzo und zum Everest; man versäume auf keinen Fall das Schauspiel bei Sonnenaufgang!

Achter Tag
vom Shurim Tso-See über den Langma La nach Lhatse
Höhenunterschied beim Aufstieg: 300 m
Höhenunterschied beim Abstieg: 1000 m
Gehzeit: 6-7 Stunden

Der Weg verläßt sofort das Ufer des Sees und führt mit anhaltender Steigung zwischen Felsen und kleinen Wiesenflecken bergauf; in einem von Schutt übersäten Gebiet wird die Steigung noch stärker. Über Geröll und einige Schneeflecken gelangt man zu der schmalen Einsattelung des Passes (5500 m). Die Ankunft auf dem von kahlen Felsspitzen umgebenen Langma La ist aufregend, man hat einen schönen Ausblick auf beide Seiten des Bergs. Der Abstieg ist sehr abschüssig und führt über einen langen Schutthang, jedoch stets auf einem gut begehbaren Pfad. Am Ufer eines kleinen Sees mit zugefrorenen Ufern führt ein weiterer, sehr steiler Hang auf den Grund eines hier wieder grasbewachsenen Tals, das direkt auf einen breiten Saumpfad mündet, über den man auf die Wiesenflächen von Lhatse (4500 m) gelangt.

Neunter Tag
von Lhatse nach Kharta
Höhenunterschied beim Abstieg: 550 m
Gehzeit: 4 Stunden

Eine leichte, erholsame Etappe. Man wandert das grüne, von Wacholderbäumen und Rhododendren gesprenkelte Tal hinunter bis zu einem breiten Saumpfad, der nach Kharta zurückführt (3950 m).

Großes Bild: Das Teleobjektiv bringt diesen einsamen Trekker ganz in die Nähe der eisverkrusteten Pyramide des Chomolonzo, eines der schönsten und anspruchsvollsten Siebentausender der Erde. Foto: Lorenzo Musso

AM FUSS DES CHOMOLHARI

Acht Tage in der faszinierenden Landschaft Bhutans und seiner Klöster

"Hier kann man Bäume mit mächtigen Stämmen und riesigen Kronen sehen, von Lianen geschmückt und mit den Tupfern der Epiphyten, der Farne, Orchideen und Rhododendren mit großen, glänzenden Blätter, die wie lackiert erscheinen. Man ist überwältigt und weiß nicht, ob man sich angezogen oder abgestoßen fühlt. Die Lebhaftigkeit der Vegetation hat etwas Animalisches an sich... Handelt es sich wirklich um Äste und nicht um Fangarme... Sind es wirklich Lianen und nicht Kraken? Nebelfetzen schaffen eine geheimnisvolle Atmosphäre und den Eindruck, daß man sich unter Wasser fortbewegt. Herrliche, üppige Blüten ziehen wie Flammen das Auge an."

So schilderte Fosco Maraini gegen Ende der 70er Jahre die Wälder in Bhutan. Die lamaistische Kultur und Zivilisation von Bhutan, im nördlichsten Eck des Himalaya, sind sichtbares Zeichen der engen Verbindung dieses Landes mit Tibet. Welchen Kontrast zu der üppigen Natur, zu den dichten Wäldern, auf die der Monsunregen herabprasselt, zu dem bis in 3000 m Höhe warmen, drückenden Klima bildet die Hochebene, die sich jenseits des Kula Kangri (7450 m) und des Chomolhari (7314 m) erstreckt!

Bhutan war jahrhundertelang unzugänglich für Fremde und hat erst vor kurzem seine Grenzen einem streng kontrollierten Tourismus geöffnet. Es ist ein Land voller Überraschungen. Sobald man die indische Grenze bei Phuntsholing überschritten hat, ändert sich die Landschaft mit überraschender Geschwindigkeit. Kaum hat man die Ebene und die fruchtbaren Hügel Bengalens verlassen, steigt die Straße nach Thimphu durch eine mit jedem Kilometer dichter werdende Vegetation an. Die Berghänge sind hier sehr steil und häufig in dichten Nebel gehüllt, reich an Bächen und Wasserfällen. Wenn man den ersten Streifen hinter sich gelassen hat, wo die Niederschläge 3500 mm pro Jahr

Der verfallene Turm einer der zahlreichen Klosterfestungen Bhutans vor der Kulisse des Chomolhari, eines der schönsten Berge des östlichen Himalaya.
Foto: Lorenzo Musso

erreichen, gelangt man in das mittlere Tal, das fruchtbarste und am stärksten bevölkerte Gebiet des Landes.

Mit 20 000 Einwohnern und einer modernen Stadtanlage ist Thimphu erst seit einem Vierteljahrhundert die Hauptstadt von Bhutan. Um das Thashi Cho Dzong, das 1960 vom König Jingme Dorje Wangchuk zum Regierungssitz ausgebaute Kloster, scharen sich weitere Klöster, Verwaltungsgebäude, Hotels und Läden, wo man handgewebte Stoffe und andere traditionelle Erzeugnisse des Landes erstehen kann. Drumherum ist das tiefe Grün der Hügel und der Felder nie weit entfernt. Eine gewundene Straße (drei Tage zu Fuß) führt zu dem herrlichen Kloster von Paro, dem größten von Bhutan. Nach der Besichtigung der Höfe, des Saals der tausend Buddhas und der anderen Räumlichkeiten des Klosters sollte man sich auf die Pfade begeben, die den herrlichen Wald von 2500 bis 4000 m Höhe durchqueren und zu den großen Weidegebieten am Fuß der herrlichen Eispyramide des Chomolhari führen; 1970 wurde der für die hier lebende Bevölkerung heilige Berg von einer indisch-bhutanischen Expedition bezwungen.

Das Trekking bis an den Fuß des Bergs, eine der klassischen, den westlichen Touristen genehmigten Wanderungen, beginnt an dem befestigten Kloster Drukgyel und durchquert den herrlichen Wald am Ufer des Paro Chu bis zu den Weiden vor dem Chomolhari, wo man den Yaks (Achtung auf die Hunde!) und den typischen Zelten der tibetischen Hirten begegnet. Dann führt ein steiler Weg bis zum 4850 m hohen Ngile La, wieder hinunter zum Lingshi-Kloster im nördlichsten Eck des Landes und schließlich über den Yale La nach Süden zurück. Ein letzter interessanter, schier endloser Abstieg führt in den Wald hinein und nach Thimphu. Längs der Strecke kann man von den höchsten Pässen Abstecher auf zwei über 5000 m hohe Gipfel machen. Es handelt sich eigentlich um zwei bescheidene, sandige und steinige "Hügel", aber der Ausblick von dort ist atemberaubend. Aufgrund der beachtlichen Höhe kann es sehr kalt sein.

Die gute Organisation, die freundlichen Menschen und die geringe Zahl der zugelassenen Trekkinggruppen lassen Bhutan zu dem idealen Ziel für diejenigen werden, die fern von den überlaufenen Wegen von Namche Bazar und Skardu wandern wollen. Beachtlich sind allerdings die Kosten, denn aufgrund der höchsten Aufenthaltsgebühren der Welt kostet das Reisen in Bhutan mindestens 200 Dollar pro Tag!

Die fruchtbare Ebene von Paro ist die Endstation der Anreise auf der Straße. Der eigentliche Trek zum Chomolhari beginnt erst 15 km weiter.
Foto: Lorenzo Musso

Gegenüberliegende Seite: Im buddhistischen Paro-Kloster, einem der bezauberndsten in Bhutan, werden von Mönchen und Gläubigen riesige Gebetsmühlen gedreht.
Foto: Earl und Nazima Kowall

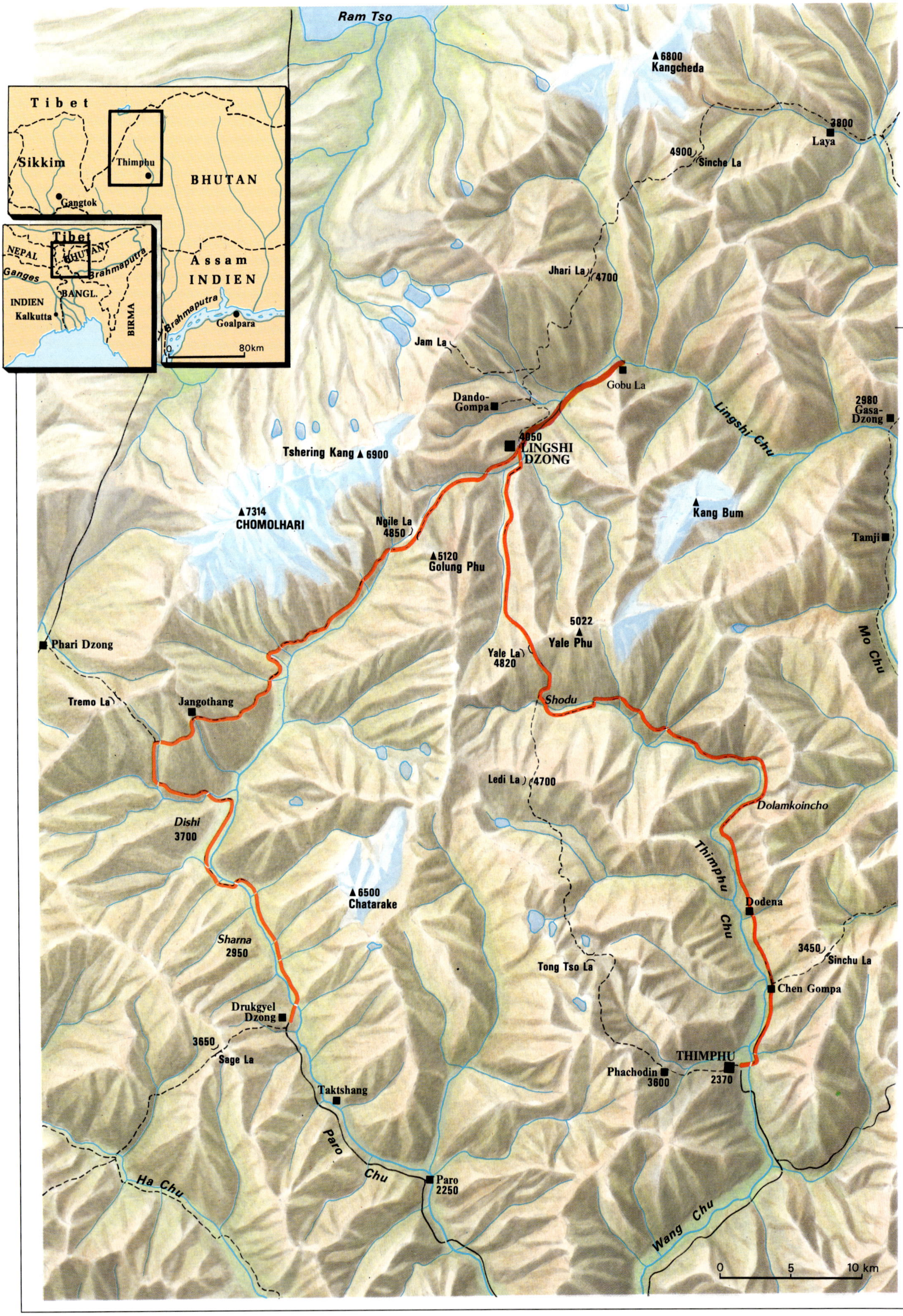
Ram Tso
6800
Kangcheda
3800
Laya
4900
Sinche La
Tibet
Sikkim
Thimphu
BHUTAN
Gangtok
Tibet
NEPAL
BHUTAN
Ganges
Brahmaputra
Assam
INDIEN
BANGL.
INDIEN
Kalkutta
BIRMA
Brahmaputra
Goalpara
0
80km
Jhari La
4700
Jam La
Gobu La
Dando-
Gompa
Lingshi Chu
2980
Gasa-
Dzong
4050
LINGSHI
DZONG
Tshering Kang 6900
7314
CHOMOLHARI
Kang Bum
Ngile La
4850
5120
Golung Phu
Tamji
5022
Yale Phu
Yale La
4820
Mo Chu
Phari Dzong
Tremo La
Jangothang
Shodu
Ledi La
4700
Dolamkoincho
Dishi
3700
Thimphu
Chu
6500
Chatarake
Dodena
Sharna
2950
3450
Sinchu La
Tong Tso La
Chen Gompa
Drukgyel
Dzong
3650
Sage La
THIMPHU
Phachodin
3600
2370
Taktshang
Paro
Chu
Paro
2250
Ha Chu
Wang Chu
0
5
10 km

An die Felsen geklammerte Klöster - ein typischer Anblick in Bhutan. Hier sehen wir das Taktsang-Kloster über dem Paro-Tal.
Foto: Earl und Nazima Kowall

NÜTZLICHE INFORMATIONEN

Dauer: 8 Tage.
Höhenlage: zwischen 2550 m beim Drukgyel Dzong und 5120 m am Golung Phu.
Jahreszeit: von März bis Mai und von September bis November. Der Monsun ist hier wirklich sehr heftig!
Formalitäten: Visa für die Einreise nach Bhutan. Die Aufenthaltsgebühren betragen über 100 US-Dollar pro Tag, was Bhutan zu einem der teuersten Trekkingziele der Welt macht.
Schwierigkeitsgrad: keine technischen Schwierigkeiten, auch nicht beim Besteigen der Gipfel.
Körperliche Belastung: mittel; die Abstecher über 5000 m hinaus sind etwas mühsamer.
Ausrüstung: Die normale Trekkingausrüstung genügt. Ein Zelt ist ebenfalls erforderlich.
Anreise: Zu dem Kloster Drukgyel (Drukgyel Dzong, 2550 m) gelangt man über eine 15 km lange Asphaltstraße vom berühmten Paro-Kloster aus. Eine andere gute Straße führt in kurzer Zeit von Chen Gompa nach Thimphu, der Hauptstadt von Bhutan, zurück.
Führer und Träger: Trekking-Wanderungen dürfen nur von organisierten Gruppen unternommen werden. Die örtlichen Büros vermieten Pferde und Yaks als Tragetiere.
Varianten und Gipfel: Die niedrigen, aber panoramenreichen Gipfel des Yale Phu (5022 m) und des Golung Phu (5120 m) gehören zum Basistrek. Größere Abweichungen von der vorgeschriebenen Route sind nicht zulässig.
Notfälle: Dank der Pferde und Yaks können gegebenenfalls Kranke oder Verletzte einfacher zu Tal transportiert werden.
Trekkingführer: Einige Informationen kann man in *Die Gipfel über 5000 m - Bergsteigen in der Welt* von Gerhard und Lydia Schmidt finden (Rother, 1994).
Lektüre: Unter den wenigen Büchern über Bhutan erwähnen wir *Bhutan, Land of the Thunder Dragon* von T.O. Edmunds (Viking, 1988), *Bhutan-Royaume d'Asie inconnu* von Michel Peyssel (Arthaud, 1971) und *Bhutan, Land of the Peaceful Dragon* von G. N. Mehra (Vikas Press, 1974).

Die traditionellen Feste und Tänze der Mönche in den Klöstern Bhutans bieten dem Besucher ein außerordentliches Kaleidoskop unvergeßlicher Eindrücke.
Foto: Lorenzo Musso

Erster Tag
vom Drukgyel Dzong nach Sharna
Höhenunterschied beim Aufstieg: 500 m
Höhenunterschied beim Abstieg: 150 m
Gehzeit: 5 Stunden

Der Trek beginnt am interessanten befestigten Kloster Drugkyel Dzong ("Siegreiche Festung"), das im 16. Jh. gebaut wurde, um Bhutan gegen die Überfälle aus Tibet zu verteidigen. Zu Fuß schlägt man die alte Karawanenstraße durch das Paro Chhu-Tal ein, die durch einen herrlichen Wald führt, der sich an mehreren Stellen öffnet und Wiesen und bebauten Feldern weicht. Im Hintergrund kann man öfters den eleganten, schneebedeckten Umriß des Chomolhari sehen. Jenseits eines militärischen Kontrollpostens gelangt man auf die Wiesen von Sharna (2950 m), wo man das Lager in der Nähe eines großen Gebäudes aufschlagen kann.

Zweiter Tag
von Sharna nach Dishi
Höhenunterschied beim Aufstieg: 800 m
Höhenunterschied beim Abstieg: 100 m
Gehzeit: 6 Stunden

Der einfache und angenehme Weg längs des Paro Chu-Tals setzt sich am zweiten Trekkingtag fort, der in die Zone der Baumgrenze führt, nun

Eine Karawane von Lastpferden auf dem Pfad entlang des Paro Chu, in einem Wald aus Nadelbäumen und Rhododendren. Wir sind hier am Ende der ersten Etappe des Treks.
Foto: Earl und Nazima Kowall

Oben: Drukgyel Dzong, die eindrucksvolle "siegreiche Festung", empfängt die Trekker vor dem imposant im Hintergrund aufragenden Chomolhari.
Foto: Earl und Nazima Kowall

nicht mehr weit von der 4000 m-Marke entfernt. Die Wanderung wird wegen der immer dünner werdenden Luft allmählich mühsamer; davon abgesehen gibt es keine Probleme. Jenseits des Flusses endet diese Etappe auf der angenehmen, vom Wald umgebenen Lichtung von Dishi (3700 m).

Dritter Tag
von Dishi nach Jangothang
Höhenunterschied beim Aufstieg: 350 m
Höhenunterschied beim Abstieg: 50 m
Gehzeit: 5 Stunden

Ein weiterer ruhiger Tag mit nur geringen Höhenschwankungen führt in die Welt der Hochgebirgsweiden, wo viele Yaks grasen und der Chomolhari den gesamten Horizont einnimmt. Der Pfad verläßt fast sofort den Wald, läßt den alten Karawanenweg zum Tremo La und zum Phari Dzong links liegen und steigt dann bis nach Jangothang (4000 m) hinauf, an den Weiden vorbei, wo man in der warmen

Oben: Der 7314 m hohe Chomolhari ist wegen seiner steilen Felswände und Gletscherbrüche fast unzugänglich. Foto: Earl und Nazima Kowall

Links: Die Lastpferde einer Trekkinggruppe ruhen sich beim Chomolhari-Basislager aus. Foto: Earl und Nazima Kowall

Die elegante Eispyramide des Tserim Kang (6935 m) beherrscht die Matten von Jangothang, wo die Trekker ihre dritte Nacht verbringen. Foto: Earl und Nazima Kowall

Jahreszeit die vielen Zelte der Hirten aus geflochtenem Yakfell sehen kann. Die Packpferde treten hier den Weg zurück ins Tal an, denn für die Wanderung nach Lingshi benutzt man von jetzt ab die Yaks.

Vierter Tag
von Jangothang zum Lingshi Dzong
Höhenunterschied beim Aufstieg: 1250 m
Höhenunterschied beim Abstieg: 1150 m
Gehzeit: 9 Stunden

Ein langer, anstrengender, aber auch eindrucksvoller Tag; er verläuft in einem wilden Gebiet mit herrlicher Landschaft und wunderbaren Ausblicken.
Auf der Etappe, die zum Kloster Lingshi und kurz bis vor die Grenze zu Tibet führt, wird ein Abstecher zu der Erhebung Golung Phu empfohlen.

Links: Die Klosterfestung Lingshi Dzong (links) wacht in 4050 m Höhe über dem engen, gewundenen Tal, das zum Chomolhari führt. Foto: Earl und Nazima Kowall

Oben: Ein breiter Saumpfad führt die Trekker zum Kloster Lingshi Dzong. Im Hintergrund zieht der Tserim Kang die Blicke auf sich. Foto: Earl und Nazima Kowall

Man überquert den Fluß und steigt über einen eintönigen und anstrengenden Weg durch ein breites Gerölltal auf.
Am Ngile La-Paß (4850 m), wo Hunderte von Gebetsfahnen im Wind flattern, geht man die Steigung an, die zu der großen freien Fläche auf dem Gipfel des Golung Phu führt (5120 m). Zum Paß zurückgekehrt, schlägt man den Weg ein, der einen langen Abschnitt weit über Moränenboden zum Lingshi Dzong (4050 m) führt. In der Umgebung des befestigten Klosters kann man kleine Herden von *bharal* sehen, einer typischen Schafrasse des Himalaya.

Fünfter Tag
vom Lingshi Dzong zum Gobu La und zurück
Höhenunterschied: 300 m
Gehzeit: 3 1/2 Stunden

An der nördlichsten Stelle des Treks, der anstrengende Etappen vorausgehen und folgen, sollte man Lingshi Dzong und seiner Umgebung einen erholsamen Tag widmen. Die Wanderer, die einfach nicht rasten können, sollten nach der Besichtigung des Klosters die alte Straße nach Laya und Gasa Dzong einschlagen und ihr bis zum Gobu La (4280 m) folgen.

Die Führer der Tragpferde beim Abendessen am Lagerfeuer. In 4000 m Höhe dringt die Abendkälte rasch durch die Kleidung. Foto: Earl und Nazima Kowall

Das Thashi Cho Dzong bei Thimphu ist eines der größten und interessantesten Klöster von Bhutan. Foto: Earl und Nazima Kowall

Mitte: Eine Trekkergruppe kurz vor dem morgendlichen Aufbruch auf den Weiden von Shodu (4000 m). Hier beginnt der Rückweg nach Thimphu. Foto: Earl und Nazima Kowall

S. 168: Dieses herrliche Porträt eines Kindes zeigt den typischen Ausdruck von Stolz, wie er den Bewohnern des Himalaya eigen ist. Foto: René Robert/ Agence Freestyle

Sechster Tag
vom Lingshi Dzong nach Shodu
Höhenunterschied beim Aufstieg: 1000 m
Höhenunterschied beim Abstieg: 1100 m
Gehzeit: 7 1/2 Stunden

Der Rückweg Richtung Süden und nach Thimphu beginnt mit einer langen Steigung, die voll den Nordwinden ausgesetzt ist, bis hinauf zu den 4820 m des Yale La. Von dort führt ein Pfad in einer halben Stunde zu der herrlichen Panoramaspitze des Yale Phu (5022 m). Ein endloser Abstieg über Moränen und Matten führt auf die Wiesen von Shodu (3960 m), wo man das Lager aufschlagen kann und wo normalerweise wieder Pferde an die Stelle der Yaks treten.

Siebter Tag
von Shodu nach Dolamkoincho
Höhenunterschied beim Aufstieg: 100 m
Höhenunterschied beim Abstieg: 550 m
Gehzeit: 7 Stunden

Der Weg hinunter in das nach Osten führende Tal nimmt eine weitere lange und mühsame Etappe in Anspruch. Man wandert an den interessanten Ruinen des Klosters von Barshong (3750 m) vorbei, wo man die Nacht verbringen kann. Dann geht es weiter, zurück zu dem Wald. Etwa eine Stunde später kann man das Lager auf den Wiesen von Dolamkoincho (3650 m) aufschlagen.

Achter Tag
von Dolamkoincho nach Chen Gompa
Höhenunterschied beim Aufstieg: 50 m
Höhenunterschied beim Abstieg: 1050 m
Gehzeit: 6 1/2 Stunden

Der abschließende Tag des Treks führt durch Wald immer weiter bergab, bis an das Ufer des Thimphu Chu. Dort folgt man dem südlich in Richtung der Hauptstadt fließenden Strom durch das tiefe, großartige Flußtal, das von herrlichen Wäldern bedeckt ist, bis zur Ortschaft Chen Gompa (2600 m). Von dem Kloster führt eine kurze Busfahrt nach Thimphu zurück.

REISEBÜROS

NEPAL

Kathmandu

MAB TOURS & TRAVELS Ltd
P.O. Box 2750 Thamel
Tel 00977-1-419039 / 411864 / 21397
Fax 00977-1-410008

ECO TREKKING & EXP. Ltd
P.O. Box 6438 Thamel
Tel 00977-1-231184 / 417420
Fax 00977-1-413118

HIMALAYAN JOURNEYS
P.O. Box 989 Kantipath
Tel 00977-1-226138
Fax 00977-1-227068

VICTORIA TRAVELS AND TOURS P. Ltd
P.O. Box 536 Kamaladi
Tel 00977-1-226130
Fax 00977-1-224237

SAGARMATHA RESORT
G.P.O. Box 500 Kamaladi
Tel 00977-1-220243
Fax 00977-1-227243

POON ADVENTURE & TRAVEL
P.O. Box 3166 Kathmandu
Tel 00977-1-272779 / 270073
Fax 00977-1-225290

POON HILL TREKKING Ltd
P.O. Box 2994
Tridevi Marg, Thamel
Tel 00977-1-229122
Fax 00977-1-226912

HIMALAYAN EXCURSIONS
P.O. Box 1221 Thamel
Tel 00977-1-418119
Fax 00977-1-418913 / 222026

NEPAL TREKKING AND EXPEDITION
P.O. Box 4564 Kathmandu
Tel 00977-1-224114 / 217715
Fax 00977-1-221111 / 229025

MONTEROSA TREKS & EXPEDITION
P.O. Box 44083 Thamel
Tel 00977-1-213193
Fax 00977-1-220143

PRESIDENT TREKS AND EXPEDITIONS
P.O. Box 1307 Durbar Marg
Tel 00977-1-228288
Fax 00977-1-221180

HIMALAYAN ROVER TREKS
G.P.O. Box 1081 Thisar
Tel 00977-1-12694

HIMALAYAN SANGRILA TREKS
G.P.O. Box 1985 Ram Shah Path
Tel 00977-1-13303

ALPINE ADVENTURE EXPLORATION
G.P.O. Box 105 Maharajgunj
Tel 00977-1-11786

HIMALAYAN TREKKING
G.P.O. Box 391 Ram Shah Path
Tel 00977-1-11808

INTERNATIONAL TREKKERS
G.P.O. Box 1293 Durbar Marg
Tel 00977-1-11786

KANCHENJUNGA TREKKING
G.P.O. Box 1296 Maharajgunj
Tel 00977-1-14139

SHERPA COOPERATIVE TREKKING
G.P.O. Box 1338 Kamal Pokhari
Tel 00977-1-15887

EXPLORING NEPAL
G.P.O. Box 1856 Ram Shah Path
Tel 00977-1-14424

EXPRESS TREKKING NEPAL
G.P.O. Box 339 Naxal
Tel 00977-1-13017

ANNAPURNA MOUNTAINEERING AND TREKKING
G.P.O. Box 795 Durbar Marg
Tel 00977-1-12736

GREAT HIMALAYAN ADVENTURE
G.P.O. Box 1033 Kanthi Path
Tel 00977-1-14424

GAURI SHANKAR TREKKING SERVICE
G.P.O. Box 681 Jamal
Tel 00977-1-12112

HIMALAYAN JOURNEYS
G.P.O. Box 1566 Kanti Path
Tel 00977-1-15855

SHERPA TREKKING SERVICE
G.P.O. Box 500 Ghantaghar
Tel 00977-1-12489

SHERPA SOCIETY
G.P.O. Box 1566 Chabahil
Tel 00977-1-12609

TRANSHIMALAYAN TREKKING
G.P.O. Box 283 Durbar Marg
Tel 00977-1-13855

YETI MOUNT. AND TREKKING
G.P.O. Box 1034 Ram Shah Path
Tel 00977-1-14619

YETI TREKKING
Kanti Path
Tel 00977-1-13533

NEPAL TREKS AND NATURAL HISTORY EXPEDITIONS
G.P.O. Box 459 Ganga Path
Tel 00977-1-12985

NEPAL NATURE TREK
G.P.O. Box 1852 New Road
Tel 00977-1-16578

NEPAL TREKKING
G.P.O. Box 368 Thamel
Tel 00977-1-14681

ABOVE THE CLOUDS TREKKING
P.O. Box 2230
Tel 00977-1-412921

AMA DABLAM TREKKING Ltd
P.O. Box 3035 Lazimpath
Tel 00977-1-410219

INTERNATIONAL TREKKERS
P.O. Box 1273
Tel 00977-1-224157

KHUMBI-LLA MOUNTAINEERING AND TREKKING Ltd
P.O. Box 731
Tel 00977-1-413166
Fax 00977-1-416559

LAMA EXCURSIONS
P.O. Box 2485 Durbar Marg
Tel 00977-1-220186

MOUNTAIN TRAVEL PVT Ltd
P.O. Box 170 Durbar Marg
Tel 00977-1-414508

NEPAL HIMAL
P.O. Box 4528 Thamel
Tel 00977-1-411949

ROVER TREKS AND EXPEDITIONS Ltd
P.O. Box 1081
Naxal Nag Pokhari
Tel 00977-1-414373

SAGARMATHA TREKKING
P.O. Box 2236 Thamel
Tel 00977-1-413239

SHERPA TREKKING SERVICE
P.O. Box 500 Kalamadi
Tel 00977-1-222489

TRANS HIMALAYAN TREKKING
P.O. Box 283 Durbar Marg
Tel 00977-1-224854

INDIEN

Neu-Delhi

MERCURY HIMALAYAN EXPLORATIONS
Jeevan Tara Bldg, Parliament St.
Tel 0091-11-6873632 / 312008
Fax 0091-11-351413

PEAK ADVENTURE TOURS P.
B-29 A, Kailash Colony
Tel 0091-11-6432894 / 6427378
Fax 0091-11-6476390 / 6440866

IBEX EXPEDITIONS P. Ltd
G-66, East of Kailash
Tel 0091-11-632641 / 6828479
Fax 0091-11-6846403

ABERCROMBIE & KENT INDIA P. Ltd
Ground Floor 1 & 2, Chiranjiv Tower 43, Nehru Place
Tel 0091-11-6434417 / 6436207
Fax 0091-11-6444966

PADDY'S TREKS
U-9 Green Park Extn.
Tel 0091-11-6855072 / 6858857
Fax 0091-11-6875553

SHIKAR TRAVEL P. Ltd
F-14 Competent House
Connaught Place
Tel 0091-11-3312444
Fax 0091-11-3323660

MOUNTAIN TRAVEL INDIA PVT Ltd (TIGER MOUNTAIN PVT Ltd)
1/1 Rani Jhansi Road
Tel 0091-11-771055

Andere Städte

ANTREK TOURS P. Ltd
E-11 Gokhale Marg. C-Scheme
302001 Jaipur, Rajasthan
Tel 0091-141-370733
Fax 0091-141-367760

ARVENTURES ADVENTURE HOLIDAYS Ltd.
Post Bag n. 7
248001 Dehradun, Uttar Pradesh
Tel 0091-135-29172

CHOOMTI TREKKERS PVT Ltd
Houseboat King's Marina, 67
The Bund, Shrinagar, Jammu and Kashmir

KASHMIR TRAVELS
Trueman Building, Suites 4 & 5, Polo View P.O. Box 108
190001 Srinagar, Jammu and Kashmir

INDVENTURE TRAVEL
P.O. Box 1Manali, Kulu District, Himachal Pradesh

PAKISTAN

Islamabad

ADVENTURE TOURS PAKISTAN
P.O. Box 1780
Tel 0092-51-252759 / 26082-1
Fax 0092-51-258145

NAZIR SABIR EXPEDITIONS
P.O. Box 1442
Tel 0092-51-252553 / 252580 / 853672
Fax 0092-51-250293

BONDS TRAVEL BUREAU
Plot 11 & 12, Ramna 6-1, Khayaban Suharwardy
Tel 0092-51-218941
Fax 0092-51-218948

ADVENTURE PAKISTAN - TRAVEL WALJIS Ltd
Waljis Building, 10 Khabayan-e-Suharwardy P.O. Box 1088
Tel 0092-51-823963

ADVENTURE TRAVEL
P.O. Box 2062
Tel 0092-51-857357

KARAKORAM TOURS
1, Baltoro House, Street 19, Sector F 7 / 2
Tel 0092-51-829120

Karatschi

ABC TRAVELS
2, Tower Mansion
Merewerther Tower
Tel 0092-21-2430219 / 2431383 / 2435676
Fax 0092-21-2430805

BONDS TRAVEL BUREAU
Palace Hotel C-2 Ahmed Road
Tel 0092-21-5684995 / 5682313 / 5684187
Fax 0092-21-5682322

COX & KINGS Ltd
P.O. Box 4761, Emirates Bank Building 1.1 Chundrigar Road
Tel 0092-21-2416993 / 2415714 / 2421234 / 2423470
Fax 0092-21-2411694

DEEN TRAVEL SERVICES Ltd
3, Nawab Manzil, Shara-e-Iraq, Saddar
Tel 0092-21-5682725 / 5682740 / 5689868
Fax 0092-21-5682477

Rawalpindi

BALTORO ADVENTURE TOURS
112, Rahim Plaza, Murree Road
P.O. Box 1769
Tel 0092-51-63014

HUNZA TOURS AND TREKS
D-343 Satellite Town
P.O. Box 38
Tel 0092-51-844190

PAKISTAN TOURS Ltd
Flashman's Hotel, The Mall
Tel 0092-51-64810

SITARA TRAVEL CONSULTANTS Ltd
Sitara House, 232, Khadim Hussain Road
Tel 0092-564750-1 / 566272
Fax 0092-51-584958

TIBET

Lhasa

CHINA TIBET INTERNATIONAL SPORTS TRAVEL (TIST)
Himalaya Hotel
Tel. 0086-891-23775

CHINESE INTERNATIONAL TRAVEL SERVICE (CITS), Lhasa Branch
168 West Beijing Road
Tel 0086-891-24277

CHINESE WORKERS TRAVEL SERVICE (CWTS)
Lhasa Holiday Inn, Room 1110
Tel 0086-891-24285

CHINESE YOUTH TRAVEL SERVICE (CYTS)
Lhasa Holiday Inn, Room 1103
Tel 0086-891-24173

LHASA TRAVEL COMPANY
Sunlight Hotel
Tel 0086-891-23196

TIBET MOUNTAINEERING ASSOCIATION (TMA)
No. 7 East Lingkor Road, near Himalaya Hotel
Tel 0086-891-22981

Peking

CHINESE MOUNTAINEERING ASSOCIATION (CMA)
9 Tiyuguan Road

BOTSCHAFTEN

NEPAL
Gyaneshwar
Kathmandu
Tel 00977-1-412786
Fax 00977-1-416899

INDIEN
6 / 50 G. Shantipath
Chanakyapuri
110021 New Delhi
Tel 0091-11-604861
Fax 0091-11-6873117

PAKISTAN
Diplomatic Enclave
Ramma 5
Islamabad
Tel 0092-51-212412
Fax 0092-51-212911

GEOGRAPHISCHES REGISTER